# 宏观经济与周期波动

徐鹏◎著

Macroeconomics
and Business Cycles Volatility

中国经济出版社
CHINA ECONOMIC PUBLISHING HOUSE
·北京·

**图书在版编目（CIP）数据**

宏观经济与周期波动 / 徐鹏著 . -- 北京 : 中国经济出版社，2024.11. -- ISBN 978-7-5136-7949-7

Ⅰ. F123.16

中国国家版本馆 CIP 数据核字第 2024S1D938 号

责任编辑　高鑫　耿园
责任印制　马小宾
封面设计　任燕飞

**出版发行**　中国经济出版社
**印 刷 者**　宝蕾元仁浩（天津）印刷有限公司
**经 销 者**　各地新华书店
**开　　本**　710mm × 1000mm　1/16
**印　　张**　18.5
**字　　数**　200 千字
**版　　次**　2024 年 11 月第 1 版
**印　　次**　2024 年 11 月第 1 次
**定　　价**　78.00 元

**中国经济出版社**　**网址**　http://epc.sinopec.com/epc/　**社址**　北京市东城区安定门外大街 58 号　**邮编**　100011
本版图书如存在印装质量问题，请与本社销售中心联系调换（联系电话：010-57512564）

---

# 前　言

宏观经济是一个浩瀚而复杂的系统，由数以万计的微观个体的经济活动累积而成。现实中的宏观经济现象，如高增长、高就业、高收入、高通胀、高利率、高房价、高债务等，无不是这些微观个体经济活动的集中体现。而这些宏观经济现象又遵循特定的周期规律，其兴衰交替不仅深刻影响着微观个体的发展，更直接关联着国家民族的命运。正因如此，宏观经济及其伴随的周期波动问题，成为社会各界关注的焦点。

本书是一部关于宏观经济与周期波动的学术专著。本专著注重理论与实践结合及逻辑演绎与数理推导，力求深入浅出，将纷繁复杂的宏观经济理论通俗易懂地展现在读者面前，确保读者无论经济学基础如何，都能循此脉络，洞悉宏观经济运行的内在机理和客观规律。

全书分上下两篇，共十三章。上篇为方法篇，聚焦于宏观经济与周期波动的思考方式与理论模型，主要为前八章内容；下篇为应用篇，侧重于应用与专题探讨，涵盖后五章内容。在内容编排上，我们还充分考虑了不同读者的背景与需求，力求平衡理论性与可读性。第四、六、七章是本书的数理分析部分，目的是通过数理模型的推导以及宏观冲击的动态模拟，加深读者对宏观经济内在运行规律的理解。其余十章内容则力求避免数学公式，转而采用质朴语言与生动实例，阐述宏观经济的核心概念、重要思想及周期波动。本书主要内容、创新点及结论如下。

第一章阐明了宏观、周期、货币、均衡、战略五种宏观经济分析思维能力。宏观思维来自微观思维而又超越微观思维，它的系统观念和动态博弈分析方法，有助于规避微观逻辑简单套用在宏观层面时可能产生的合成谬误问题。周期思维认为经济运行周而复始，历史不会重演，但总会惊人地相似。货币思维认为市场经济的本质是货币基础上的竞争，货币创造的本身就是债务积累的过程，这些债务可能来自国内，也可能来自国外，货币创造能力的下降势必将加剧债务风险的暴露。同时，货币创造和流动的过程，也是经济增长、收入分配、物价变动的过程。因此，货币、债务、增长、收入、物价实则是相互交织、密不可分的整体，可被认为是同一问题的不同面。均衡思维认为资本存量和收入流量的增长率在长期来看是稳定的，与之相关的比率关系也是稳定的，一方巨大波动必将牵连到另一方。战略思维的核心在于“道”而非“术”，强调对历史逻辑、理论逻辑、现实逻辑以及全球游戏规则的把握与驾驭。

第二章深入阐释了经济增长率、利息率、货币增长率、利润率、通胀率、汇率、债券收益率、股票价格、房地产价格九个重要宏观经济变量，并在此基础上提炼出宏观经济九宫格分析方法。名义 GDP 增长率是宏观经济分析中最重要的变量，主要是名义 GDP 联系到了企业的成本收益计算，由于企业的工资、折旧、税收等成本支出往往是预先给定的，因此名义 GDP 的变动将影响企业的利润，进而决定经济波动和资本存量价值。此外，名义 GDP 还是用于支付货币工资、上缴税收、偿还债务、支撑资产价格的总收入，因此它对实体经济和金融体系至关重要，更能够反映微观经营主体的真实感受。反观，由于异质品难以加总，而且加总起来也不具有任何意义，所以理论上实际 GDP 根本反映不出经济活动中的实物产出或实际产出，也就是说实际 GDP 是“假的”。利息率是货币供求平衡的重要调控机制，它同时调节货币供求、实物投资和资本存量价值，紧密地将实物经济和货币经济联系在一起。从本源上看，利息率是剩余价值或者利润的一部分，它是生产经营活动的成本构成，因此从债务人或成本视角而非债权人或收益视角，能够更深刻地洞察利息率的变动规律。利息率与投资、名义 GDP 增长率的正相关关系是经济活动中的最普遍现象，传统宏观经济理论则认为它们之间呈负相关关系。货币增长率是一定时期私人部门在银行体系内的资产变动情况。当货币的信用关系依赖于资产抵押时，也就是说借钱需要抵押物时，货币、债务、抵押资产、增长、收入也将是紧密相连的。因此，稳定的货币增长率对于资本存量和收入流量同时达到均衡至关重要，而这种存量和流量的同时均衡也是货币供求的均衡。利润率是指社会平均的资产回报率，它实质上为货币增长率与利息率之差。由于只有预期到未来有利润而且当前名义 GDP 有增长时，企业当前的投资行为才会发生，由此利润率就把经济增长和投资活动联系起来，进而资产价格也表现出周期波动特征。通胀率是宏观经济运行的综合反映。其背后成因比较复杂，既可能是通胀性繁荣，又可能是通胀性萧条。对于大型经济体而言，通胀更多是由内部经济增长驱动的，往往高通胀伴随着高增长、低通胀伴随着低增长，一般这种通胀是良好的。而对于经常发生货币危机的国家而言，由于本国货币的大幅贬值会带来进口商品和服务价格的大幅上涨，推动本国私人部门成本大幅上升、利润大幅减少，进而影响整个社会的投资、消费活动，造成整个经济的萧条，这种通胀对于发生货币危机的国家而言肯定是不好的。汇率不仅是一个简单的不同国家货币的比值，更是用来比较不同国家名义 GDP 货币值和货币供应量的标尺，是一国经济强弱的外在表现，如同美元是美国经济的“晴雨表”。当把名义 GDP 增长率、货币增长率、利润率作为决定外商直接投资的重要因素时，就必须考虑汇率，因为只有汇率稳定或者可控，这些重要因素对于外商而言才算是实打实的收益。债券收益率，准确地称是债券到期收益率，是投资者购入债券并持有到期的年化收益率。国债是债券市场中最重要的交易产品，它的收益率与经济增长呈现出显著的正相关关系，往往是高增长、高国债收益率，低增长、低国债收益率。国债收益率持续为负，意味着投资者在持有国债到期时将面临本金的损失。然而，在特定的市场环境下，由于投资者预期未来国债收益率将继续下行，会选择在高价时买入负利率国债，然后在国债到期前，以一个更高的价格卖出，从中获取价差收益。国债收益率曲线期限倒挂是重要的经济衰退预警信号。一般，中长期国债收益率要高于短期国债收益率，若出现前者走势回落且低于后者的期限收益倒挂现象，往往预示着未来经济将走弱。股票市场是经济的“晴雨表”，其有效性建立在上市公司利润与宏观经济走势一致性基础之上。对于大型经济体而言，股票市场或股票价格与利息率、通胀率、汇率往往呈现出正相关关系，主要是这些变量与名义 GDP 增长率、货币增长率、利润率也存在显著的正相关关系。因此，对高增长、高利率、高通胀、强势汇率的国家而言，它的股票市场往往也是比较强的。笔者认为资产回报率（ROA，在本书中等同于利润率概念）是价值投资的最重要指标，一个优秀的市场一定是拥有持续稳定高资产回报率的市场。房地产是重要的抵押资产。当货币的信用创造依赖于抵押资产，尤其是依赖于房地产和土地时，房地产问题便自然而然地转化为货币创造问题。在房地产上行通道中，房地产具有双重货币创造功能。一方面，没有不动产的私人部门利用抵押贷款购入更多的不动产，以此作为资产保值增值的手段；另一方面，已持有不动产的私人部门倾向于抵押现有资产，以获取资金用于扩大再生产或投资于其他高回报项目，这一过程极大地促进了信用扩张。然而，当房地产市场步入下行通道时，情况截然相反。购房者的观望情绪浓厚，提前还贷现象增多，同时基于不动产的抵押投资活动显著减少，这一系列变化直接削弱了房地产市场的货币创造能力。

第三章介绍了宏观经济分析中应了解的两个率，即增长率和比率。关于增长率，由于大多数货币价值量增长率是有年度目标的，如经济增长率、通胀率、货币增长率等目标，所以人们会更关注这些变量的年度变化。然而，由于年度数据的生成周期较长，且难以满足短期趋势分析的需要，因此人们常利用同比、环比、累计同比三种统计方法，大致推算年度增长率的情况。为了更好地反映经济数据的变动趋势，在运用上述统计方法时，人们还常常利用季节调整方法剔除季节因素的扰动，利用翘尾和新涨价因素分解同比涨幅中上一年的贡献和本年涨势情况，借助环比折年率简单外推年度增长率。关于比率，流量与流量（如投资率、消费率、储蓄率等）、存量与流量（如杠杆率、资产回报率等）、存量与存量（如资产负债率等）是三种常见的比率关系。本书的理论部分表明，在均衡状态下，收入支出模型中的各项流量和存量的增长率将趋于收敛，它们之间的比率在长期内保持稳定。考虑到储蓄、投资、消费在宏观经济中的重要地位，我们特别关注了需求结构的比率关系变动。我们认为储蓄、投资、消费是一笔货币，其变动更多地受宏观经济周期波动的影响，而非传统文化、人口结构以及社会保障体系。一般地，随着名义GDP增长率的持续回落，投资增速回落要快于消费增速，这会导致投资率的下降和消费率的上升，反之则是投资率的上升和消费率的下降。所以，在利用消费率或消费对经济增长的贡献指标解释经济增长时，需要谨慎下结论，因为它们的值越大并不一定意味着经济就越健康。

第四章为宏观经济周期波动模型的构建。企业是否盈利是宏观经济分析的核心议题。为探讨这一核心议题，展现市场经济的运行规律和特征，本章在封闭经济的理论框架下，构建了一个居民、商业银行和企业的三部门宏观理论模型。该模型的独到之处在于，它把微观企业的逐利行为、货币供给的内生创造、资本存量与收入流量的均衡联系到一起。我们指出，利润或利润率把经济增长与投资波动联系起来，要保证一定的利润率，需要投资的累积增加。当只考虑商业银行的货币供给时，私人部门和商业银行的资产负债表是联系在一起的，它蕴含着货币经济的一切秘密，即资产或资本只是一笔负债。当引入市场经济的信用基础资产抵押后，若抵押品资产价值持续上涨，那么经济体的货币创造能力或货币增长率将大幅上升，从而带来经济繁荣、就业充分、收入增加、消费旺盛和物价上涨；反之则是经济衰退、失业增加、收入下降、消费降级和物价低迷。我们还给出了这一模型的均衡解析解：在均衡状态下，各存量变量和流量变量均以 $m(1+\theta)s-d(1-s)$ 的速率增长，其中 $m$ 为货币增长率，$\theta$ 为工资占利息和利润的比例，$d$ 为折旧率，$s$ 为宏观储蓄率或投资率。短期内，工资占利息和利润的比率、折旧率、投资率变动缓慢，因此货币增长率对于保持经济稳定增长至关重要。此外，我们还进行了投资冲击的动态模拟。结果表明，随着投资的累积增加，投资率、储蓄率、利润率、名义 GDP 增长率、货币增长率、资本存量价值、利息和利润与工资之比、利息和折旧与工资之比都是上升的；反之这些变量都是下降的。

第五章在三部门经济模型基础上加入中央银行的货币政策。在现代经济体系中，信用货币的创造是在二级银行体系下进行的，即中央银行向商业银行体系投放基础货币，商业银行以基础货币为锚，通过向企业、居民部门提供信贷支持，实现广义货币的派生。这种体系下，中央银行对货币供给具有非常强的控制力。因此，在宏观经济研究中，对中央银行货币政策的分析要点就在于，它是如何通过调整货币政策来影响内生的货币创造，进而影响投资、经济增长以及资本存量价值的。在加入货币政策后，各存量变量和流量变量仍以 $m(1+\theta)s-d(1-s)$ 的速率增长。只不过，在繁荣周期的尾声，中央银行加息将加速经济周期见顶；而在衰退周期的初期，降息将延缓经济的衰退，若降息幅度过大，则可能会引发工资与物价的螺旋式上升。

第六章在三部门经济模型基础上加入财政政策。财政政策主要由收入和支出两大方面构成，其中收入政策包括税收和政府债券，而支出政策涉及政府购买和转移支付。财政政策的影响，不仅体现在其能够通过调整总支出（投资和消费）与税收成本来影响企业部门的投资行为，更能对经济增长、就业、资本存量价值等宏观经济变量产生重大影响。研究表明，财政政策的加入并不影响原有市场经济的均衡状态，各存量变量和流量变量仍以 $m(1+\theta)s-d(1-s)$ 的速率增长。总体来看，财政政策调控效果可视为外生变量对自动调节的市场经济的冲击。也就是说，在经济衰退阶段，扩张性财政政策将起到缓解经济衰退的作用；而在经济繁荣阶段，紧缩性财政政策将起到抑制经济过热的作用。

第七章引入了资本市场。资本市场不仅是现代企业组织和市场竞争的关键环节，更是实现货币再分配的重要场所。在宏观经济分析中，加入资本市场尤其是股票市场极为重要，因为它联系到了资本存量的价值变动。为此，本部分将股票市场纳入之前的货币金融体系框架中，来表明其深层含义及与其他宏观变量的内在联系。研究表明，在引入资本市场后，市场经济的均衡状态在形式上并未发生改变，各存量变量和流量变量仍以 $m(1+\theta)s-d(1-s)$ 的速率增长。只不过这里的货币增长率 $m$ 构成变为 $m=r\times k+\lambda\times PB(1-k)$，其中 $r$、$k$、$\lambda$、$PB$ 分别为利息率、资产负债率、股息率和市净率。这一结论不仅揭示出资本市场对宏观经济均衡状态的影响，而且再次说明稳定的货币供应量对于经济增长的重要作用。动态模拟表明，投资的一次冲击会立刻引起货币增长率、名义 GDP 增长率、储蓄率或投资率、市盈率、市净率的显著跃升，之后随着时间的推移，这些变量将逐步回归到先前的均衡水平。

第八章讨论了开放经济与汇率波动。封闭情形的宏观经济模型表明，经济周期波动取决于企业成本收益的计算以及特定的货币金融体系（信贷市场和股票市场），它揭示出了市场经济的本质特征，即在货币基础上的竞争关系。在开放经济中，由于存在独立的主权国家以及由此决定的货币金融体系，存在国际生产要素、商品、资金的流动，因此讨论开放经济情形下的宏观经济周期波动将是一件更为复杂的事。我们认为开放经济的研究重点是，将由两个或多个不同的货币金融体系和货币政策决定的国民收入核算表连接到一起，通过考察它们的经常账户和资本账户的货币流动来分析其经济运行规律。我们认为汇率存在的重要意义在于，它用来比较不同国家的名义 GDP 货币值和货币供应量。我们重点讨论了后发国家赶超战略的基本模型，它的核心要点是，通过扩张性货币政策提高名义增长率，进而吸引外资、提升技术水平，从而增强出口竞争力并维护汇率的稳定。我们注意到，只有在开放经济条件下，由货币决定的名义 GDP 增长率才更具有意义，因为这种名义 GDP 增长率联系到了外资、技术进步、汇率以及贸易条件。这里最重要的是本国中央银行的货币政策（包括财政赤字货币化）以及特定的货币金融体系。现实中，后发国家形成了两种典型的货币金融体系模式：一种是拉美模式，它与发达国家货币金融体系连接。由于货币金融体系建立在大国货币金融体系之上，而且本国难以实行有效的货币政策控制货币供应量，货币信用体系本身具有内在的不稳定性。一旦本国经济面临衰退或者外部货币环境紧缩，极易引发资本外流和自身信用体系的收缩，进而导致货币贬值、通货膨胀和经济危机。另一种是东亚模式，其货币金融体系具有较强的独立性和稳定性。这种稳定性主要取决于外商直接投资、技术进步、出口优势以及大规模的外汇储备。这种模式的运行前提是后发国家与发达国家存在技术水平上的差距，而这种差距可由货币工资率来衡量。随着名义GDP增长率以及工资率的提高，这种由工资率反映的技术差距将缩小，这会使技术进步的步伐放缓或遭遇障碍，进而削弱这一模式的优势。一旦这一优势被削弱，外商直接投资和出口增加势必会减少，这就很难维持住汇率的稳定，而一旦出现本币贬值，就会带来直接投资和金融资本的流出，从而加剧本国货币金融体系的不稳定性。

第九章探讨了物价运行的周期性波动原理。我们将物价置于经济周期的宏观框架内进行探讨。我们认为，物价和增长表面上看似乎是两个独立的问题，实则是同一核心议题，即探究货币经济在收入流量与资本存量同时达到均衡状态下的运行规律。我们认为，宏观上CPI主要受工资、资产价值、投资三条渠道影响，PPI则主要受投资渠道的影响。工资渠道反映了劳动力成本或工资收入在经济周期中的变动对CPI的直接影响；资产价值渠道揭示了资产价格变动如何通过资本品成本、财富效应等途径作用于CPI；投资渠道反映了投资活动如何通过供需关系、成本传导等影响CPI的走势。这三条渠道共同构成了理解经济周期中CPI运行机理的重要框架。在实践检验部分，我们考察了中美两国物价，发现两国物价运行具有很强的经济周期波动特征，并且美国的货币财政政策常在刀锋上行走，这无疑会放大全球经济波动和物价的不稳定性。根据理论与实践的逻辑推演，预计我国物价短期内将在低位保持温和运行。

第十章探讨了货币供应量与宏观价格的变动。我们从货币创造的结构性视角，深入分析货币当局和商业银行体系的资产负债表和信贷收支表，以揭示货币创造及流动对物价、房价、金融资产价格变动的影响机制。研究表明，从结构视角更能看清货币供应量与宏观价格的变动关系，主要是从货币当局、商业银行体系、住户、政府、非银行金融机构、非金融企业部门等结构视角，可以更好地观察信用货币的创造、流动及分布。在分析物价、货币、增长问题时，本质上是在探究收入流量与资本存量达到均衡状态下的经济运行周期规律。收入流量和资本存量价值稳定增长是同时实现的，如果有一方出现异常波动，另一方也将随之大幅波动，进而可能导致经济的失衡。当前，广义货币供应量 M2 增速从中高位回落，反映企业活跃度的狭义货币供应量 M1 增速则持续在低位运行，M2 与 M1 增速之间的梗阻，主要出现在“M1 → M2 → M1”循环的后半段部分。根据货币创造的历史经验，货币主要由各经济部门创造并先注入企业，形成 M1。随后，企业通过支付工资、分红及贷款等方式，将货币转移至居民手中，进而形成居民存款和 M2。正常情形下，居民存款不会大面积沉淀，而是会通过消费和投资渠道回落到企业，从而实现“M2 → M1”的良性循环。然而，目前居民在获得收入后，更倾向于储蓄而非消费和投资，导致资金并未充分回流到企业部门，同时企业资金存在沉淀空转现象，影响了经济正常循环。房地产是一个重要的货币“创造器”，所以，房地产问题实际上可被认为是货币创造和收入增长问题。当前房地产市场的深度调整，已经导致了货币创造能力明显下滑，社会整体收入增长放缓，高杠杆部门和家庭出现流动性危机，物价总水平持续低位运行等。针对房地产市场供求关系发生重大变化，建议中央政府注入流动性，帮助房地产市场加速出清；同时，一次性将房贷利率降至国债收益率与消费贷款利率之间，以减轻存量房贷还款压力和修复购房需求。在危机处置过程中，我们应充分汲取主要国家应对危机的成功经验，避免重蹈日本房地产调控失败的覆辙。

第十一章研究了美联储的资产负债表。当前，美联储资产负债表已成为研究美联储施政方针的重要工具之一。通过研究美联储资产负债表的演变，剖析演变历史脉络背后所蕴含的政策含义，有助于我们更好地认识美联储货币政策的主要目标、操作框架、重要工具、传导渠道、溢出效应。2008 年国际金融危机之后，美联储货币政策框架发生重大转变。这次转变不仅打开了量化宽松的巨大空间，而且更加强调货币政策与财政政策的协调配合。当前的美联储货币政策决策机制早已超越泰勒规则、伯南克规则、伊文思规则和耶伦规则，现如今的决策机制更多地融合了诸如全民基本收入（UBI）等现代货币理论目标，对通胀的容忍度也明显上升。本轮宏观政策调控，美联储基本上找到了实现“高增长、低利率、可控通胀”的方法，关键核心是财政赤字的货币化。其中，高增长主要通过直达实体的货币政策为财政政策融资来实现，也就是伯南克所说的“直升机撒钱”，通过政府部门的加杠杆帮助居民和企业部门重启加杠杆行为。低利率可以通过量化宽松政策和利率走廊机制来实现。美联储购买抵押支持证券（MBS）可以压低房地产市场相关融资利率，购买长端美国国债可以压低长端美国国债发行利率，通过控制利率走廊底部重心压制货币市场和短端国债利率。可控通胀除阶段性坚持经济全球化外，还可以通过产业链、供应链的本土化来实现。未来美国在实施这些政策时，美联储一定会扩表和超发货币，理论上美元会面临较大贬值压力，但美联储可以利用高于他国的利率、陡峭形态的利率曲线以及储备货币等优势稳住美元。考虑到美国货币政策和财政政策已深度捆绑，而且美元储备货币具备转嫁通胀的优势，为充分利用这一优势，不排除未来美国政府不间断制造通胀的可能。新的货币政策框架下，美联储对货币的量价具有较强的控制力，对美国乃至全球金融市场的影响力日益增强，成为影响金融市场走势的关键变量之一。特别是在货币政策收紧的起始与尾声阶段，其对股市、债市以及汇市将产生较大冲击。

第十二章为我国消费率的中长期变动趋势研究。消费率与投资率如同硬币的两面，紧密相连不可分割。研究消费率的变动，实际上也是对投资率内在规律的探究。与过往诸多研究的目标不同，我们研究消费率变动不是为了提高消费率，而是更好地促进消费和投资的顺利实现。我们认为，发展环境、发展阶段、宏观周期是影响消费率变动的核心变量。预计到“十四五”时期末，消费率可能升至56%~57%，净出口率降至0%附近，储蓄率和投资率降至43%~44%。

第十三章为大国经济循环的规律与特征研究。梳理中国、美国、日本、德国四个大国的国民经济循环脉络发现，大国经济一般是以国内市场为主体，而国际市场始终是国内市场的重要补充；国内和国际市场规模的有限决定国内国际循环不畅在所难免；经济循环不畅往往伴随着大国经贸摩擦加剧、资产价格泡沫膨胀、社会贫富差距扩大等问题；危机处置的关键在于迅速且足量的流动性注入，以及在此过程中建立的充分信任、授权和容错机制。

宏观经济与周期波动是一个极具魅力的研究领域，蕴藏着大量丰富而深刻的研究议题，宛如一座亟待挖掘的“智慧宝藏”。希望本书能够抛砖引玉，激发广大读者的兴趣与热情，吸引更多人投入这一研究领域，更好地为国家决策服务。

徐鹏

2024 年 7 月 15 日

# 目录 contents

## 上篇　方法篇

## 下篇 应用篇

上篇

# 方法篇

# 第一章　宏观经济分析应具备的五种思维

在深入探讨宏观经济现象时，思维能力的运用至关重要。笔者认为宏观经济分析应具备五种思维能力，即宏观思维、周期思维、货币思维、均衡思维和战略思维。宏观思维强调系统观念，注重动态博弈分析，它来自微观视角又超越微观视角，能够避免微观逻辑的简单套用而产生宏观层面的合成谬误。周期思维专注于揭示事物发展的周期性规律，特别是货币金融层面的周期对经济运行的影响。货币思维认为市场经济的本质是货币基础上的竞争，货币创造的本身伴随着债务积累，作为经济运行的先行指标，中央银行对货币内生创造的影响力正在逐步加强。均衡思维强调经济体系内在的稳定机制，即资本存量和收入流量同时达到均衡，这种均衡源自内生的货币供给机制。战略思维从战略高度进行宏观经济分析，重视对理论逻辑和运行机制的思考，强调前瞻性、方向性、趋势性的综合研判。

## 第一节　宏观思维

宏观经济分析需要宏观思维。宏观经济作为一个庞大而复杂的系统，由包括居民、企业、政府等在内的数以万计的微观经济个体，相互交织、共同作用而形成。宏观经济现象，如高增长、高物价、高利率、高债务等，无不源于这些微观经济个体的活动累积。然而，将宏观经济简单地视为微观经济的线性加总，是片面且危险的。这是因为微观个体间的相互联系是复杂的、动态的且非线性的，这种联系使得宏观经济呈现出独特而复杂的运行规律。因此，将宏观经济简单类比为一个微观主体，如经典宏观经济教科书将宏观经济比作一个企业，并试图通过生产函数模型来解释经济增长，这种做法的合理性是值得商榷的，由此得出的结论也需进一步探讨。相比之下，宏观思维是一种系统、全局、动态的分析方法。它要求我们跳出微观思维的线性视野，从更广的视角审视宏观经济运行。利用宏观思维分析宏观经济，我们能够更准确地把握宏观经济运行规律，更深入地理解宏观经济现象，从而为政策制定提供更科学、更可靠的依据。

宏观思维强调系统观念。在探讨宏观经济这一庞大而复杂的综合体时，宏观思维与系统观念的融合显得尤为重要。这里，以笔者编撰的《中国宏观经济数据手册》为例。该手册运用系统观念，从十个维度观察中国宏观经济的运行。第一维度为生产侧，观察农业、制造业、建筑业、服务业的增长情况。第二维度为需求侧，紧盯投资、消费、出口“三驾马车”的变动趋势。第三维度为收入侧，观察劳动者报酬、固定资产折旧、生产税净额、利息、营业盈余等情况。前三个维度恰好对应国内生产总值（GDP）的三种核算方法，即生产法、支出法和收入法，是洞察国民经济循环生产、分配、流通、消费四个环节的重要维度。第四维度为民生侧，主要跟踪就业、收入、物价等关键变量，评估经济增长是否惠及广大民众。第五维度为货币侧，观测货币供应量、社会融资规模、债务规模等变动，从货币视角审视经济运行的冷暖。第六维度为重点市场，市场是经济的“晴雨表”，不仅包括股票、债券、外汇、期货等金融市场，也涉及房地产、汽车等商品市场。第七维度为部门侧，聚焦居民、非金融类企业、政府、商业银行和国外部门，考察它们的投资、消费、储蓄、负债等情况。第八维度为宏观政策，关注财政政策和货币政策的变动，在现代货币理论框架下，宏观政策对经济运行的影响日益增强。第九维度为国际形势环境，密切观测主要经济体的经济运行、宏观政策、贸易政策、产业政策，分析国际循环对国内经济的影响。第十维度为问题侧，坚持问题导向，针对涉及领域广、持续时间长、影响程度深、应对难度大的热点问题，如初级产品保供稳价、乌克兰危机溢出效应、物价低位运行等，进行深入研究。以上十个维度的分析框架，能够让笔者更好把握宏观经济运行的脉搏。

宏观思维注重动态分析。所谓动态分析，是指经济变量的时间序列分析，剖析这些变量之间的相互影响及彼此制约关系。这种分析考察的是时间因素的影响，将经济运行视作一个动态、连续过程来探讨。相比之下，静态分析和比较静态分析更多地侧重于某一瞬间的经济状态，它们抽象掉了变量的调整时间，忽略了变量随时间变化的动态演进。在经典的微观经济学教科书中，除博弈论和蛛网模型外，大部分实例和理论采用静态和比较静态分析方法，即在假定其他变量不变的情况下，研究某一变量的变化对其他变量的影响，然而，这种分析方法在现实中存在一些问题。例如，在分析工业品出厂价格（PPI）向居民消费价格（CPI）的成本传导时，比较静态分析的逻辑是，上游 PPI 涨幅的回落会带动中下游企业成本的下降，从而增加中下游企业的利润，利好中下游企业股票。从直觉上看，这种逻辑似乎合理。但实际的情况可能是，PPI 和 CPI 运行都是由总需求（包括投资和消费）驱动的，总需求的疲软将带动 PPI 和 CPI 同时回落，即便下游企业成本是下降的，收入降幅也可能更大，最终企业利润不增反降，对相关企业的股票形成利空。因此，在宏观经济分析中，为避免陷入静态分析和比较静态分析的狭隘视角，我们需以系统的、动态的眼光审视经济变量的运行。

宏观思维可避免合成谬误。合成谬误是一种常见的非形式逻辑谬误，常见于用微观思维审视宏观经济现象时。具体来说，就是简单地认为如果微观经济个体具有某种属性或行为，那么由这些微观个体组成的宏观整体也必然展现出相同的属性或行为。然而，这种推理忽视了微观个体在形成宏观整体时可能出现的相互作用和变化，从而得出错误的推论。这里举两个例子。第一个是农产品的增产不增收。微观层面上，农户都希望利用先进技术让自己的农产品增产，然后卖个好价钱。但如果所有农户都这样去做，其结果是农产品供给远大于需求，价格大幅下跌，农户不但赚不到钱反而还要亏钱。第二个是债务收缩加剧债务风险。微观层面上，大家都是比较厌恶债务的，如果所有的债务人都勒紧裤腰带还钱，没有了货币创造和债务扩张，整个社会的流动性就会减少，而流动性的减少会增加债务偿还本息的难度，进而加剧债务风险的暴露。就像开源节流这个成语，微观层面它是行得通的，但宏观层面不一定能行得通。如果所有的微观个体都开源节流，就像即将干涸的小溪，大伙都节流了，那到哪儿去开源呢？所以说，开源节流在微观上是一个理想的想法，实际上效果并不是很好。因此，为避免合成谬误，需要运用宏观思维方法，全面审视整体的行为和属性，深刻理解个体在构成整体时可能产生的相互作用和变化，而非简单地将微观逻辑套用在宏观经济分析之上。

## 第二节　周期思维

周期思维的核心在于揭示事物的发展规律。该思维认为，众多事物和现象均遵循着特定的周期规律。在宏观经济分析中，周期思维的重要性不言而喻，它能够深刻洞察经济运行的周期性变动。周期理论认为，经济运行周而复始，太阳底下无新事。正如马克·吐温所言，历史不会重演，但总会惊人地相似。周期思维相信物极必反、过犹不及。在经济繁荣时，会盛极而衰；在经济萧条时，会否极泰来。而对于大部分微观个体，它们的思维是线性单一的。在经济好的时候，它们线性外推未来经济也是好的，往往情绪十分乐观，容易冲动大幅负债。而在经济不好的时候，它们会线性外推未来经济也是不好的，往往情绪悲观、负面和消极。根据周期思维理念，微观个体在经济好的时候应谨慎一些，在经济差的时候应乐观一些。传统上，根据时间长短，一般将周期划分为四个层级：康德拉季耶夫超长周期、库兹涅茨长周期、朱格拉中周期和基钦短周期（库存周期）。康德拉季耶夫超长周期，平均长度为 50~60 年，波动主要与科技革命和产业变革有关。库兹涅茨长周期，平均长度为 20~25 年，波动主要与人口增长和房地产投资有关。朱格拉中周期，平均长度为 8~10 年，波动主要与工程设备的更新换代有关。基钦短周期，平均长度为 3~4 年，波动主要与工业企业库存策略有关。这四个周期并非孤立存在，而是相互嵌套，构成了复杂而多变的经济周期体系。虽然它们在多数时间可能呈现出一定的错位，但共同构成了经济周期的全貌。在宏观经济分析中，研究者们通常关注短期的经济变动，因此库存周期往往成为研究的重点。不过，在面临重大科技革命、工程机械更新换代、城镇化加速等关键历史节点时，研究者们也会将视野拓宽，结合康德拉季耶夫超长周期、库兹涅茨长周期和朱格拉中周期，以更深入地理解和分析宏观经济。

关注货币金融层面的经济周期。传统意义上的经济周期是实物技术层面的周期。然而，随着货币金融作用的日益突出，经济周期的货币金融属性越发明显。据此，明斯基提出了"金融凯恩斯主义"的概念，认为实物技术层面的周期是表象，货币金融层面的周期是核心驱动力，而这与传统经济学"货币是面纱"的观点截然相反。货币金融层面的经济周期通常根据名义 GDP 增长情况来划分。初步划分，经济周期可分为扩张和收缩两大阶段，对应名义 GDP 增长率的持续上升和持续回落；进一步细化，则可分为复苏、繁荣、衰退、萧条四个阶段。名义 GDP 增长率是宏观经济分析中最重要的变量，主要是名义 GDP 直接联系到了微观企业的成本收益计算。从 GDP 核算的收入法来看，给定企业的工资、折旧、税收、利息成本后，则总需求或名义 GDP 变动将决定企业的盈亏状况，这正是宏观经济分析的核心议题。相比之下，由于异质品难以按实物量单位进行加总，即便加总也缺乏实际意义，所以理论上实际 GDP 难以反映出经济中的实物产出或实际产出情况。在多数时段，实际 GDP 变动与名义 GDP 走势保持高度一致，所以大多数人用实际 GDP 增速基本上能够判断经济形势，但在某些特定时期，尤其是通货紧缩阶段，两者的走势可能会产生明显背离，此时若再继续采用实际 GDP 增速判断经济形势，则可能产生较大误判（见图 1-1）。因此，在宏观经济分析中，关注货币金融层面的经济周期，特别是名义 GDP 的增长情况，显得尤为重要。

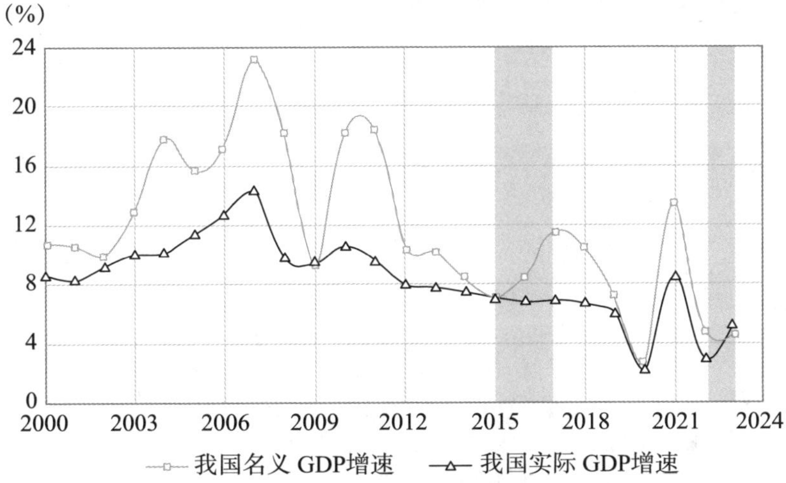


**图 1-1　我国名义 GDP 和实际 GDP 增速情况**

资料来源：国家统计局。

全球经济运行和国际大宗商品价格具有显著的周期性波动特征（见图 1-2）。历史数据揭示，全球名义 GDP 增长大致每 5 年一个小周期。这一周期性的规律与主要经济体，尤其是美国的货币扩张和收缩密切相关。新冠疫情期间的这轮超级量化宽松政策，使美联储基本上找到了平衡增长、通胀、利率、就业的方法，关键核心就是货币政策和财政政策的协同配合，即通过政府部门的加杠杆来引导私人部门的投资和消费行为。正如《资本战争》一书中所深刻揭示的那样，经济周期是由资金流——

储蓄和信贷规模驱动的。当前，主要发达经济体受制于高利率和高债务双重压力，债务扩张动力不足，导致全球名义增速放缓。参考过去的经济周期经验，预计此轮全球经济将在2025年触底，随后在债务扩张周期的带动下企稳回升。另外，过去50余年的历史数据表明，国际大宗商品价格变动与全球经济扩张和收缩紧密相连。鉴于其快速变化的特性，大宗商品价格走势成为研判全球经济形势的重要参考指标。

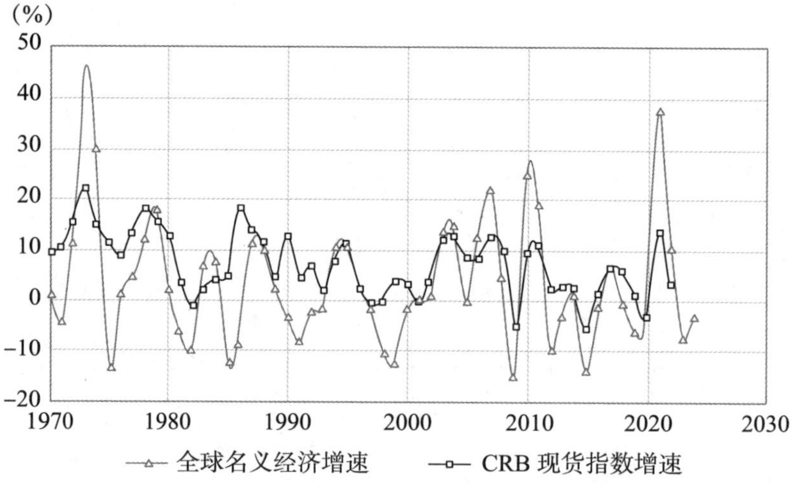


**图 1–2 全球名义经济增速与 CRB 现货指数增速运行情况**

资料来源：世界银行、Wind。

## 第三节 货币思维

市场经济的本质是货币基础上的竞争。竞争是市场经济运行的核心，但这种竞争离不开货币，货币被视作竞争的目的和手段，因此市场经济有别于其他经济制度。根据经典经济学理论，企业为提升竞争力，会采取科技革新、模式创新、管理优化等手段，以达到利润最大化或成本最小化，由此来推动整个经济的增长。以货币视角解读，这些微观主体为增强竞争力而增加的投资支出，会推动货币的扩张和流动，由于现实中的经济增长定义为货币增加值的增加，由此竞争力的提升会促进经济增长。货币思维侧重于观察货币的创造和流动，包括整体的货币增长，以及居民、企业、政府、外部部门的债务扩张和相互间的货币流动情况等。例如，当前广义货币供应量 M2 的增速从中高位回落，反映企业活跃度的狭义货币供应量 M1 增速则持续在低位运行，M2 与 M1 增速之间的梗阻，主要出现在“M1 → M2 → M1”循环的后半段。根据货币创造的历史经验，货币主要由各经济部门创造并先注入企业，形成 M1。随后，企业通过支付工资、分红及贷款等方式，将货币转移至居民手中，进而形成居民存款和 M2。正常情形下，居民存款不会大面积沉淀，而是会通过消费和投资渠道回流到企业，从而实现“M2 → M1”的良性循环。然而，目前居民在获得收入后，更倾向于储蓄而非消费和投资，导致资金并未充分回流到企业部门，同时企业资金存在沉淀空转现象，影响了经济的正常循环。

货币的创造过程也是债务的积累过程。定义上，货币统计的是私人部门的存款变化。现实中，这些存款主要是通过信贷和发债产生的。只要货币被创造出来，就必然有相对应的债务，这些债务可能来自国内部门，也可能来自国外部门。如 2002—2007 年，刚加入世界贸易组织的那几年，我国货币的创造主要依靠外汇占款，这与美欧国家（地区）居民部门债务扩张有关，尤其是美国房地产市场的过度繁荣。2008 年次贷危机全面爆发后，我国开始扩大内需，通过政府部门、企业部门、居民部门的债务扩张实现货币创造，也就是通过基建、制造业、房地产来实现货币创造。在货币创造能力强的时候，社会上的流动性充足，债务问题被掩盖。而当货币创造能力下降的时候，社会上的流动性出现不足，债务风险会被暴露。反过来，债务的积累未必会带来货币的增加。例如，居民部门购买企业部门的债券。按照有借必有贷、借贷必相等的会计记账原理，居民部门的资产端在增加一笔债券的同时将等额减少一笔存款，但负债端并没有发生变化；相应地，企业部门的资产端将增加一笔存款，负债端也将等额增加一笔债券。这里，企业部门通过发行债券置换到了居民部门手中的存款，实现了货币从居民部门到企业部门的转移，该过程并没有带来货币增量的增加。如果是商业银行购买企业的债券，那么企业发债将创造货币，因为来自银行体系的货币增加了私人部门的存款。因此，市场上“债务是大敌”的观点是值得商榷的。货币创造的本身就是债务增加的过程，只要货币创造能够持续促进增长、拉动就业、提高收入，这种债务的增长就是值得我们接受和尝试的。

同时，货币创造的流动过程，也是经济增长、收入增长和分配的过程。如同房地产，它的扩张会带来货币和债务的同时扩张，会带动建筑业、房地产业、制造业等行业增加值的增加，促进就业和居民收入增加。因此，货币、债务、增长、收入之间，实则是相互交织、密不可分的整体，可认为是同一问题的不同面。

货币是观测经济运行的重要先行指标。货币的创造、流动、分布过程的镜像是经济周期的扩张与收缩，以及与此密切相关的需求结构、成本结构、收入分配结构、存量流量结构的变动。在货币扩张阶段，银行信贷规模扩大，企业利润好转，就业市场改善，居民收入增加，经济进入复苏轨道。信贷尤其是抵押贷款的迅速增长，将推升房地产价格上行，进而提升抵押物价值和私人部门的信贷能力，促使经济向繁荣阶段迈进。而当货币进入收缩阶段时，银行信贷、抵押物价值往往会缩减，资产存量价值的波动将进一步影响收入流量，导致投资、消费以及整个经济增速的下滑。从历史经验来看，我国经济的良好表现往往与M1增速的上升阶段相伴随。如2002—2003年，美国等主要发达经济体债务扩张，我国抓住加入世界贸易组织的重要机遇，通过出口扩大经常项目顺差，由此外汇占款大幅增加，带动货币供应量和经济的显著增长。2009—2010年，面对2008年国际金融危机，我国采取扩张性货币政策和财政政策，通过政府部门的债务扩张，迅速将货币和经济从谷底拽出。2015—2016年，在供给侧结构性改革尤其是“三去一降一补”政策的作用下，居民部门加杠杆购房，稳定了货币和经济基本面。从统计数据来看，M1增速拐点通常领先名义GDP增速约半年时间，这进一步凸显了货币作为经济先行指标的重要性（见图1-3）。

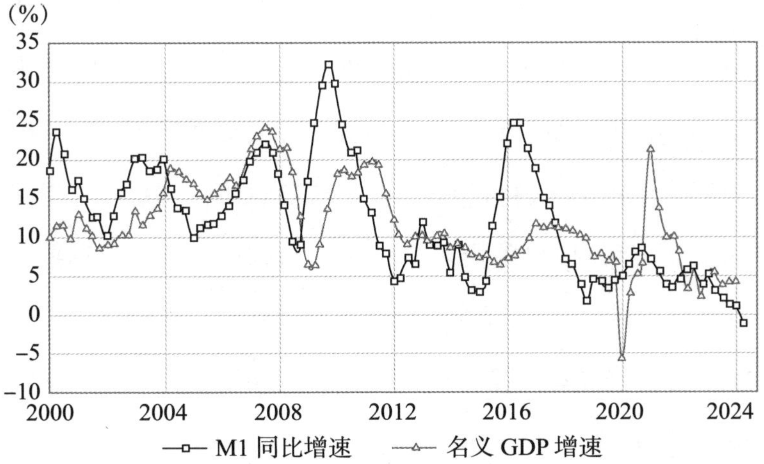


**图1-3　我国M1同比增速与名义GDP增速情况**

资料来源：中国人民银行、国家统计局。

中央银行货币政策调整对经济运行有重要影响。在没有政府干预的理想市场经济中，经济周期的自发调节主要依赖于内生的货币供给机制。在这种机制中，货币增长率和利息率发挥着重要作用，它们紧密联系着资本存量和收入流量的相对价格。在封闭经济情形下，企业利润率近似等于货币增长率减去利息率。当货币增长率高于利息率时，企业有正的利润率，投资有利可得，名义经济增长，资本存量价值上升，经济正常循环。若货币增长率低于利息率，企业则普遍亏损，投资信心不足，名义经济增长放缓，资本存量价值下降，经济循环受阻。现实中，现代信用货币创造是在二级银行体系下进行的，即央行向商业银行体系投放基础货币，商业银行以基础货币为锚，通过向企业和居民提供融资，实现广义货币的派生（见图 1-4）。央行对货币供给具有非常强的控制力，尤其是在美欧深度实践现代货币理论（MMT）的当前，它的取向变化会直接影响内生的货币供给机制，进而影响企业决策、资本存量价值以及经济周期运行。实践中，中央银行常采取“逆周期”调节的方式来应对经济过热或过冷，即经济过热时，采取加息等紧缩性货币政策，而经济过冷时，采取降息等扩张性货币政策。但笔者认为，这种“逆周期”的调节方式可能会有顺周期的效果，因为在没有政府干预的市场经济中，经济过热时，由于货币供不应求，利息率是上升的，而经济过冷时，由于货币供大于求，利息率是下降的。中央银行加息过慢或降息过快，反而会延长繁荣周期或缩短衰退周期。

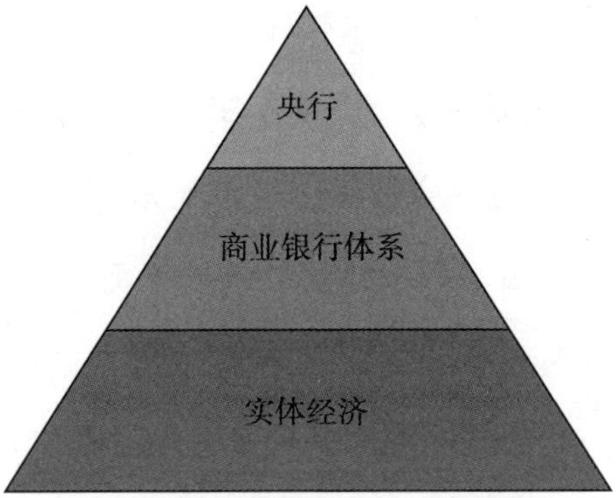


图 1-4　二级银行体系下的经济运行

## 第四节　均衡思维

均衡是宏观经济分析的出发点和落脚点。重要宏观经济指标运行的特点是长期稳定，短期波动。为进行深入分析，研究者常常需要剥离短期的波动因素，以期发现长期稳定的内在规律。20 世纪 50—60 年代，著名经济学家卡尔多基于美国和英国的长期统计资料，提出了市场经济发展的六个程式化事实。这些程式化事实的核心观点在于，资本存量和收入流量的增长率在长期来看是稳定的，与之相关的比率关系也保持着稳定的态势。在研究宏观经济时，笔者习惯于从企业视角切入，因为企业盈利与否是宏观经济分析的核心问题，而且利润率把经济增长和企业投资紧密联系在一起。在笔者构建的宏观经济理论模型中（详见第四章），根据卡尔多程式化事实以及模型均衡时的必要条件，我们得出了两个重要结论。一是达到均衡时，从增长率指标看，名义 GDP 增长率与工资增长率、折旧增长率、资本收益率、消费增长率、投资增长率是相等的。

二是达到均衡时，从收入支出的结构比例看，工资占利息和利润的比例、消费占 GDP 的比例（消费率）、投资占 GDP 的比例（投资率）均保持不变。所以，一旦重要宏观经济指标出现增长率或结构比例关系的严重失调，根据均衡思维的逻辑，未来经济达到再平衡，如 2008 年国际金融危机后的全球经济再平衡。因此，从某种程度上说，均衡思维与周期思维具有相当的等价性，它们都强调了物极必反和过犹不及的经济规律。

存量流量模型的内在稳定机制。以上讨论的主要是流量均衡状态，下面简要说明存量流量的一致性均衡。根据国民收入核算的收入法，GDP 主要由工资、折旧、利息、利润构成。我们注意到，折旧和利息可以直接联系到资本存量，资本存量价值的变化将影响折旧和利息成本。投资流量与资本存量存在紧密的动态关系，即本期投资流量转化为下期资本存量，进而带来下期折旧和利息成本的变化。这就构成了这一模型的内在稳定机制。为简化分析，考虑一种无政府的封闭经济情形。按照古典模型，假定工资全部用于消费，那么企业的利润取决于投资是否足以覆盖折旧和利息的支付。假如本期投资增加，在本期利润增加的同时，下期资本存量也会增加，假定利息率、折旧率和企业资产负债率不变，下期的折旧和利息成本也将增加。在这种情况下，为了维持一定的利润率，需要持续地增加投资。如果投资的增加不能覆盖折旧和利息成本，则将导致资本存量和利润下降，经济将由扩张转为收缩。该极简模型的重要现实意义在于，它揭示了资本存量和收入流量的相互强化关系。资本存量价值的波动将影响消费和投资，进而影响收入流量的变化。反过来，收入流量的增减也会影响资本存量的价值。也就是说，在内生经济增长情形下，经济和资产价格的稳定增长是同时实现的，当一方出现异常波动时，另一方也将受到显著影响。

均衡解和动态模拟冲击。研究中，大家非常关注模型的均衡解或稳态解，以及特定的动态模拟冲击情况。笔者在第四章给出了经济达到均衡状态时的解析解，并对宏观政策的冲击进行了动态模拟。根据理论模型推导，我们得到了名义 GDP 增长率的均衡解，即名义 GDP 增长率等于 $m(1+\theta)s-d(1-s)$，其中 $m$ 为货币增长率，$\theta$ 为工资占利息和利润的比例（衡量收入分配差距），$d$ 为折旧率，$s$ 为宏观储蓄率。为了将理论模型与实际情况相结合，我们对上述参数值进行赋值。假定货币增长率 $m$ 稳定在 8%，这与当前我国广义货币供应量 M2 增速相当。将宏观储蓄率 $s$ 稳定在 0.54，这也基本符合我国投资与消费的结构比例情况。根据 GDP 收入法核算结果，取收入分配差距系数 $\theta$ 为 1.5，将折旧率 $d$ 设定为 10%。基于这些参数设定，可以得到均衡时的名义 GDP 增速在 7% 左右。为了更直观地理解这一结论，我们做一个极端化假设：企业家不消费，居民全消费，也不考虑折旧情况。在这种极端情况下，均衡状态的名义 GDP 增长率将直接等于货币增长率 $m$。这一极简模型揭示了一个重要事实：货币供应量的稳定增长对于保持经济的稳定至关重要。关于动态模拟冲击，它刻画的是受特定冲击后重要经济变量的运行轨迹。在本书中，笔者采用的是动态数值模拟方法，该方法建立在数理模型之上。而在之前的《价格形势分析的理论与实践》中，笔者采用的是协整和误差修正模型、结构向量自回归模型。这两个模型是数据驱动的，可直接使用软件内嵌的脉冲响应函数进行模拟分析。虽然建模思路不同，但两者均蕴含着丰富的经济思想，是检验经济变量间是否存在长期均衡关系的重要手段。

## 第五节　战略思维

战略思维在宏观经济研究中发挥着不可替代的作用。它不仅是提升研究站位的关键，更是面对错综复杂现实世界的有力武器。现实世界是一个多维度的交织体，融合了经济、政治、社会、科技、产业和军事力量等诸多要素。面对如此多元且复杂的局面，宏观经济分析须采取全方位、系统化的视角，要有战略思维和大局意识。战略思维的核心在于“道”而非“术”，重视理论逻辑和运行机制的分析，强调前瞻性、方向性、趋势性的研判。常言道：“方向正确，事半功倍；方向不对，努力白费。”巴菲特也曾说过：“宁要模糊的正确，不要精确的错误。”在探讨当前全球经济的走势时，要深刻理解全球经济运行的规则，尤其是中美两个大国的经济循环方式。美国凭借其美元霸权地位，通过经常项目的逆差输出美元，再通过资本项目的顺差回流美元，形成了独特的美元循环机制。我国则是双轮驱动，既依赖内生的货币创造，也依赖经常项目的顺差。在研判美联储货币政策的取向时，必须注意到 2008 年国际金融危机之后，美联储货币政策框架发生了根本性转变，也就是现代货币理论的深入实践。在分析国内宏观经济走势时，要充分认识房地产市场的货币创造器功能，其深度调整将直接影响整体货币的创造、流动和分布，进而影响资本存量和收入流量的均衡，以及经济的正常循环。因此，对房地产市场的深入剖析至关重要。在研究当前物价低位运行时，要突破传统的“自下而上”的结构分析范式，强化“自上而下”的宏观分析方法。这是因为物价运行具有很强的经济周期特征，其变动受到工资、资产价值、投资等因素影响。

我国货币创造模式是双轮驱动式。经常账户顺差与内生货币创造是这一机制的核心动力。自 2001 年底加入世界贸易组织以来，我国经常账户持续顺差，外循环带动了内循环的良性运转。外汇占款成为央行投放基础货币的主要渠道，并派生出大量广义货币。2002—2014 年，我国出口和外商直接投资规模迅速扩大，在特定的结售汇制度以及人民币升值预期的影响下，外汇占款投放出大量基础货币，高峰时外汇占款占到基础货币投放的九成以上。即便 2015 年以来外汇占款稳步下降，但外循环对内循环的带动力依然是显著的。根据世界银行数据，2022 年我国制造业增加值为 5 万亿美元，商品出口总额为 3.6 万亿美元，商品出口中制造业出口比重为 92.65%。结合文献研究资料与国际经合组织的数据估算，我国制造业出口转成制造业增加值的转换系数约为 0.8。据此推算，我国制造业出口增加值约为 2.7 万亿美元（3.6 万亿美元 ×92.65%×0.8），占整个制造业增加值的比重为 54%，这意味着我国制造的产品价值中有一半以上是通过出口实现的。在内生货币创造方面，房地产作为一个巨大的货币创造器，在国有土地出让、房地产开发、房地产抵押贷款等多个环节均涉及商业银行的信贷业务。虽然国有土地出让会让国库吸收一定数量的存款，但政府通过财政手段将这些资金再度投入民生与建设中，最终使房地产信贷创造出的货币转化为私人部门的存款。截至 2024 年第一季度末，我国房地产贷款余额为 53.5 万亿元（个人住房贷款为 38.2 万亿元），占 M2 的比重为 17.6%。若进一步考虑房地产开发企业的债券发行，以及地方城投依赖土地发行的债券，由房地产创造的 M2 比重要远高于 17.6%。因此，在进行国内宏观经济分析时，需要深入理解货币的创造机制。

美元霸权的贪婪带来全球流动性膨胀。美元作为国际储备货币和支付货币，其霸权地位赋予了美国一种独特的金融特权。这种特权让美国成为世界上唯一能够以本币向全球大肆举债的国家，而不必过多在意外部对其财政稳健性的担忧。得益于美联储货币发行的支撑，美国政府可以不受限制地发行国债。同时，美国商业银行系统也得以在宽松的金融环境下，向国内企业和个人提供大量信贷支持。在此背景下，美国政府和个人不靠储蓄而靠举债便可消费全球的产品和服务。为巩固其霸权地位，美国金融体系通过创新将大量债务资产证券化。这种证券化债务资产作为公共品，随后被输送到全球各地。通过这种方式，美国成功将债务风险转嫁给了全球投资者，同时回收了因经常项目逆差而输出的美元。如此循环，数十年积累下来，美国背负了巨额外债，其证券化债务资产也带来了全球流动性膨胀问题，加剧了全球经济金融的不稳定。

美元的国际循环模式决定了其危机处理方式。从 20 世纪 80 年代开始，美元的国际循环模式发生了显著转变，主要体现为通过经常项目逆差输出美元，再通过资本项目顺差回流美元。这种独特的设计为美国带来了巨额的利益，即所谓的“美元特权”。这一体系对维护美国经济稳定和国际地位至关重要，因此美国有非常强的内在维护动力。面对美元危机，美国往往采取直接而迅速的措施来应对。例如，2008 年国际金融危机的爆发和 2020 年新冠疫情的暴发，为缓解流动性危机，美联储迅速实施“零利率”和量化宽松政策，通过大规模购买金融资产，尤其是美国国债，向市场注入健康的流动性，短期内稳定了金融市场。随后，美联储再通过中长期的经济增长、科技进步、产业政策、宏观政策甚至地缘政治冲突，来进一步巩固美元的霸权地位。美元国际循环的持续进行加剧了全球流动性膨胀，这为未来的美元危机和全球流动性动荡埋下了隐患。因此，只要美国不改变当前的国际循环模式，全球流动性膨胀问题就难以从根本上得到解决，而且这一膨胀还将受到美元周期的波动影响。

美联储对美元的掌控力日益增强。在经历 2008 年国际金融危机的洗礼以及世纪疫情的考验后，美联储的货币政策框架日趋成熟和清晰，对美元的控制力亦随之强化。当前，美联储的货币政策框架理论基础是现代货币理论。该理论倡导货币政策和财政政策的协同配合，注重货币政策直达实体经济，并对通胀保持较高容忍度。相较于金融危机前主要依赖利率渠道进行调控，新的框架下，美联储可以同时控制货币的量和价，量化宽松的巨大空间被打开。未来在应对美元危机时，美联储极可能继续扩表和超发货币。尽管这可能让美元面临较大贬值压力，但凭借高于他国的利率水平、陡峭形态的利率曲线以及全球储备货币，美联储是有能力稳住美元的。此外，美联储通过构建央行货币互换和回购便利工具等机制，形成了一个覆盖广泛的货币互换网络，这一网络有助于缓解海外美元的流动性危机。在此过程中，美联储实质上扮演了最后贷款人的角色。在历次的货币互换中，美联储倾向于选择与其经济、贸易、金融、军事关系密切的发达国家。新兴市场国家中，巴西和墨西哥等少数国家也获得了与美联储建立货币互换协议的机会。回购便利工具的设立，为外国央行和国际机构提供了在不直接卖出美国国债的情况下获取美元的渠道，有效减轻了危机中美国国债的抛售压力。这些措施不仅增强了美联储在全球金融市场中的影响力，也为其在维护美元霸权地位方面提供了有力支撑。

# 第二章　宏观经济分析应掌握的九个变量

在进行宏观经济分析时，有九个变量特别值得关注，它们分别是经济增长率、利息率、货币增长率、利润率、通胀率、汇率、债券收益率、股票价格以及房地产价格。这些变量构成了笔者宏观经济分析的基石，对理解经济走势及政策制定至关重要。名义 GDP 增长率是宏观经济分析中最重要的变量，相比实际 GDP 增长率，它更能反映微观主体的真实感受。利息率是货币价格，同时调节实物投资和货币供求，它与投资之间的正向联动是经济周期中最为普遍的现象。稳定的货币增长率对于资本存量和收入流量同时达到均衡至关重要，而这种存量和流量的同时均衡也正是货币供求的均衡。利润率实质上是资产回报率，近似为货币增长率与利息率之差。通胀率是宏观经济的一面镜子，其背后的成因复杂多样，既可能是通胀性繁荣，又可能是通胀性萧条。对于大型经济体而言，通胀更多是由内在经济增长驱动的，高增长往往伴随着高通胀。汇率不仅是个简单的比值，更是用来比较不同国家名义 GDP 货币值和货币供应量的标尺，是一国经济强弱的外在表现。国债收益率是利率市场中最重要的利率，其与经济增长之间的正向关系，是判断经济强弱的重要信号。股票市场是经济的“晴雨表”，其有效性依赖于上市公司利润与宏观经济走势的一致性，股票价格与利息率、通胀率、汇率之间往往呈正相关关系。房地产是重要的抵押资产，当货币的创造依赖于抵押资产时，房地产问题便自然而然地转化为货币创造问题。房地产是一个巨大的货币“创造器”，房地产市场的深度调整，势必会带来整个经济的信用收缩。基于以上九个关键变量，我们总结提炼出了宏观经济九宫格分析方法，以期通过观察这九大关键变量的动态变化，实现对主要经济体宏观经济形势的快速研判。

## 第一节　经济增长率

名义 GDP 增长率是宏观经济分析中的最重要变量。主要是名义 GDP 联系到了企业的成本收益计算。从收入支出恒等式看，给定企业的工资、折旧、利息、税收等成本支出，名义 GDP 或总支出的变动将直接影响企业的利润，进而决定经济波动和资本存量价值。此外，名义 GDP 还是用于支付货币工资、上缴税收、偿还债务、支撑资产价格的总收入，因此它对实体经济和金融体系至关重要。不同于名义 GDP 增长率衡量的是货币价值量的增长，实际 GDP 增长率侧重于实物产出的增长情况。然而，由于各种不同质产品是不能加总的，而且加总的总量不具有任何意义，所以理论上实际 GDP 根本反映不出经济中的实物产出或实际产出。据此，笔者的宏观经济学老师柳欣教授指出实际 GDP 是“假的”。理论上的认知不同，产生了两种分析方法。一种是名义 GDP 增长率（nominal side），另一种是实际 GDP 增长率（real side）。后一种也称为两分法，即将名义 GDP 增长率分为实际 GDP 增长率和通胀率。目前，两分法是全球主流的分析方法，其中最具代表性的是国际货币基金组织的《世界经济展望》报告。仔细观察不难发现，他们实际上是把实际 GDP 增长率和通胀率加在一起考虑宏观经济的波动，而这正是名义 GDP 增长率重要性的体现。

相比实际 GDP 增长率，名义 GDP 增长率更能反映微观经营主体的真实感受。例如，在 2015—2017 年的供给侧结构性改革中，名义 GDP 增长率大幅上升，而实际 GDP 增长率则基本保持不动，但微观主体的感受是比较不错的，其间企业盈利好转，就业市场回暖，居民财富增加。再来看美国，2020 年疫情暴发后，美国采取了超常规的宏观政策，导致它的名义 GDP 大幅上涨，远高于其实际 GDP 增长率（见图 2-1）。尽管目前它的实际 GDP 增长率回落到疫情前的平均水平，但它的名义 GDP 增长率仍在疫情前水平之上，所以大家感觉美国经济韧性比较强，主要是它的名义 GDP 增长率高，而不是实际 GDP 增长率的缘故。另外，积压的库存也可能高估实际 GDP 增长率，从而掩盖微观主体的经营困难。名义 GDP 统计的是库存的现值，而实际 GDP 统计的是库存不变价或者说数量。在经济下行阶段，企业大多是被动囤货的，库存越大说明经营越困难，反映在名义 GDP 增长率上可能是下降，而反映在实际 GDP 增长率上肯定是上升。所以，用实际 GDP 增长率来衡量经济运行情况是值得商榷的。

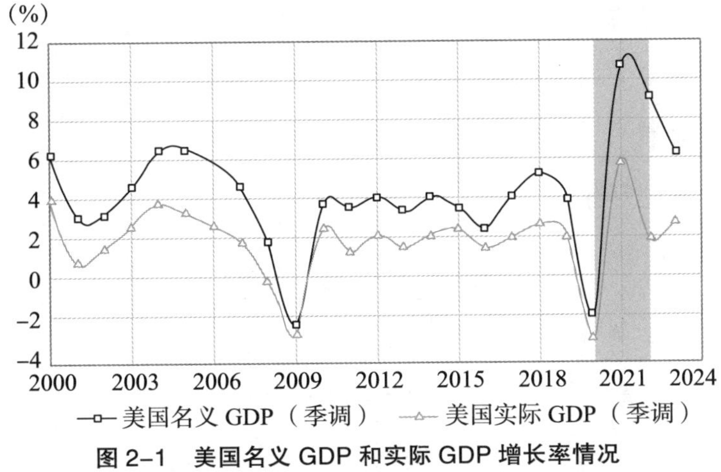


**图 2-1　美国名义 GDP 和实际 GDP 增长率情况**

资料来源：美联储、美国劳工部。

名义 GDP 的核算方法有三种，分别是生产法、收入法和支出法。这三者虽然在核算理念上有所差异，但为我们构建宏观经济模型创造了有利条件。生产法侧重于核算各个生产环节的增加值，也就是创造出的新产品价值。目前，我国公布的 GDP 数据以生产法核算为主。收入法聚焦于生产要素的价值分配情况。例如，劳动力要素得到工资回报，资本要素获得利益和利润，土地要素获得地租回报等。收入法为我们提供了一个观察企业成本收益的重要视角，但美中不足的是，在我国该方法公布的 GDP 数据略显滞后，通常要滞后 2 年左右。支出法关注最终产品的使用方式，主要有消费和投资两种。尽管有人将进出口也视为一种最终产品的使用方式，但还原进出口背后的目的，不难发现进出口实质上反映的是消费和投资在不同国家之间的转移。在主流宏观经济学教科书中，收入支出模型中的国民收入是按居民收入统计的。但从国民收入的循环来看，收入也可以从企业角度切入。根据国民收入核算的收入法，我们将主流宏观经济学的收入一方修改为企业的成本收益。这样一来，修改后的模型不仅能刻画企业的逐利行为，而且能揭示市场经济货币基础上的竞争机制。

## 第二节　利息率

利息率，简称利率，是指借贷期满所形成的利息与借入货币的比率。需要注意的是，以上利息率的概念，笔者是从债务人或成本的视角定义的，而非从债权人或收益的角度。从本源上看，利息是剩余价值或者利润的一部分，它是生产经营活动的成本构成。在第四章，我们探讨了一个简化而富有思想的货币经济模型。该模型假定企业的资金完全来自商业银行的信贷，居民从商业银行的净融资为零，且所有交易均通过银行转账而不存在现金流出。由此我们得知，商业银行的资产负债表倒过来就是企业的资产负债表；资产或资本只是一笔负债，其价值等于商业银行创造的货币或贷款。这样，给定利息率，资本存量和收入流量将存在这样一种关系，即如果商业银行新增的货币供给大于应付利息，则企业在向商业银行支付利息后还有剩余利润，从而增加其贷款和货币需求。如果商业银行新增的货币供给小于应付利息，则企业肯定亏损而无法向商业银行支付利息，从而引起贷款和货币需求下降。这样，商业银行的货币供给和企业的货币需求依赖于利息率。如果给定长期的利息率，那么资本存量和收入流量的比率在长期将是稳定的，经济增长率和资本存量的增长率也将是稳定的。

利息率与投资的正相关关系是经济周期波动中的最普遍现象。当经济处于上升阶段时，利息率和投资增速持续上升；当经济处于下行阶段时，两者则持续回落。而传统的宏观经济学理论认为，投资是利息率的减函数，即随着利息率的上升投资将下降，所以利息率与投资是负相关的。然而，观察主要国家的经济运行数据，不难发现这个假设存在较大问题。例如，我国 1991—1995 年、2002—2007 年利息率是上升的，同期投资和 GDP 增长率也是上升的，反倒是利率出现大幅下降时，投资和 GDP 增长率出现了回落（见图 2-2）。美国情况也类似，20 世纪 90 年代中期、2004—2006 年和 2022—2023 年，高利息率伴随着高投资和高

GDP 增长率，而利息率大幅下降后，投资和 GDP 增长率也随之下降。再看日本，在 20 世纪 90 年代前的高增长、高投资时期，它的利息率是高的，但在资产价格泡沫破灭后，即便大幅降息甚至实行零利率和负利率，投资和增长也较为乏力。这些实例表明，对于主要经济体而言，利息率上行是它经济向好的外在表现，反倒是利息率下降时，则说明经济在走弱。究其原因，利息率是由利润率决定的。对于企业而言，似乎只有扣除利息后的利润才是经营所得。当利润率不足以覆盖利息率，企业会减少投资，导致货币需求、资本存量价值以及利息率的回落，直至回落到一个合适的水平后，企业才会考虑增加投资，推动货币需求、资本存量价值和利息率的回升。从这一角度看，利息率实际上是投资的增函数。

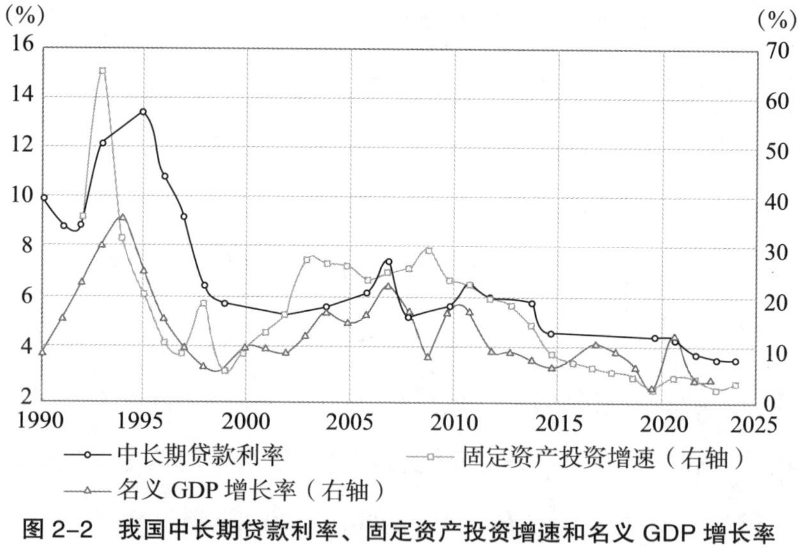


**图 2-2 我国中长期贷款利率、固定资产投资增速和名义 GDP 增长率**

资料来源：中国人民银行、国家统计局、Wind。

利息率是一个重要标尺。前面分析到，利息率同时调节投资、资本存量价值和货币供求，由此把实物领域和货币领域紧密联系在一起，其中起决定作用的是货币金融体系的内生货币供给。此外，利息率的变动也会影响资产价格、汇率以及国际资本流动。因此，利息率受到政府、企业、居民、国外等部门的高度关注。为实现稳物价、稳增长、稳就业、稳金融市场等多重目标，货币当局会对基准利率进行调控，进而引导市场利率走势。财政部门会根据利息率的走势调整其发债策略。具体而言，当利息率处于低位时，为促进经济增长和降低融资成本，倾向于扩大中长期政府债券发行规模；而当利息率处于高位时，为抑制经济过热和缓解付息压力，倾向于扩大短期政府债券发行规模。对于企业部门而言，利息率将直接影响其投资决策。若企业的资本回报率高于利息率成本，投资活动将趋于活跃，反之则可能缩减投资规模。居民部门在消费与储蓄之间的选择也会受到利息率的影响。关于国外部门，利息率的影响主要体现在跨境资本流动上。由于利息率与经济增长、货币增长率和资本存量价值往往是同向关系，内在的利息率上升意味着国内经济增长的强劲，进而吸引外部资本的流入，推动本币升值。

## 第三节　货币增长率

货币增长率，也称货币供应量增速，是指一定时期内私人部门在商业银行体系内的资产变动情况。在第一章，我们讨论过货币、债务、增长、收入之间是紧密相连的。而当货币的信用关系依赖于资产抵押时，也就是说借钱需要抵押物时，货币、债务、抵押资产、增长、收入也将是紧密相连的。在利息率部分，我们阐述了一个极简化模型，该模型揭示了企业和商业银行资产负债表之间的镜像关系。按此思路，加入居民部门，我们可以推出私人部门的资产负债表倒过来就是商业银行的资产负债表。现实经济中，私人部门要获得商业银行信贷，除支付贷款本金外，还需支付相应的利息。这里，假定私人部门向商业银行支付利息只能来自新增信贷。此外，市场经济的信用基础建立在资产抵押之上，这意味着商业银行为私人部门提供信贷时，通常需要固定资产抵押或证券质押作为前提条件。这样，我们就可以通过信贷、抵押以及支付利息的货币契约，来决定货币的供求。因此，只要私人部门和商业银行对未来一致看好，为满足私人部门的融资需求，商业银行就会扩大货币信贷，使得抵押资产的价值随投资流量的增加而上升，进而使得货币增长率超过利息率，私人部门和商业银行实现双赢，从而推动经济扩张和物价上涨。但这一过程并非无止境，一旦私人部门出现信用违约，为降低资产风险，商业银行就会停止以累进的比率增加货币供给，这必然会让私人部门面临亏损，而大额亏损又会进一步引发银行坏账的增加和货币供给的减少，从而引发经济衰退和物价回落。因此，当货币的信用关系依赖于资产抵押时，稳定的货币增长率对于资本存量和收入流量同时达到均衡至关重要，而这种存量和流量的同时均衡也正是货币供给和需求的均衡。

广义货币供应量 M2 和社会融资规模是货币供应体系的两个核心指标。M2 主要由流通中的货币和各类存款构成，其统计基于金融机构的负债端视角。而社会融资规模反映的是实体经济从金融体系获得的资金总量，其统计侧重于金融机构的资产端以及金融市场的发行端。前面分析揭示，私人部门和商业银行的资产负债表是镜像关系，因此，从资产负债表角度看，理论上 M2 和社会融资规模应是相等的，两者现实中也能够互为印证、相互补充。在增速方面，两者总体趋势相近，但也存在一些差异（见图 2-3）。这主要是统计的视角、范围、来源渠道以及货币派生时间的不一致导致的。例如，社会融资规模中的“政府债券”统计项目。如果政府债券全部由商业银行购买，且统计期内政府未支出这笔钱，即未派生出广义货币，则期末统计时社会融资规模将高于 M2。如果统计期内政府将全部发债资金支付给私人部门，这时就完全派生出了广义货币，则期末统计时两者将趋于一致。此外，在观察这两个指标变动时，增长率要比增量重要。主要是因为对标的对象是利息率，它是成本，货币增长率能跟它对得上。

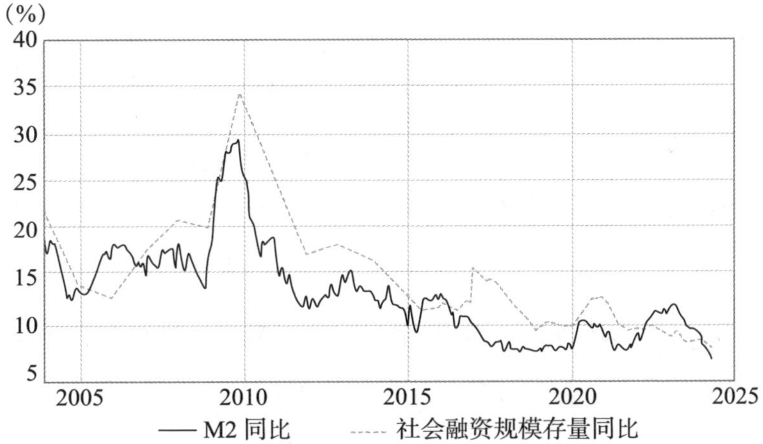


**图 2-3　我国广义货币供应量 M2 和社会融资规模增速情况**

资料来源：中国人民银行。

货币增长率的真实性时常面临挑战。前面分析到，在给定利息率的情况下，若商业银行新增的货币供给大于企业应付的利息，则企业在向商业银行支付利息后仍有利润空间，从而会增加贷款和货币需求。政策决策者和执行者都期望，企业的利润来自实体经济，经济中不存在货币空转现象。但现实的情况是，部分企业可以借助自身优势地位，低贷高存赚取利息收益，这种资金空转行为无疑将增加货币增长率的“水分”。特别是在2023—2024年，受房地产市场深度调整、实体投资回报率下降、社会预期偏弱等因素影响，国内企业部门有效融资需求不足，造成商业银行贷款供大于求。为完成考核任务，部分商业银行以低于信贷市场均衡利率向中央企业、地方国有企业以及大型民营上市公司贷款。这些企业用低成本的贷款来进行高收益的理财产品和定期存款投资，造成了资金的空转和沉淀，降低了资金使用效率。这种现象可从企业财务报表里的财务费用、利息净支出科目看出端倪。正常情况下，企业的财务费用、利息净支出一般为正，企业的贷款利息支出高于存款利息收益。但沪深5300余家上市公司的数据显示，2023年财务费用为负的公司有2300余家，净利息支出为负的公司超过2000家，说明有超过40%的企业存款利息收益要高于贷款利息支出，企业资金空转沉淀现象还是比较严重的。为引导企业减少资金空转沉淀，中国人民银行和国家金融监督管理总局快速行动，完善了商业银行存贷款管理考核机制，恢复了信贷市场竞争秩序，确保了货币增长率的真实性。

## 第四节　利润率

企业是否盈利是宏观经济分析的核心问题。在第四章，我们指出企业当前投资生产的前提是预期未来会有利润，而未来利润又取决于当前名义 GDP 的增长，所以只有预期到未来有利润且当前名义 GDP 有增长时，企业当前的投资行为才会发生。这样，利润率或利润就把经济增长和投资波动联系起来，进而资产价格也会表现出周期波动特征。前面分析到，利润率近似为货币增长率与利息率之差。现实中，通过考察货币供应量 M2 增长率和金融机构贷款加权平均利率，可以估算出企业的平均利润率水平。如图 2-4 所示，截至 2024 年 7 月，我国 M2 增长率在 6.2% 左右，金融机构人民币贷款加权平均利率在 3.7% 附近，两者相减，企业平均利润率在 2.5% 左右。

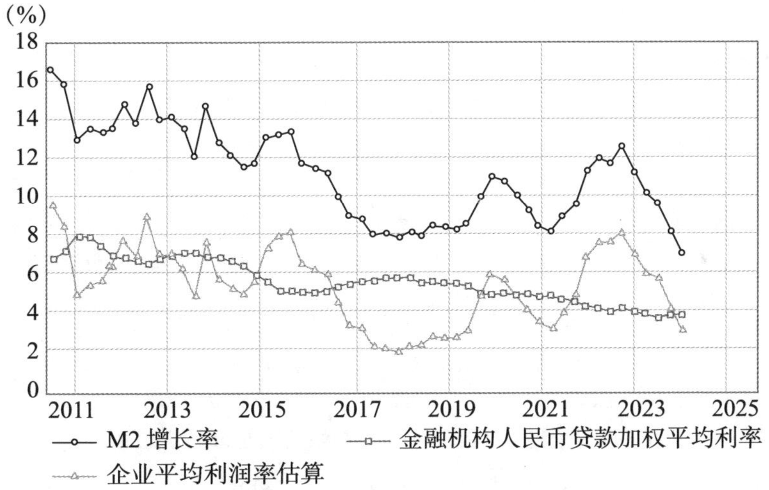


**图 2-4　我国企业平均利润率水平估算情况**

资料来源：中国人民银行。

宏观上的利润率等价于资产回报率。利润率是一个比率值，其计算方式有多种。它的分子恒定为净利润，而分母可能是资产、资本或者营业收入，对应的利润率概念分别为资产回报率（ROA）、资本回报率（ROE）、营业收入利润率。在之前的简化模型中，我们已明确利润率为利润与资产之比，也就是资产回报率。这个结论对指导政策实践和价值投资具有重要意义。从会计学的角度看，资产回报率、资本回报率、资产负债率（$k$）三者间存在紧密联系，其数学关系表达为 ROA=ROE×（1-$k$）。给定资产负债率，可认为 ROA 和 ROE 是等价的概念。现实中，总体的资产负债率往往是稳定的，如 2000—2022 年我国规模以上工业企业的资产负债率在 55%~61% 的窄幅区间波动（见图 2-5）。因此，在资产负债率稳定时，我们认为 ROA 和 ROE 是价值投资的两个最核心指标。也就是说，一个优秀的市场一定拥有持续稳定的高资产回报率和高资本回报率。

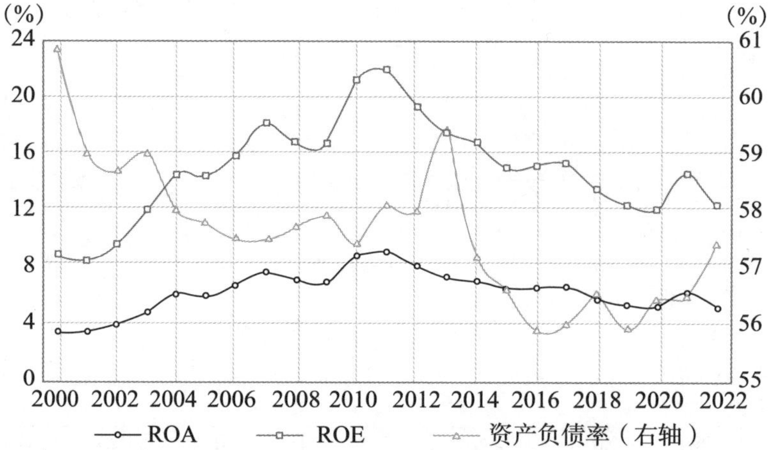


**图 2-5 全国规模以上工业企业 ROA、ROE 和资产负债率情况**

资料来源：国家统计局。

## 第五节 通胀率

通胀率，也称通货膨胀率，反映的是货币创造过多而导致的物价普遍持续上涨的现象。诺贝尔经济学奖获得者、货币学派奠基人弗里德曼说过，一切通货膨胀皆是货币现象。在宏观经济的讨论中，通胀率问题不仅是货币问题，更是名义 GDP 增长率问题。前面分析到，通胀率作为宏观经济运行的一面镜子，常常表现出明显的经济周期波动特征。可以说，通胀率是名义 GDP 增长率的增函数，通胀率上行往往意味着经济的景气繁荣。具体而言，当经济出现复苏时，企业投资开始增加，投资的增加将带动生产资料价格和资产价格上涨，由于尚未实现充分就业，工资率上涨是偏慢的，消费端物价涨幅相对较小。随着经济周期进入繁荣阶段，投资的大幅增加会促进就业市场繁荣，这时工资率和就业率会明显上涨，基本消费品部门有效需求会明显增加，由此促使消费端物价加速上行。这种通胀率加速上行预示着经济周期将接近繁荣的顶点，因为工资总量的上升将压缩企业利润空间，再考虑到为抑制通胀率过快上涨，货币财政政策的收紧，企业融资成本和融资难度将加大，政府开支将收缩，企业预期未来名义 GDP 增长率将下降，未来名义 GDP 规模可能难以覆盖当前运行成本，企业进而削减投资，资产价格和通胀率将呈现下跌趋势。图 2-6 为我国名义 GDP 增长率和 GDP 缩减指数情况。

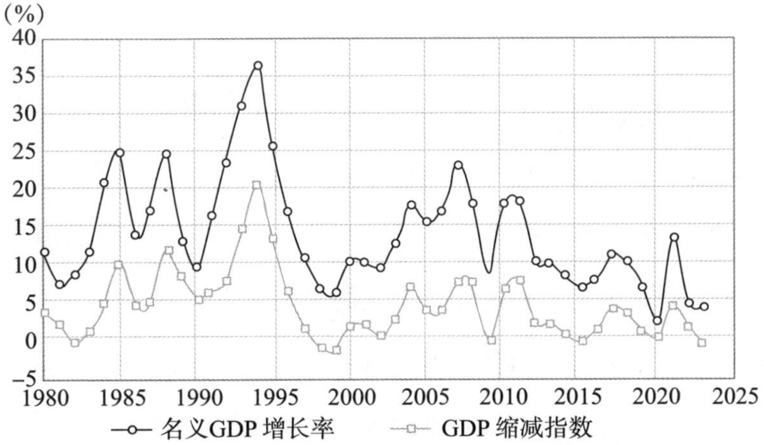


**图 2-6　我国名义 GDP 增长率和 GDP 缩减指数情况**

资料来源：国家统计局。

通胀性萧条。上文中我们讨论了通胀性繁荣，揭示通胀更多的是由内在经济增长驱动的，同时兼具需求拉动和成本推动的特征。然而，并非所有的通胀都是好的，也有坏的时候。瑞·达利欧在《债务危机》一书中对 27 个最严重的通胀性债务周期案例进行了深入分析，指出具有以下特点的国家或地区更有可能出现通胀性萧条：一是本国货币不具有国际储备货币的地位，因此全球其他国家并不会持有该国货币或债务。二是外汇储备较少，难以有效抵御资本外流的冲击。三是外债规模较大，对于借入强势外币的债务人而言，本币贬值将会导致债务成本的飙升。四是财政预算赤字或经常账户赤字规模庞大且不断增加，不得不依赖发债或印钞弥补。五是实际利率为负，即利息率远低于通胀率，无法为持有资金或债务的贷款人提供足够补偿。六是有过高通胀、货币总回报率为负的历史，导致人们对该国货币、债务价值的信任度较低。当具有上述特点的国家出现政治动荡或经济下行时，资本外流和汇率大幅贬值将不可避免地带来通胀性萧条问题。最具代表性的案例是 20 世纪 80 年代以来的拉美国家，以及更早时期的魏玛共和国。图 2–7 展示了巴西消费者物价指数和汇率走势情况。

CPI 反映的是基本消费品价格的变动。在第九章，我们指出 CPI 主要受工资、资产价值、投资三条渠道的影响。工资作为决定 CPI 走势的关键变量（见图 2–8），其影响主要体现在两个层面。一是从需求层面拉动基本消费品增长，二是从成本层面支撑基本消费品价格。资本存量价值的变动也将影响整个社会的运行成本。如在经济周期扩张阶段，随着

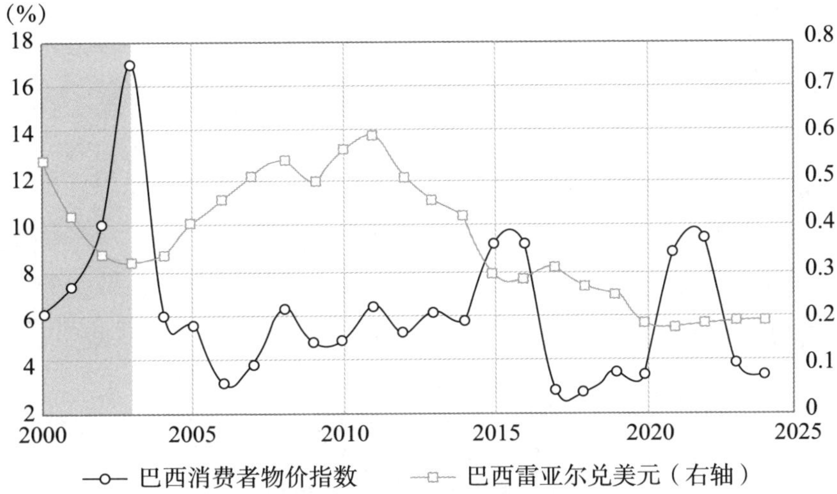


**图 2-7　巴西消费者物价指数和汇率走势情况**

资料来源：巴西央行、Wind。

土地、房地产等资本存量价值的快速上升，整个经济社会租金成本将大幅上涨，在成本的推动下，CPI 保持上行趋势，尤其是在经济繁荣阶段，房地产、股市等虚拟经济收益率往往高于实体经济，导致资产价值更快速上升。资产价值的大幅上升必然会再次抬高折旧、利息以及企业总体运行成本，使 CPI 上涨表现出明显的资本推动型特征。固定资产投资的变动也是影响 CPI 的重要因素。投资增加会带动生产资料价格上涨，而生产资料价格上涨又会通过产品成本传导至终端的 CPI。在分析 CPI 走势时，我们还需特别关注重要民生商品的价格波动。例如，粮油肉蛋菜奶果等食品类商品价格，尤其是猪肉价格的波动，对整体 CPI 的影响比较显著。这主要是因为食品烟酒项在 CPI 中的权重较大，接近 30%，而且波幅比较大。

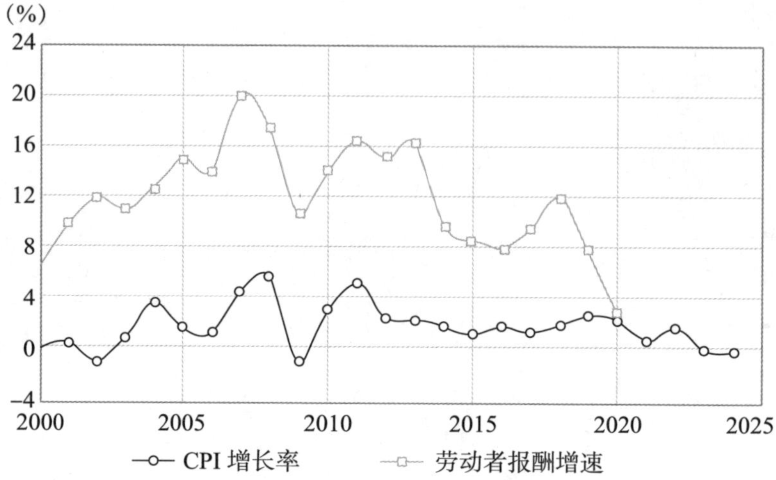


**图 2–8　我国 CPI 与劳动者报酬增速**

资料来源：国家统计局。

PPI 反映的是生产资料价格的变动。PPI 变动主要是由投资增速引起的。资产价格变动与投资、货币财政政策环境密切相关，投资的增加和货币财政政策的扩张将使资产价格上涨，同时作为产品和劳务的成本，资产价格的上涨也将推动 PPI 上涨。当然，在分析 PPI 走势时，除在经济周期大的框架下考虑之外，还应关注供给冲击对全球能源品、金属矿产品、农产品价格的影响，因为供给冲击可能会阶段性改变原有 PPI 的运行轨迹。例如，20 世纪 70 年代两次石油危机导致发达经济体出现“滞胀”现象；2016—2017 年我国推进的供给侧结构性改革政策对 PPI 产生了较大影响；2022 年欧洲经历的能源危机对 PPI 造成了重大冲击。此外，PPI 也是观察工业企业盈利状况的重要指标。一般地，PPI 同比大幅上行，会带来工业企业收入、利润、利润率以及 ROA 的上升（见图 2–9），并带动股票市场的回暖，所以 PPI 也是分析我国股票市场走势的一个重要指标。

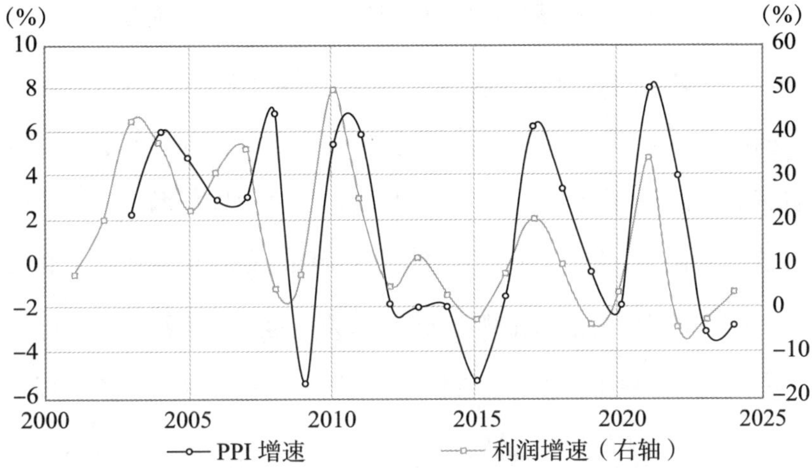


**图 2-9　我国 PPI 与规模以上工业企业利润增速情况**

资料来源：国家统计局。

## 第六节　汇率

汇率是一个比率值，反映的是不同国家货币的相对价格。汇率问题是一个开放经济问题。在第八章，我们指出开放经济的研究重点是，将由两个或多个不同的货币金融体系和货币政策决定的国民收入核算表连接到一起，通过分析经常账户和资本账户的货币流动，揭示其经济运行规律。在探讨经常账户和资本账户的资金流动时，汇率问题自然成为无法回避的焦点。汇率在此不仅是一个简单的比率，更是用来比较不同国家的名义 GDP 货币值和货币供应量的标尺。经常账户资金流动势必联系到外商直接投资，而外商直接投资又与名义 GDP 增长率密切相关。当把名义 GDP 增长率作为决定外商直接投资的重要因素时，就必须考虑汇率，因为只有汇率稳定或者可控，名义 GDP 增长率对于外资而言才算是实打实的增长。国际资本流动和资产价格是决定货币供给的重要变量。设想两个国家，一个大国和一个小国，它们的货币金融体系具有极强的内生性，即它们都是以资产抵押为基础，通过利率调节资产价格进而影响货币供求。在开放的经济环境中，通过贸易和资本流动可以把两个国家的国民收入核算体系联系到一起。一旦小国加入这种国际货币金融体系，将会不同程度地受到大国货币政策的影响，这里的关键是小国能否保持货币政策的独立性。现实中，后发国家面临两种典型的货币金融体系模式选择：拉美模式与东亚模式。拉美模式的特点是金融市场完全开放，与发达国家货币金融体系连接；东亚模式则更注重货币金融体系的独立性。

拉美模式的汇率波动。拉美模式的典型特征是通过货币金融市场的开放来增加货币供应量。主要有两点：一是直接引入国外资本和政府大规模举借外债，二是引进国外商业银行来发展本国货币金融体系。在这种模式下，国外货币的流入使得拉美国家商业银行的信贷能力增强，从而货币供应量增加，增加的货币供应量导致名义 GDP 增长率提高，而名义 GDP 增长率的提高又会带来资本存量价值、人工成本、原材料成本以及物价的上涨。由于这种货币金融体系建立在国外货币金融体系之上，而且本国难以实行有效的货币政策控制货币供应量，货币信用体系本身具有内在的不稳定性。一旦经济面临下行压力或者外部货币环境收缩，极易引起资本外流和自身信用体系的坍塌。这种连锁反应将导致经济衰退、货币贬值以及通货膨胀。瑞・达利欧将这种汇率贬值引起的通胀问题称为“通胀性萧条”，它深刻揭示了拉美模式在汇率波动层面面临的严峻挑战。

东亚模式的汇率波动。东亚模式货币金融体系具有较强的稳定性。这种稳定性深植于外商直接投资、技术进步、出口贸易增加以及大规模的外汇储备之中。这种模式的运行基础在于后发国家与发达国家存在技术水平上的差距，而这种差距通常由货币工资率来量化体现。随着名义 GDP 增长率以及工资率的提高，这种由工资率表示的差距将缩小，这会使技术进步变缓或者变得困难，从而削弱这一模型的既有优势。一旦这种优势受到侵蚀，外商直接投资和出口增加势必会减少，进而难以保持住汇率的稳定。一旦货币出现贬值，可能会引发直接投资和金融资本的流出，从而加剧货币金融体系的不稳定性。

美元是美国经济的“晴雨表”。美国是上述两国货币金融模型中的大国，其名义经济增长和宏观政策的取向往往直接决定美元的强弱，进而对全球经济金融系统产生深刻影响。通常，美国经济强则美元强，美国经济弱则美元弱。由于美国经济运行具有周期性特征，所以美元波动也表现出周期性规律。从历史上看，每当美元进入上行周期，美国经济表现往往比较强劲。例如，1980—1985 年，里根总统实施“新自由经济主义”和减税政策，让美国经济从“滞胀”泥潭中走出；2011—2018 年，得益于非常规的货币政策，美国经济从次贷危机中恢复过来；2020 年至今，在超大规模的货币、财政、产业等政策支持下，美国经济快速从疫情中恢复，国内有效需求推动了高就业、高工资、高物价、高利率（见图 2-10）。从本质上看，美元是美国经济的货币体现，其存在的根本目的是为美国经济服务。然而，在享受美元作为全球储备货币带来的权利时，美国将责任转嫁给全球。所以，在战略谋划和政策设计时，美国考虑更多的是美元如何服务于本国利益，而极少关注美元对全球流动性的冲击。因此，决定美元走势的核心力量来自美国国内，而经济力量又是这股力量的重中之重。

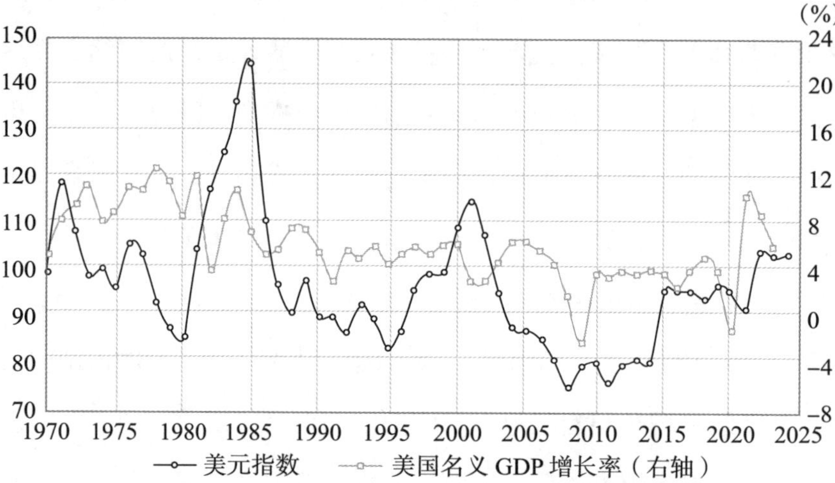


图 2-10　美元指数和美国名义 GDP 增长率

资料来源：美联储、Wind。

## 第七节　债券收益率

债券收益率，全称为债券到期收益率，是指投资者购入债券并持有到期的年化收益率。作为金融市场中最为关键的利息率之一，它与经济增长之间呈现出显著的正相关关系。当经济增长处于上行阶段时，货币供不应求，导致基准利率和贷款利率上升，这种环境使得市场对债券的期望收益率随之上升。根据贴现定价公式，由于分子未来现金流是事先给定的，分母到期收益率的上升必然导致当前债券价格的下降，债券市场进入熊市。当经济增长处于下行阶段时，债券收益率回落，债券价格回升，债券市场进入牛市。由此可见，债券市场的牛熊市与现实经济和股票市场是反着的。以2023年美国银行业危机为例，在危机爆发之前，为应对世纪疫情的冲击，美国实施了超大规模的宏观政策。在极度宽松的货币政策环境下，美国商业银行能以极低的成本获得大规模负债（包括存款和发债），然后通过加杠杆投资于美国国债、资产抵押证券等证券品种，从中获得正利息差，充分享受债券牛市的滋味。然而，随着美国经济恢复以及通胀率的飙升，美联储于2022年开始大幅加息并收缩资产负债表，导致美国银行业负债端成本大幅上升，资产端债券资产组合出现大幅亏损。债券熊市不仅影响了美国银行业流动性和储户信心，还引发了中小银行的连环挤兑危机。

国债作为债券市场上最核心的交易品种，其收益率通常被视为无风险利率。在传统经济学逻辑中，无风险利率应当大于零。然而，为弥补有效需求不足，提升实体经济回报率，在世纪疫情前，日本、德国等发达经济体采取了非常规货币政策，将国债收益率长期维持在负利率水平（见图2-11）。在负利率环境下，国债到期收益率低于零，意味着投资者在持有国债到期时，将面临本金损失的风险。然而，这一现象并未完全抑制投资者的购买热情。在货币当局深度参与的市场中，投资者往往基于未来国债收益率继续下行的预期，选择在当前高价购入负利率国债。他们期望在国债到期前，能够以一个更高的价格出售，从中赚取价差收益。这种投资策略看似冒险，但在特定的市场环境下，成为一种可能实现盈利的手段。需要特别说明的是，这里的负利率特指国债到期收益率，而非商业银行的存款利率。在负利率的环境中，私人部门在商业银行的存款还是可以获得利息收入的，只是存款利率极低罢了。

**图 2–11　日本和德国的国债收益率走势情况**

资料来源：日本财务省、德意志联邦银行。

国债收益率曲线“期限倒挂”释放衰退预警信号。正常情况下，由于时间溢价因素，中长期国债收益率往往要高于短期国债收益率。但在经济繁荣阶段，极容易出现各期限国债收益率均呈上升趋势，而短期国债收益率的水平要高于中长期国债收益率的现象，即形成所谓的“期限倒挂”。这一现象背后的主要逻辑在于，短期国债收益率与基准利率走势高度同步。一旦基准利率出现大幅上涨，国债收益率亦将迅速抬升，导致信贷市场利率上升，从而加大社会融资成本。这种成本上升将加速信贷收缩，减缓货币增长速度，进而压缩企业利润和利润率，降低企业投资动力。这一连锁反应最终将导致未来投资增速、名义 GDP 增长率和利息率的回落。不同于短期国债，中长期国债收益率融合了短期繁荣信息和中长期衰退信息。在信息加权平均后，若短期国债收益率上升过快，便会出现短期国债收益率高于中长期国债收益率的倒挂现象。历史数据表明，自 1975 年以来，美国一共出现了 6 次国债收益率曲线倒挂现象。而在这些倒挂现象出现的过程中，美国名义 GDP 增长率均出现了不同程度的回落（见图 2-12）。

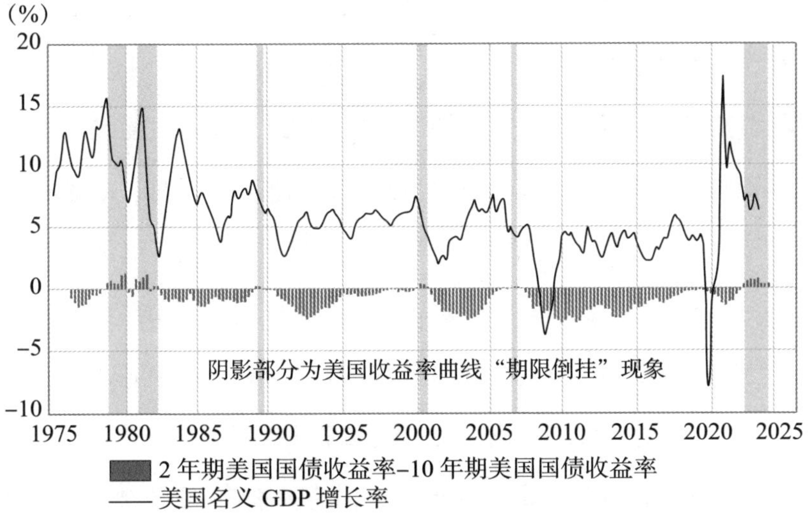


**图 2-12 美国国债收益率曲线期限倒挂和经济衰退情况**

资料来源：美联储、美国财政部。

## 第八节 股票价格

这里的股票价格主要是指股票市场的市值。股票市场是经济的“晴雨表”。其有效性建立在一个基本前提之上，即股票市场上市公司的利润与宏观经济走势保持一致性。设想一个极端情景，即所有的企业都在股票市场上市，且企业利润的多寡与宏观经济波动紧密相连，这样股票市场便与宏观经济深度绑定，成为观察宏观经济运行的重要场所。根据经典的股利贴现模型，股票市场市值（$P$）与上市企业利润（$\Pi$）存在紧密关系，其数学表达式为$P=PE\times\Pi$。其中，$PE$为市盈率，可以理解为投资者在特定时点上收回投资成本的预期年限。然而，现实中，大家更为关心的是股票价格的变动趋势，也就是股票市值的增长率。对上面的数学表达式取自然对数后进行求导，得到股票市值增长率为市盈率变动率与利润增长率之和。在股票市场中，市盈率往往会先于利润增长率启动。当利润增长率确认好转时，市盈率通常会大幅上升，这便是市场上广为流传的戴维斯“双击”现象；当利润增长率位于顶部时，市盈率通常会开始下降；一旦利润增长率和市盈率均出现下滑，就会形成所谓的戴维斯“双杀”。这里，我们推出一个重要的结论：在股票市场中，投资者更为关注增长率的变动，特别是利润增长率的拐点。一旦利润增长率拐点出现，当拐头向上时，即便利润为负，股票市值或股票价格也可能上涨；而当拐头向下时，即便利润增长率仍保持中高速增长，股票市值或股票价格也可能下跌。所以，在股票市场中讨论的宏观经济基本面，实际上聚焦的是整体企业的利润增长情况。在本章第四节和第五节，我们讨论了利润率、资产回报率（ROA）、工业品出厂价格（PPI）等概念，利润增长率与它们紧密相连，而这为投资者提供了分析股票市场走势的重要视角。

股票价格与利息率、通胀率、汇率间的正相关性。在探讨股票市场的运行时，我们不可避免地要关注利息率、通胀率、汇率等宏观经济指标对股票价格的作用。经典宏观经济学理论认为，利息率与股票价格或资产价格之间呈负相关关系。具体而言，当利息率下行时，企业融资成本降低，有利于企业估值的提升和股票价格的上涨，然而，现实中的大多数情况是，利息率下行是由经济下行引起的。在这种情况下，虽然融资成本降低，但市场预期未来企业利润可能下降更快，这种预期的变化往往比融资成本的变化更为敏感，因此可能导致股票市场的加速下跌。从历史数据来看，这种正相关关系得到了充分的验证。我国 2006—2007 年利息率是上升的，但股票价格趋势上行；随着利息率的下降，股票价格却出现了下跌。同样，20 世纪 90 年代美国利息率上升时，股票价格跟随上涨；进入 2000 年后，尽管利息率下跌，但股票市场经历了暴跌。日本的情况也类似，1990 年之前，股票价格伴随着高利息率大幅上涨；1990 年之后，随着利息率的大幅下降，股票价格则出现了大幅下跌（见图 2-13）。利息率和股票价格保持正相关的一个重要原因是，利息率、投资增速和企业盈利都是顺经济周期的，只要货币增长率能够覆盖利息率或利息成本，企业的利润增速能够持续上行，那么股票价格就能够一直涨。

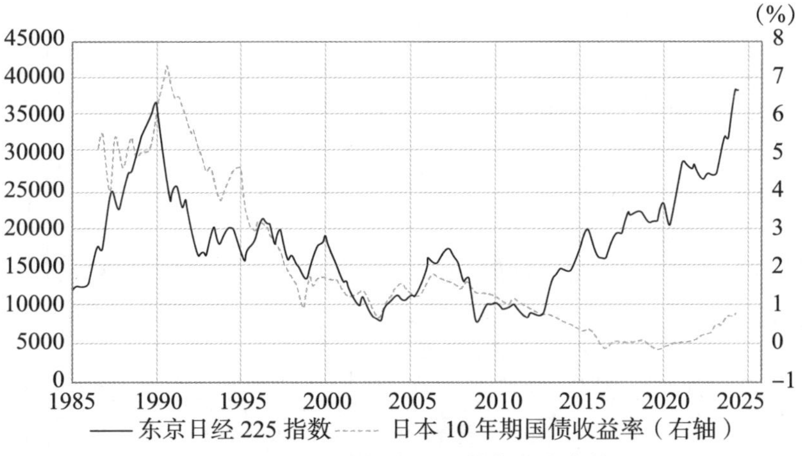


**图 2-13　日本股市和国债收益率走势**

资料来源：东京证券交易所、日本财务省。

探讨通胀率对股票价格的影响，需要明确通胀的类型。若通胀是需求拉动的，即通胀是由经济增长驱动的，这种通胀往往伴随着企业利润增长率的上升。在此情形下，利润和市盈率同时受到提振，即所谓的戴维斯“双击”效应，股票市场往往有良好表现。从历史经验看，主要国家的股票市场与物价指数往往表现出了正向关系，如图 2-14 所示的中国股市和中国物价，即通胀性繁荣。这种关系的逻辑与利息率和股票价格的关系是一致的。若通胀源自外部冲击或者汇率大幅贬值，这种通胀对于经济体而言是有害的。它直接抬升了企业生产成本，压缩了企业利润空间。如果再考虑货币当局为抑制通胀和汇率贬值所采取的紧缩性货币政策，企业的利息支出不仅会增加，更糟糕的是货币增长率的放缓将影响企业的未来盈利预期。在这种情境下，戴维斯“双杀”效应将显现，通胀性萧条将加速股票市场的下跌。从历史经验看，拉美、东南亚等新兴市场国家较易出现这种现象。

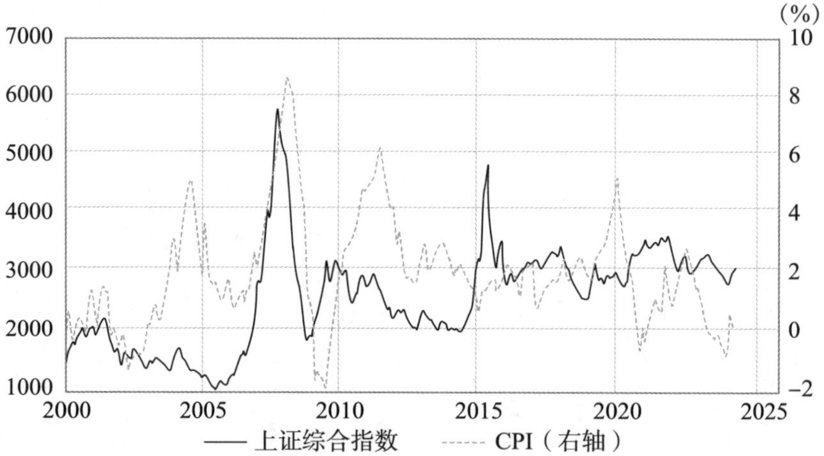


**图 2-14　上证综合指数和我国 CPI 走势**

资料来源：国家统计局、上海证券交易所。

在探讨汇率变动对股市的影响时，存在一种普遍观点，即对于出口型经济体而言，汇率贬值通常被视为上市公司整体盈利增长的催化剂，进而对股票市场产生积极影响。然而，从现实情况看，笔者认为汇率升值对股票市场更为有利。首先，汇率并不是影响出口的唯一决定性因素，在很多时候，汇率实际上是出口的结果。因为当本国的出口状况良好时，汇率往往会随之上升。其次，本国货币的持续升值往往代表着经济增长的强劲势头。这种增长势头不仅能够增强国内投资者的信心，还对外资形成了强大的吸引力，促进跨境资本的流入。相反，当汇率贬值时，往往意味着本国经济增长势头的放缓。在这种情况下，跨境资本可能会选择流出，导致股票市场面临较大的下行压力。此外，汇率贬值还可能引发市场恐慌情绪，进一步加剧股票市场的波动。

美国大型上市公司股票价格基本面分析。我们列出了英伟达、苹果、微软、亚马逊、特斯拉、沃尔玛和可口可乐七家美国大型上市公司股价变动与财务概况，详见表 2-1。美国大型上市公司股票价格主要依循利润增长率而变动。通常情况下，当利润开始大幅上涨时，上市公司股价会随之呈现明显的上涨趋势。然而，如果股价的涨幅过快，过度透支了未来的利润增速预期，那么即便后续的利润增速累积增加，股价上涨的动力也可能会逐渐减弱。值得注意的是，当股价和市盈率均处于高位时，若利润增长率出现下滑，股价很可能会出现大幅下跌，如 2022 年的特斯拉。当利润出现负增长或增长明显放缓时，上市公司的股价往往会受到压力，呈现下跌态势。此外，美国上市公司擅长利用股票回购注销等资本运作手段来提升股价。以苹果公司为例，2019—2020 年，尽管面临利润负增长和低增长的挑战，但通过大规模的股票回购和注销操作，苹果公司的股价依然实现了较大上涨幅度。

表 2–1　美国大型上市公司股价变动与财务概况

| 上市企业 | 年份 | 股价涨跌幅 | 净利润增速 | 动态市盈率 | 资产回报率（ROA） | 资本回报率（ROE） | 资产负债率 | 回购股数占总股本比重 |
|---|---|---|---|---|---|---|---|---|
| 英伟达 | 2019 | 78.7 | −32.5 | 63.6 | 18.3 | 26.0 | 29.5 | 0.3 |
| | 2020 | 123.6 | 54.9 | 84.1 | 18.8 | 29.8 | 41.3 | 1.1 |
| | 2021 | 125.9 | 125.1 | 69.6 | 26.7 | 44.8 | 39.8 | 1.0 |
| | 2022 | −50.3 | −55.2 | 84.1 | 10.2 | 17.9 | 46.3 | −1.6 |
| | 2023 | 239.3 | 581.3 | 79.8 | 55.7 | 91.5 | 34.6 | 0.4 |
| 苹果 | 2019 | 100.2 | −7.2 | 17.8 | 15.7 | 55.9 | 73.3 | −6.4 |
| | 2020 | 86.6 | 3.9 | 32.9 | 17.3 | 73.7 | 79.8 | −4.3 |
| | 2021 | 35.3 | 64.9 | 28.0 | 28.1 | 147.4 | 82.0 | −3.5 |
| | 2022 | −26.7 | 5.4 | 24.3 | 28.4 | 175.5 | 85.6 | −3.0 |
| | 2023 | 49.5 | −2.8 | 28.3 | 27.5 | 172.0 | 82.4 | −2.2 |
| 微软 | 2019 | 65.6 | 136.8 | 29.3 | 14.4 | 42.4 | 64.3 | −0.6 |
| | 2020 | 45.6 | 12.9 | 35.4 | 15.1 | 40.1 | 60.7 | −0.9 |
| | 2021 | 54.5 | 38.4 | 37.2 | 19.3 | 47.1 | 57.5 | −0.7 |
| | 2022 | −28.5 | 18.7 | 25.6 | 20.8 | 47.2 | 54.4 | −0.7 |
| | 2023 | 59.0 | −0.5 | 36.3 | 18.6 | 38.8 | 49.9 | −0.3 |
| 亚马逊 | 2019 | 28.4 | 15.0 | 80.7 | 6.0 | 22.0 | 72.5 | 1.4 |
| | 2020 | 76.3 | 84.1 | 94.0 | 7.8 | 27.4 | 70.9 | 1.2 |
| | 2021 | 2.4 | 56.4 | 64.4 | 9.0 | 28.8 | 67.1 | 1.1 |
| | 2022 | −49.6 | −108.2 | 75.7 | −0.6 | −1.9 | 68.4 | 0.6 |
| | 2023 | 80.9 | 1217.7 | 78.2 | 6.1 | 17.5 | 61.8 | 1.3 |
| 特斯拉 | 2019 | 25.7 | 11.7 | −91.2 | −2.7 | −14.9 | 76.4 | 5.0 |
| | 2020 | 743.4 | 183.6 | 1203.1 | 1.7 | 5.0 | 54.5 | 5.2 |
| | 2021 | 49.8 | 665.5 | 306.0 | 9.7 | 21.0 | 49.2 | 5.9 |
| | 2022 | −65.0 | 127.5 | 34.8 | 17.4 | 33.5 | 44.3 | 4.8 |
| | 2023 | 101.7 | 19.4 | 73.4 | 15.9 | 27.9 | 40.3 | 0.7 |

续表

| 上市企业 | 年份 | 股价涨跌幅 | 净利润增速 | 动态市盈率 | 资产回报率（ROA） | 资本回报率（ROE） | 资产负债率 | 回购股数占总股本比重 |
|---|---|---|---|---|---|---|---|---|
| 沃尔玛 | 2019 | 34.4 | 123.1 | — | 6.5 | 20.2 | 65.5 | -2.3 |
| | 2020 | 25.3 | -9.2 | — | 5.5 | 17.4 | 65.3 | -0.3 |
| | 2021 | 2.0 | 1.2 | — | 5.5 | 16.7 | 62.5 | -2.0 |
| | 2022 | -0.5 | -14.6 | — | 4.8 | 14.6 | 65.5 | -2.8 |
| | 2023 | 13.1 | 32.8 | — | 6.3 | 19.3 | 64.1 | -0.2 |
| 可口可乐 | 2019 | 25.0 | 38.6 | — | 10.5 | 49.6 | 75.6 | 0.7 |
| | 2020 | 2.4 | -13.2 | — | 8.9 | 40.5 | 75.6 | 0.3 |
| | 2021 | 12.3 | 26.1 | — | 10.8 | 46.2 | 73.7 | 0.5 |
| | 2022 | 11.2 | -2.3 | — | 10.2 | 40.5 | 72.2 | 0.1 |
| | 2023 | -4.6 | 12.3 | — | 11.3 | 42.8 | 71.9 | 0.0 |

资料来源：Wind、同花顺。

注：除动态市盈率单位为“倍”以外，其他指标单位均为“%”。

## 第九节　房地产价格

房地产是重要的抵押资产。当货币的创造依赖于抵押资产，尤其是房地产和土地时，房地产市场的波动便会自然而然地成为货币创造议题。柳欣教授研究发现，美国总资本中65%左右是地产，而且这个比例在长期一直保持稳定。这就意味着，由投资所转化的资本增加或资本积累主要是地产的增值或地价上升。也就是说，资本只是那块地，资本积累只是人们用更高的价钱去买（投资）那块地。前面我们分析到，货币创造的本身就是债务积累的过程，这一过程的深化与拓展则高度依赖于房地产与土地等优质抵押物的价值。同时，货币创造和流动的过程不仅是经济增长的过程，也是收入增长和分配的过程。因此，房地产价格、货币创造、债务问题、经济增长、居民收入之间是紧密相连的。由此可见，房地产问题远非单一的民生保障问题，它是市场经济中在货币基础上的竞争的重要组成部分。我国住宅销售价格指数走势情况如图 2-15 所示。

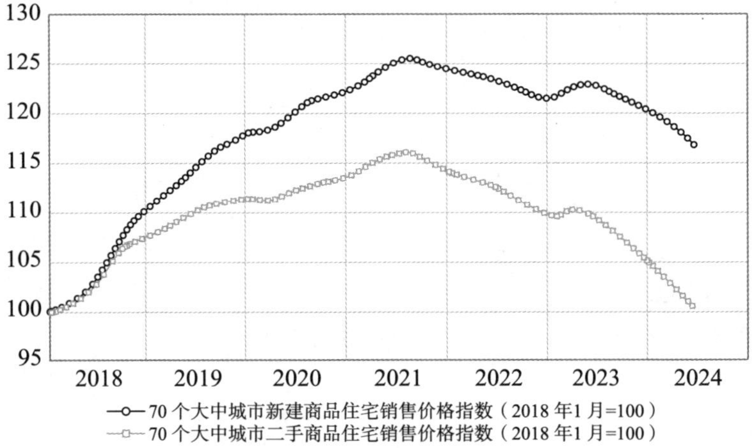


**图 2–15　我国住宅销售价格指数走势情况**

资料来源：国家统计局。

房地产是一个巨大的货币“创造器”。在房地产市场的繁荣周期中，我国有超 20% 的货币量直接源自房地产贷款活动。若再考虑房地产业的“一业带百业”的连锁效应，房地产的货币创造能力实则远超此比例。房价与货币的相互作用机制为：在房地产市场的上行通道中，房产和土地持续升值，不仅激发了市场的赚钱效应，还触发了货币的双重创造效应。一方面，没有不动产的私人部门利用抵押贷款购入更多不动产，以此作为资产保值增值的手段；另一方面，已持有不动产的私人部门倾向于抵押现有资产，以获取资金用于扩大再生产或投资于其他高回报项目，这一过程极大地促进了信用扩张与房价上涨。此正向循环不仅带动了经济扩张，还促进了就业增加、居民收入增长以及物价的上涨。然而，当房地产市场步入下行周期时，情况则截然相反。购房者的观望情绪浓厚，提前还贷现象增多，同时，基于不动产的抵押投资活动显著减少。这一系列变化直接削弱了房地产市场的货币创造能力，信用收缩对整体经济体系构成了严峻挑战。体现在公众层面便是，就业市场竞争加剧，收入增长难度加大，高杠杆部门和家庭面临流动性困境，整体居民的生活压力明显增大。

## 第十节　宏观经济九宫格

为准确把握主要经济体的宏观经济运行态势，我们在上述九个关键变量基础上，总结提炼出了宏观经济九宫格分析方法。该分析方法的独到之处在于，它从货币经济视角出发，重点围绕名义变量，兼顾流量变量和存量变量的变动，从而实现对宏观经济形势的快速研判。

图 2-16 至图 2-19 展示了我国、美国、欧元区和日本的宏观经济九宫格。九宫格的第一行为经济增长率、利息率和货币增长率。经济增长率选取的是名义 GDP 和实际 GDP 的季度同比数据。这里有两点需要特别说明。一是我们始终认为名义 GDP 比实际 GDP 更能反映微观主体的真实感受，选择实际 GDP 主要考虑的是现实中的统计制度公布的是实际 GDP 增长率，这样便于将名义 GDP 和实际 GDP 放在一个格子里面进行直观比较。二是我们关注的是增长率的变化趋势，而非货币价值量的

绝对量、增量以及增量对整体经济的贡献度。尽管增长率维持在中高位水平，但只要趋势下行或回落，我们便会判断经济状况将处于不利境地。关于利息率，我们选取的是基准利率和重要贷款利率，以反映主要经济体的融资成本。关于货币增长率，我们聚焦在广义货币供应量（如 M2、M3）的增速上。同时，考虑到不同经济体在货币统计与调控上存在差异，结合具体情况，我们也进行了补充。例如，中国额外关注了社会融资规模增速情况，美国则关注了美联储的总资产变动。

九宫格的第二行为利润率、通胀率和汇率。利润率主要观察工业或制造业的资产回报率和销售利润率。由于数据获得上存在困难，美国和欧元区采用失业率和工资薪酬来替换利润率变量。这一调整基于两方面考虑：首先，失业率作为货币政策制定者密切关注的核心目标之一，其变动直接关联宏观经济政策的调整方向；其次，工资薪酬作为企业成本的关键构成部分，其动态变化也能反映出企业的经营状况和盈利水平。关于通胀率，我们考虑的是居民消费价格 CPI 以及剔除能源、食品波动大的核心 CPI。鉴于我国是制造业与出口大国的特殊地位，而且重要原材料高度依赖进口、企业利润空间比较微薄，工业品出厂价格尤其是生产资料的价格波动会显著影响企业生产经营活动。因此，在我国的通胀率部分，还考虑了 PPI 的变动情况。在汇率部分，由于美元是全球霸权货币，我们主要聚焦于主要经济体货币与美元之间的汇兑走势情况。

九宫格的第三行为债券收益率、股票价格和房地产价格。这些变量与市场紧密相连。债券收益率关注的是国债收益率变动及其长短端期限结构的演变，股票价格则侧重于追踪重要股票指数的走势，房地产价格主要反映主要经济体中房地产市场的运行状况。

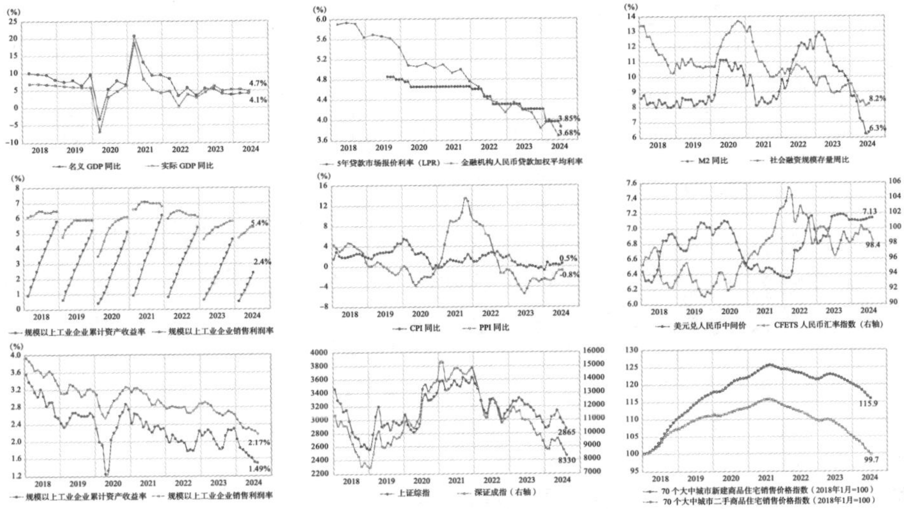


**图 2-16　我国宏观经济九宫格**

资料来源：国家统计局、中国人民银行、上海证券交易所、深圳证券交易所、中国货币网。

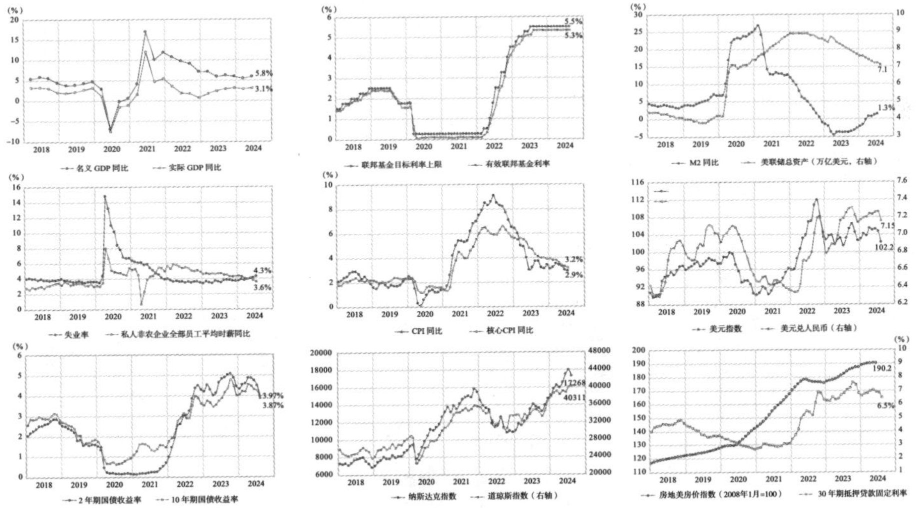


**图 2-17　美国宏观经济九宫格**

资料来源：美联储、美国经济分析局、美国劳工部、美国财政部、房地美、纳斯达克交易所。

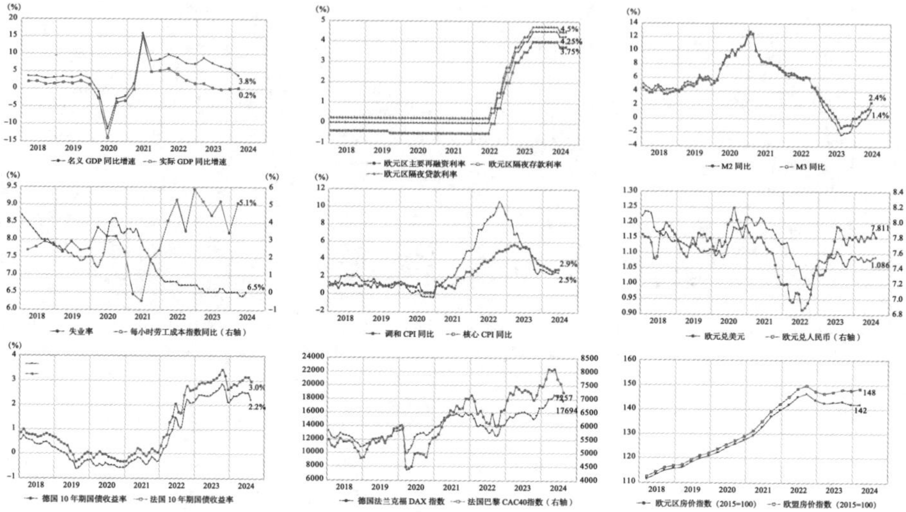


图 2-18　欧元区宏观经济九宫格

资料来源：欧盟统计局、欧洲央行、巴黎证券交易所、德国证券交易所。

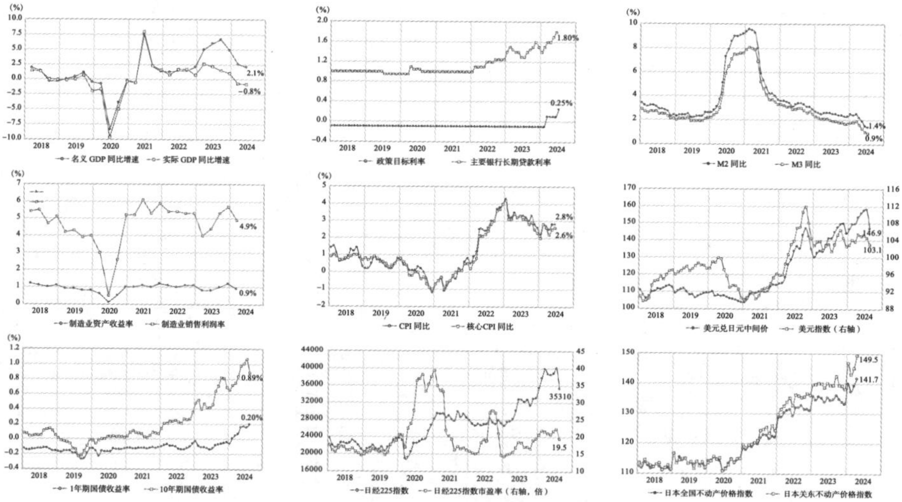


图 2-19　日本宏观经济九宫格

资料来源：日本统计局、日本银行、日本财务省、日本国土交通省、东京证券交易所、日本土地综合研究所。

# 第三章　宏观经济分析应了解的两个率

在前两章中，我们深入探讨了宏观经济分析的“道”，即其原理与哲学。本章，我们将转向“术”的层面，具体观察和分析重要宏观经济变量的变化趋势。日常研究中，增长率和比率是两大核心议题。对于增长率，政策制定和实体经济更多关注的是其年度变化。然而，由于年度数据的生成周期比较长，难以满足短期趋势分析的需要。因此，人们常利用同比、环比、累计同比三种统计方法，大致推算出年度增长率。为了更好地反映经济数据的变动趋势，在运用上述统计方法时，人们还会利用季节调整方法剔除季节扰动因素，采用翘尾和新涨价因素分解同比涨幅中上年贡献以及本年涨势情况，借助环比折年率简单外推年度增长率的预期值。在探讨比率时，常关注流量与流量、存量与流量、存量与存量的比率关系。在均衡状态下，收入支出模型中的各项流量和存量的增长率将趋于收敛，它们之间的比率在长期内保持稳定。考虑到储蓄、投资、消费在宏观经济中的重要地位，我们特别关注了需求结构的比率关系。我们认为储蓄、投资、消费是一笔货币，其变动更多地受到发展环境、发展阶段和宏观周期波动的影响，文化传统、人口结构以及社会保障体系的改变则是次要的。一般地，随着经济增长率的累积增加，投资增速往往要快于消费增速，这会导致投资率的上升和消费率的下降，反之则是投资率的下降和消费率的上升。所以，在利用消费率或消费对经济增长的贡献指标解释经济增长时，需谨慎判断，因为它们的值越大并不一定意味着经济就越好。

## 第一节　增长率

增长率的三种统计方法。在第二章，我们指出利息率是一个重要的参照物，其对于调节投资行为、资本存量价值以及货币供求关系具有重要作用，紧密地将实物经济和货币经济联系在一起。利息率作为资金的价格，是企业经营中的一项重要成本，通常以年为计息单位。因此，在评估经济表现时，我们常将货币价值量的年度增长率与利息率进行比较。比如，在估算社会整体利润率时，一种常用的近似计算方法是利用年度货币增长率减去利息率。然而，理论上年度增长率的数据生成周期相对较长，往往需待整年度的数据统计完毕后方可精确计算。为满足现实中对经济趋势的即时需求，我们可利用同比、环比、累计同比三种统计方法来跟踪货币价值量的变化趋势，并据此推算出年度增长率的大致情况。

同比是指当前阶段的数据与上年同期数据的比较，用来说明当前的增长态势。如 2024 年 4 月，我国广义货币供应量 M2 同比增长 7.2%（相比 2023 年 4 月），连续 14 个月下降，则可能预示着 2024 年全年的货币增长率低于 7%（见图 3-1）。环比是指当前阶段的数据与前一阶段的数据比较，侧重于展现逐期的发展速度。此方法常见于月度或季度数据的比较中。如 2024 年 4 月，我国广义货币供应量 M2 环比下降 1.2%（相比 2024 年 3 月），创近 10 年来的最大降幅，从当前 M2 的环比变化情况看，全年货币的增长率预期不太乐观。累计同比是指一段时期内的累计值相对于上年同期累计值的增长情况，用于消除短期波动带来的干扰。如在分析投资数据的变动时，累计同比增长常被用于推算年度增长率。如 2024 年 1—4 月，我国固定资产投资完成额累计同比增长 4.2%，较 1—3 月下降 0.3 个百分点，按此趋势初步判断，2024 年全年固定资产投资完成额突破 5% 面临较大压力。以上三个例子中，我们主要探讨了货币价值量的增长情况，在实际应用中，我们亦可通过分析实物量的变化趋势来追踪货币价值量的增长率。但这一分析方法的前提条件是，实物量与货币价值量的走势通常要保持一致。如果两者走势相反，那么单纯依靠实物量来推断货币价值量的增长将会产生误判。

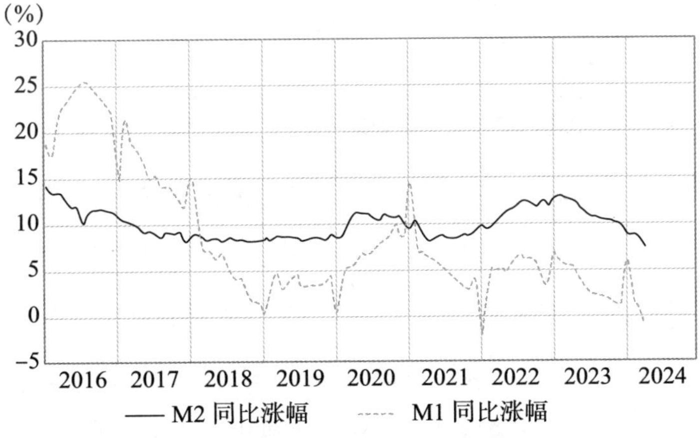


**图 3–1　我国 M2 和 M1 同比涨幅情况**

资料来源：中国人民银行。

季节调整消除短期扰动。经济时间序列尤其是货币价值量等指标常表现出季节性波动特征。这些波动不仅源自自然季节的更替，还受到春节等移动假日因素和实际工作天数的影响。这些季节性因素的存在，容易掩盖指标变化中的其他重要客观规律，从而给宏观经济分析带来一定难度。为准确反映经济数据的变动趋势，在利用同比、环比和累计同比等方法进行分析时，常需借助季节调整方法和工具，从原始序列中剔除季节性因素的影响。目前，学界和业界广泛应用的季节调整方法包括移动平均法、X11 法、SEATS 法以及虚拟变量法等。关于这些方法的详细论述可见笔者的专著《价格形势分析的理论与实践》。这里以移动假日为例。相对固定假日而言，移动假日每年在阳历（以公元纪年的日历）中出现的日期会不同，所以此类假日的影响在相邻月份或季度之间的分配每年也会有所不同。目前我国移动假日有四个，分别为春节、清明节、端午节和中秋节。其中，春节是我国最重要的移动假日。在现行阳历中，春节的变动范围是从 1 月 21 日到 2 月 20 日，春节在 1 月和 2 月之间的跳动（见图 3–2），即春节错位，往往会对年初货币价值量的走势产生较大影响。例如，2024 年春节在 2 月 10 日，而 2023 年春节则在 1 月 22 日，由于春节前货币主要从企业流向居民，春节后又从居民回流至企业，所以这种时间上的错位导致狭义货币供应量 M1 同比涨幅由 2023 年 12 月的 1.3% 跳升至 2024 年 1 月的 5.9%，2 月则降至 1.2%，基本回归至前期低位水平。由此可见，春节错位会对年初货币价值量走势产生较大影响，如未考虑短期因素的扰动，则可能带来拐点上的误判。

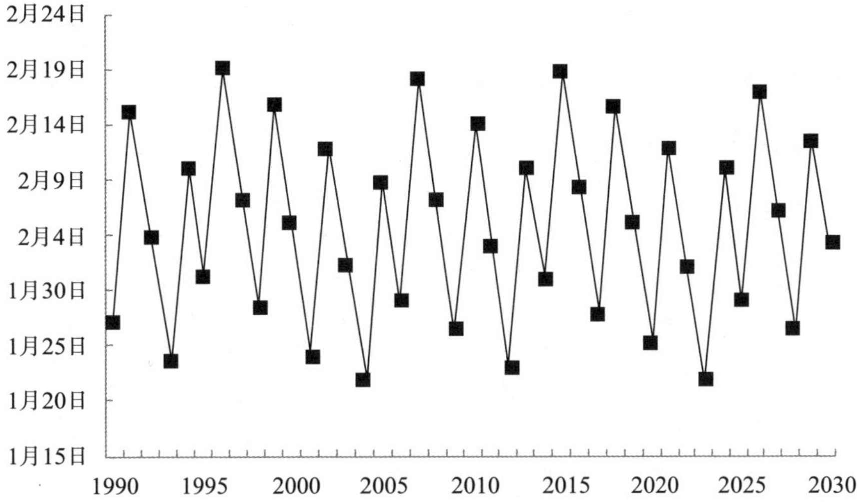


**图 3-2　春节在阳历中的变动**

资料来源：作者根据公元纪年的日历信息绘制。

翘尾因素和新涨价因素。为便于理解，我们通常将货币价值量的同比变动近似看作翘尾因素和新涨价因素之和。通俗地说，同比变动主要由两部分组成，即本年度的涨幅和上年度的涨幅。所谓翘尾因素，是指货币价值量上年变动自然转移到本年的部分。它是同比指标独有的现象，纯粹由统计方法本身决定。也就是说，即使本年度货币价值量的绝对水平没有发生任何变化，由于存在上年变动的滞后影响，本年度同比仍可能发生变化。作为一种统计术语，翘尾因素最初用于描述上年价格变动指标变动对下一年物价指数产生的滞后（或伸延）影响。若影响上升的，则称为“正翘尾因素”；若影响下降的，则称为“负翘尾因素”。新涨价因素是指本年度货币价值量变动对本年的实际影响。更准确地说，新涨价因素应表述为“新变动因素”，它反映了年内货币价值量的变动情况，不仅是上涨，也可能是下跌。不过，在大部分年份中，我国货币价值量以上涨为主，因此“新涨价因素”一词逐渐成为约定俗成的表述。这一因素能够及时反映货币价值量的年内变动状况。我国 CPI 翘尾因素和新涨价因素变动情况如图 3-3 所示。

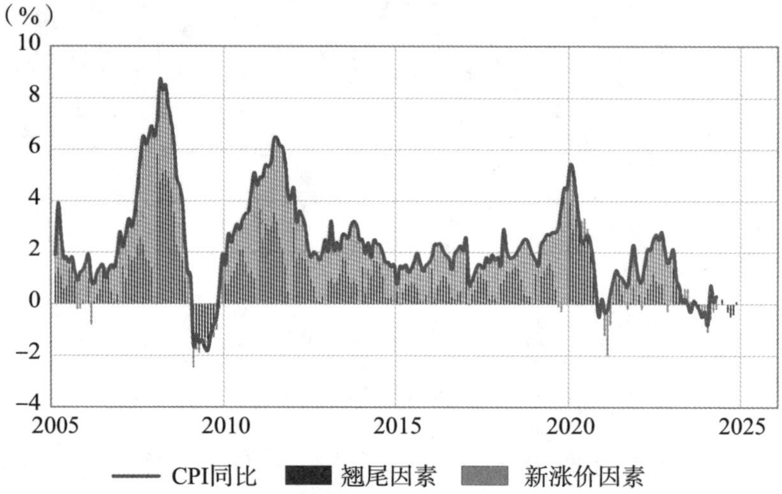


**图 3-3 我国 CPI 翘尾因素和新涨价因素变动情况**

资料来源：国家统计局。

环比折年率推算年度增长率。作为一种简便的年度预测方法，环比折年率的核心在于，通过将某个时间段（常为季度）的经济变量的环比变动情况推算至全年，从而使环比增长率与年度增长率具有可比性。季度数据的环比折年率计算公式为（1+ 环比增长率）$^4$-1。由于大多数经济序列中包含季节因素，且不同月份或季度的季节因素差异可能显著，直接计算的环比增长率往往受到季节因素的影响而不可用。因此，在实际应用中，需通过季节调整方法过滤掉季节因素，使得月度或季度之间的数据具有可比性。目前，环比折年率广泛应用于 GDP 增长率的预测与分析中。例如，美国和日本所公布的实际 GDP 增长率便采用了环比折年率的形式。不过，由于其高度的敏感性，季度间的环比折年率数据波动较大，且修订频率也高，这一点笔者在研究美国和日本 GDP 增长率数据时深有体会。因此，在判断宏观经济数据的走势时，还应结合同比数据进行深入分析，而非仅凭 1~2 期的环比折年率数据就轻易下定论。例如，2020 年的四个季度，美国名义 GDP 环比折年率分别为 -3.5%、-29.2%、39.7%、7.1%，由于波幅巨大，很难通过环比折年率推算出年度增长率。而同季度的美国名义 GDP 同比增长率分别为 2.9%、-6.9%、-0.2%、0.6%，简单平均后为 -0.9%，恰好与 2020 年全年的美国名义 GDP 增长率相等（见图 3-4）。

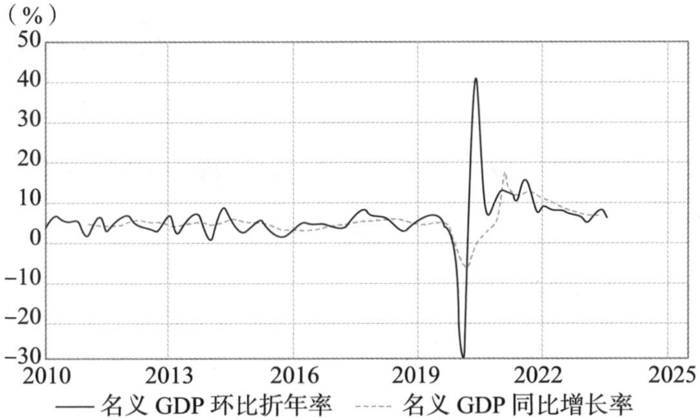


**图 3-4　美国名义 GDP 环比折年率和同比增长率**

资料来源：美国经济分析局。

# 第二节　比率

我们在第二章详细探讨了利息率、利润率、汇率等常见的比率变量。在宏观经济分析中，还会涉及流量与流量、存量与流量、存量与存量等多种比率关系。本书的理论部分表明，在均衡状态下，收入支出模型中的各项流量与存量保持相同的增长率，它们之间的比率在长期内保持稳定。常见的流量与流量比率关系包括投资率（投资占 GDP 的比率）、消费率（消费占 GDP 的比率）、储蓄率（GDP 减去消费后的部分占 GDP 的比率），它们反映了需求结构的变动。此外，工资与利息和利润之比、工资与利息和折旧之比是两个重要的宏观比率关系，它们反映了成本结构的变动。一般情况下，随着经济增长率的累积增加，这两个成本结构比率关系呈现下降趋势；反之，则呈上升趋势。在存量与流量的比率关系中，杠杆率（债务 /GDP）、M2 与 GDP 之比、资产收益率、资本收益率等是常见的变量。其中，杠杆率大家尤为关注，它反映了一国居民、企业和政府三个部门的负债情况。资产负债率作为重要的存量与存量比率关系，对于一个大型经济体而言一般是稳定的。鉴于储蓄、投资、消费在宏观经济中的重要地位，本部分主要探讨需求结构方面的比率关系。

我国储蓄率、投资率、消费率走势情况如图 3-5 所示。

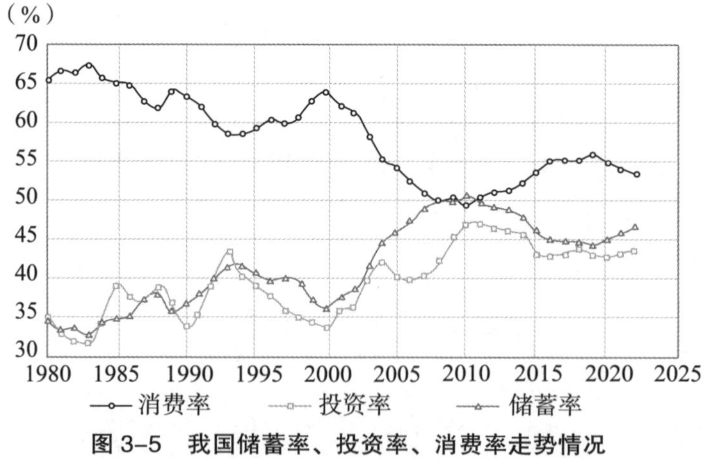


**图 3-5　我国储蓄率、投资率、消费率走势情况**

资料来源：国家统计局。

关于储蓄（投资）和消费的变动规律，经济学界讨论居多，但至今仍未能得到一个令人满意的答案。为探究储蓄（投资）和消费的内在关系，本部分主要作三点思考。主要回答什么是储蓄，是否存在最优储蓄率，传统观点是否真正抓住了储蓄率变动的内因。

储蓄概念的明晰。储蓄，作为一个广泛使用的概念，却在人们的日常讨论中时常被混淆。翻阅经济学文献资料，不难发现，人们提及最多的储蓄主要有两种，即国民总储蓄与居民储蓄存款。由于这两种储蓄的经济学意义存在较大差别，在深入探讨储蓄与消费关系之前，对储蓄概念的界定显得尤为重要。根据国民经济核算原理，国民总储蓄是指收入中扣除消费的部分。因此，储蓄和消费可认为是同一枚硬币的两面，当讨论其中之一，实则也涵盖了另一者。按照此定义，给定收入和消费数据，我们即可算出任意一个经济主体的储蓄。对于一国而言，收入就是GDP，消费就是国民总消费，故国民总储蓄即为GDP减去国民总消费。而居民储蓄存款是居民部门在金融机构的存款。它是银行存款的一种，与国民总储蓄有着本质区别，即居民储蓄存款是一个存量概念，国民总储蓄则是一个流量范畴。尽管两者并非同一概念，但居民储蓄存款的增量与国民总储蓄存在一定联系。新增居民储蓄存款主要有四个去向：部分通过间接融资（银行信贷）和直接融资（一级市场）流入实体领域，形成了最终的消费和投资，此时居民储蓄存款转化为国民总储蓄。部分流入资本二级市场和二手房交易市场，由于金融、房地产等中介服务业的收入部分要计入当年的GDP中，这些存款部分会转化为国民总储蓄。也有部分以现金形式持有或停留在金融机构内部，甚至流向海外，因未直接参与 GDP 创造，这部分存款在国民经济收入流中属于漏出项，故不能与国民总储蓄等同视之。此外，还有部分用于偿还债务，其是否能转化为 GDP 取决于债务的最终用途。综上所述，新增居民储蓄存款若对 GDP 有所贡献，则可视为国民总储蓄，反之则不然。

储蓄率偏高并不意味着储蓄就过剩。我国储蓄和消费的基本状况是“储蓄率偏高、消费率偏低”。所谓储蓄率偏高，是指我国国民总储蓄占 GDP 的比重长期高于世界其他国家。所谓消费率偏低，是指我国消费尤其是居民消费占 GDP 的比重长期低于世界其他国家。不可否认，与世界主要经济体相比，我国的储蓄率确实偏高，消费率确实偏低，这一事实在表 3-1 中有直观体现。然而，若仅凭这一数据就断言我国存在“储蓄过剩、消费不足”的现象，并进一步将这种“过剩”和“不足”视为可能阻碍国民经济正常运行的症结，那么这样的价值判断就值得我们认真讨论。

**表 3-1　2011—2021 年储蓄率的国际比较**

单位：%

| 中国 | 美国 | 英国 | 德国 | 日本 | 韩国 |
|---|---|---|---|---|---|
| 46.4 | 17.6 | 16.1 | 27.3 | 24.3 | 35.4 |

资料来源：世界银行。

首先，我们需要明确价值判断的标尺何在。在简单的跨国比较中，如果说日本、德国的储蓄率和消费率正常，那么是否就意味着美国、英国的储蓄就不足、消费就过剩呢？显然，标尺国家选择不同，所得结论可能大相径庭。因此，对于简单跨国比较给出的价值判断，我们要特别慎重。其次，关于最优储蓄率的问题，理论上确实存在一个被称为“黄金率”的最优水平。然而，由于各国在经济结构、发展阶段、社会制度等方面的差异，最优储蓄率的具体数值并非一成不变。尽管经济学者针对我国的最优储蓄率进行了大量测算和研究，但迄今为止，计量结果并未给出一个令人满意的答案。最后，储蓄率与经济增长表现出正相关性。大量研究资料表明，东亚经济的高速发展离不开较高的储蓄率。当然，这并不意味着储蓄率越高越好。这是因为，过高的储蓄率意味着内需消费不足、外需过度依赖等问题，不利于经济的持续健康发展。

我国储蓄率为何长期高企，与欧美经济体相比又有何独特之处？一个直观感受就是，改革开放以来我国物质技术基础的快速积累。在资本积累上，我国仅用了几十年便取得了与欧美发达国家上百年相当的积累量。如果不保持较高的储蓄率，很难想象到，我们会在当前达到甚至超过发达国家的物质技术水平。现如今，我国不仅拥有全球领先的公共基础设施，而且企业的国际竞争力显著提升，同时大部分居民还拥有了自己的住房。然而，我们也应该认识到，每个经济体的储蓄率都有其上限。美国在 20 世纪 60 年代、日本在 20 世纪 70 年代分别触及这一上限，而我国则在 2010 年前后达到这一高点，未来在市场机制的作用下，我国储蓄率可能趋势下行。

储蓄和消费是一笔货币，并非简单地受时间偏好驱动。现有文献中，多数研究者常将储蓄和消费的比率关系归结于文化传统、人口结构以及社会保障体系的差异。这些观点普遍认为，储蓄与消费之间的比率是由人们对消费的时间偏好所决定的。在我国，多数分析将储蓄率偏高归因于儒家崇俭文化、劳动人口比例偏高以及社保体系的不完善。也就是说，人们为了应对未来可能出现的住房、教育、养老、医疗等需求，往往在当前阶段增加储蓄，从而导致我国储蓄率居高不下。为什么现阶段中国消费率开始上升？主要是受到中国适龄劳动人口比例下降的影响。值得指出的是，这种似乎有理而且看似符合实际的说法实则存在较大问题。

关于文化传统，日本和韩国同样受到儒家文化的影响，但两国的居民平均储蓄倾向要远低于我国，而与美国和英国基本相当。20 世纪 90 年代以来，日本和韩国的居民平均储蓄倾向为 0.15 左右，比我国的居民平均储蓄倾向低 0.2 左右，而同期的美国和英国居民平均储蓄倾向为 0.1 左右。因此，将高储蓄行为完全归因于儒家文化显然是不全面的。按照人口结构的逻辑，改革开放以来我国储蓄率能够大幅上升、资本能够快速积累，主要是因为改革开放之前中国人能生小孩；而 2010 年我国劳动力人口（15~64 岁）比重迈过峰值之后，我国储蓄率和资本积累速度下降，则是因为改革开放之后中国人小孩生少了。显然，这种逻辑是十分荒谬的，单纯用人口年龄结构解释储蓄率变动未免过于牵强。关于社保体系，这里有一个重要经验事实，也是笔者的宏观经济学老师柳欣教授常说的——美国的居民储蓄倾向在长期是稳定的，是否意味着美国社会福利制度在一百多年间没有发生变化呢？ 答案显然是否定的，美国社会福利制度不仅发生了巨大变化，而且人们的文化理念发生了巨大变化。比如，美国的老一代人拼命工作攒钱，而现在的年青一代却在过度负债消费，但奇怪的是，统计上的居民储蓄倾向没有发生大的变化。所以，用社保体系解释储蓄倾向也是值得商榷的。

为什么储蓄和消费的比例不取决于人们对消费的时间偏好呢？主要是因为，国民经济核算中的储蓄和消费只是一笔货币额，它们的比例表示人们在一定时期内获得的货币支出和没有支出的比重。从本质上看，人们储蓄的动机远非基于时间偏好去消费某种实物产品，而更多的是投资，以期未来获得更多的收益。这一现实与我们所观察到的经济现象相吻合。那些拥有亿万元资产的企业家，他们每天都在不遗余力地追求远超自身消费能力的财富。同样，许多中产阶级在晚年时达到了财富的顶峰，如房产等资产的积累。若仅从消费某种实物产品的时间偏好角度出发，我们或许会将他们视为非理性人，然而事实并非如此。这些企业家和中产阶级所追求的是竞争和财富带来的乐趣，而这些财富往往以纯粹的货币符号表示。他们之所以选择储蓄而非消费，并非基于时间偏好，而是基于对未来收益的期望和对竞争的应对。对于这种无休止的资本积累，经济学者可能采用世代交叠模型解释这些人会把财富留给他们的后代。但实际情况并非完全如此，这些人宁愿将更多的钱投资到子女的教育和健康上，而非直接留作消费，以确保子女在未来的竞争中占据更有利的位置。

# 第四章　封闭情形的宏观经济模型

名义 GDP 增长率是宏观经济分析中最重要的变量，主要是因为它直接联系到了微观企业的成本收益计算。相比实际 GDP 增长率，名义 GDP 增长率更能真实反映微观经营主体的实际感受。从 GDP 核算的收入法来看，给定企业的工资、折旧、税收、利息成本后，总支出或名义 GDP 变动将决定企业的盈亏状况，而这正是宏观经济分析的核心议题。为更好探讨这一核心议题，展现市场经济的运行规律和特征，本章在封闭经济的理论框架下，构建了一个宏观理论模型，将经济体系简化为居民、商业银行和企业三个基本部门。不同于传统的收入支出模型，该模型巧妙地把微观企业的逐利行为、货币供给的内生创造、资本存量与收入流量的均衡联系到一起。通过这一模型，我们得到在均衡状态下，各存量变量和流量变量均以 $m(1+\theta)s-d(1-s)$ 的速率增长，其中 $m$ 为货币供应量增长率，$\theta$ 为工资占利息和利润的比例，$d$ 为折旧率，$s$ 为宏观储蓄率或投资率。分析表明，货币供应量增长率 $m$ 对于保持经济稳定增长至关重要。此外，我们还进行了投资冲击的动态模拟，以展现市场经济在外部冲击下的调整机制。

## 第一节　三部门经济模型

为简化分析，本章暂不考虑政府部门，假定整个经济体系由居民、商业银行和企业三个部门构成。在主流宏观经济学教科书中，国民收入核算等式采用收入支出模型可表述为

$$\mathrm{GDP}=C+S=C+I \tag{4-1}$$

这一模型的含义是，国民收入按居民收入统计，从收入的使用角度看，居民部门获得收入后，一部分用于消费 $C$，剩余部分作为储蓄 $S$，由于收入、支出为一枚硬币的两面，所以总收入的 $C$ 和 $S$ 相加等于总支出的消费支出 $C$ 加投资支出 $I$，这就是著名的储蓄投资恒等式，总供求分析的核心是使计划的储蓄等于投资。这样，生产函数的实物分析就被引入进来，即计划储蓄取决于居民对消费的时间偏好，投资取决于资本的边际生产力，其重点考察的是在一个没有拍卖者的瓦尔拉斯模型中如何使两者匹配。在主流宏观经济学的收入支出模型中，名义 GDP 可以取任意值，因为无论实际产出如何变化，只要价格水平是可变的，就总是可以保证实物储蓄和投资的相等，显然这一模型不能表明恒等式的决定和意义，更不能揭示出市场经济的核心，即在货币基础上的竞争。

企业是否盈利是宏观经济分析的核心问题。从国民收入的循环来看，收入也可以从企业角度切入。根据国民收入核算的收入法，现在我们把主流宏观经济学的收入一方修改为企业的成本收益，即

$$W+D+R+\Pi=C+I \tag{4-2}$$

式（4-2）等号的左边是总收入，其中 $W$ 为劳动者报酬（工资），$D$

为固定资产折旧，$R$ 为利息，$\Pi$ 为利润，这些成本收益数据来自企业的财务报表，而这正是目前名义 GDP 核算所使用的基础统计数据。式（4–2）等号的右边是包括消费和投资的总支出。当把表明市场经济关系的成本收益加入收入支出模型中时，重要的是考察企业是否盈利。企业生产的总成本由固定成本和可变成本两部分构成，其中固定成本包括折旧和利息，可变成本主要为工资成本。这样，预先给定企业的总成本 $W+D+R$，则名义 GDP 或总支出的变动将决定企业是否获取利润。也就是说，企业当前投资生产的前提是预期未来会有利润，而未来利润又取决于当前名义 GDP 的增长，所以只有预期到未来有利润且当前名义 GDP 有增长时，企业当前的投资行为才会发生；反之则亦然。这样，利润或利润率就把经济增长和投资波动联系起来，进而资产价格和物价也会表现出周期波动特征。

到目前为止，我们讨论的是流量模型。但从式（4–2）的左侧注意到，折旧和利息可以直接联系到资本存量，这一点可以使该模型成为存量流量一致模型，即存量与流量可以同时达到均衡。假定资本存量为 $K$，利息率为 $r$，折旧率为 $d$，且企业的资产负债率保持稳定，则有 $D=dK$，$R=rK$，于是式（4–2）可以写为

$$W+(d+r)K+\Pi=C+I \qquad (4\text{–}3)$$

这里，重要的是投资流量与资本存量的联系，即本期投资流量转化为下期资本存量，进而带来下期折旧和利息成本的变化，用公式可表述为 $K_{t+1}=K_t+I_t-dK_t$。这就构成了这一模型的内在稳定机制。具体而言，按照古典模型假定工资等于全部消费，则利润就取决于投资是否大于折旧

和利息。假如有一外生冲击使得本期投资增加，在本期利润增加的同时，下期资本存量也会增加，由于假定利息率、折旧率和企业资产负债率不变，所以下期的折旧和利息成本也将增加。这种情况下，要保证一定的利润率，则需要投资累积的增加。如果投资的增加不能覆盖折旧和利息成本，将导致资本存量和利润下降，从而经济周期将由扩张转到收缩阶段。

## 第二节　内生货币供给

如前文所述，国民收入核算统计中的所有名义变量均以货币量值呈现，而企业的成本收益计算则是决定这些变量的基础数据。但这只是一个方面，另一个重要方面是货币供应量的决定，也就是内生货币供给的决定。鉴于商业银行在经济运行中作为货币供给的核心角色，我们可以从考察企业和商业银行的资产负债表出发来连接这些货币量值。当加入商业银行的货币供给体系时，不难发现，企业的资产负债表和商业银行的资产负债表是连接在一起的。这表明，讨论宏观经济学中的经济周期问题时，必须加入企业的成本收益计算和特定的货币金融体系，这不仅包括银行体系，也涵盖了资本市场。实物领域与货币领域彼此交织，二者共同构成了经济活动的全貌。

考虑一个极端简化的货币经济模型，用以说明内生货币供给和货币经济的性质。假定企业的投资资金完全来自商业银行的信贷，居民从商业银行的净融资为 0，所有交易均通过银行转账而不存在现金流出。由于现代货币理论认为贷款创造存款，而非存款创造贷款，所以即便没有中央银行的基础货币、存款准备金，商业银行也可凭借其信用创造货币。假定商业银行最初把100单位货币贷给企业，企业之间通过交易最终又把货币存入银行，由此货币被创造出来。如此循环往复，便可以得到简化的资产负债表，见表4-1。

**表4-1　商业银行和企业的资产负债简化表**

| 时间 | 商业银行 | | 企业 | |
|---|---|---|---|---|
| | 资产 | 负债 | 资产 | 负债 |
| 第0年 | 0 | 0 | 0 | 0 |
| 第1年 | 100 | 100 | 100 | 100 |
| 第2年 | 200 | 200 | 200 | 200 |
| 第3年 | 300 | 300 | 300 | 300 |
| …… | …… | …… | …… | …… |

现在来看商业银行和企业的资产负债表。首先看商业银行的资产负债表，初始商业银行的资产和负债为0。由于商业银行可以凭借其信用创造货币，当商业银行贷款100单位货币给企业时，由于假定所有企业的资金都存在商业银行账户里，所以商业银行资产负债表的资产方和负债方都等于100单位货币。再来看企业的资产负债表，它是倒过来的商业银行资产负债表，企业从商业银行获得的100单位货币贷款是它的负债，当企业购买商品和劳务后，这100单位的负债就被列入资产方。尽管这只是个最简单的会计原理，但它蕴含了货币经济的一切秘密，即资产或资本只是一笔负债，其价值等于商业银行创造的货币或贷款。上述过程可以无

限延续下去，从而商业银行和企业的资产和负债可以无限扩张。

显然，如果商业银行的贷款无限扩张，货币供应量将无限增长，从而使名义 GDP 或通胀率无限大。因此，这里必须寻找一种能够平衡商业银行货币供给与企业货币需求的均衡条件或制约机制。这一平衡的核心因素，正是货币利息率 $m$ 和利息率 $r$。关于货币利息率，按照凯恩斯的定义，就是“由契约约定的，一年以后付出的超过现有货币数量的比例”。由于货币是一种资产或资本品，把货币利息率概念扩展至宏观层面，则有

$$m=\Delta M/M \tag{4-4}$$

式（4-4）表明，货币利息率等于货币供应量增长率，其中 $M$ 为货币供应量。现实经济中，企业要获得商业银行贷款，除支付贷款本金外还需支付利息。本模型中，企业向商业银行支付利息只能来自新增贷款。这样，我们就可以通过贷款和支付利息的货币契约，使上面无限扩张的商业银行和企业资产负债表变为一种有规则的资本存量和收入流量模型，从而决定货币供给和需求。

以年为时间单位计算，我们将无限扩张的商业银行和企业资产负债表划分为两部分，即凡是“今年”以前创造的货币或贷款都必须支付利息，我们把商业银行“今年”以前创造的货币称为资产或资本存量；“今年”新增的货币则用来支付利息，把新增的货币称为收入或收入流量。这样，给定利息率，资本存量与收入流量将存在这样一种关系，即如果商业银行在“今年”新增的货币供给大于应付的利息，则企业在向商业银行支付利息后还有剩余利润，从而增加其贷款和货币需求。如果商业银行在“今年”新增的货币供给小于应付利息，则企业肯定亏损而无法

向商业银行支付利息，从而引起贷款和货币需求下降。这表明，商业银行的货币供给和企业的货币需求依赖于货币利息率和利息率。如果给定长期的货币利息率 $m$，那么资本收益（利息 $R$ 加利润 $\Pi$）与资本存量 $K$ 会有如下关系：

$$m=(R+\Pi)/K \tag{4-5}$$

式（4-5）也暗示了市场经济的信用基础，即资产抵押。现实中，商业银行给企业贷款的前提条件是固定资产抵押或证券质押。所以，给定利息率，只要企业认为未来有利润可得，当期就倾向于通过抵押资产的方式向商业银行融资。同样地，商业银行在评估贷款风险时，会认为只要抵押物在未来有升值潜力，当期向企业放款的风险就相对较低。因此，将时间因素引入这一分析框架，我们就会看到经济的扩张和衰退。也就是说，如果企业和商业银行对未来一致看好，商业银行就会扩大货币信贷满足企业的融资需求，毕竟投资流量的增加会带来抵押资产价值的升值，货币供应量增长率大于利息率，企业和商业银行实现双赢，经济呈现扩张态势，物价水平随之上涨。但这一过程并非能够永久持续下去，一旦企业发生信用违约，为降低资产风险，商业银行将停止以累进的比率增加货币供给。这将导致企业出现亏损，而较大亏损又会导致银行的坏账和货币供给的减少，从而引起经济衰退和物价下跌。因此，当货币的信用关系取决于资产抵押时，保持稳定的货币利息率或货币供应量增长率对于资本存量和收入流量同时达到均衡至关重要，这种存量和流量的同时均衡也是货币供求的均衡。

## 第三节　存量与流量的一致性均衡

在基本模型中，我们修改了主流宏观经济学的收入支出模型，引入了反映市场经济运行核心特征的企业成本收益计算。在内生货币供给分析中，我们指出企业的资产负债表和商业银行的资产负债表是连接在一起的，货币经济的一个重点特点是考虑资本存量和收入流量的同时均衡，而存量和流量的不均衡导致了经济周期的波动。下面我们寻找存量与流量的均衡解。首先对式（4–2）和式（4–3）行为方程的重要宏观经济变量进行约定。

劳动者报酬 $W$：劳动者报酬即企业的工资成本总和，它由工资率和就业水平决定。一般在短期内，一个国家或地区的工资率具有刚性特点，就业水平也保持在一个区间窄幅波动，所以劳动者报酬一般在短期内可认为是不变的，也就是说工资成本对于企业而言是预先给定的。为简化分析，这里假定本年劳动者报酬增长率等于上一年名义 GDP 增长率，即 $g_W(t)=g_{GDP}(t-1)$。

折旧 $D$：这里的折旧是个价值概念，不是主流宏观经济学教科书中所说的固定资产的物质磨损。现实中，企业会计折旧科目主要有两大作用。第一，平滑企业的成本和利润。如果一次性将固定资产成本计入利润表，则当年企业的成本可能是非常大的，利润基本上会出现大幅亏损，而第二年企业的成本可能是非常小的，利润可能是非常丰厚的，所以有必要引入折旧率和折旧年限，平滑企业的成本和利润。第二，用作减税工具。从全球来看，折旧率都是政府严格规定的，其主要目的是鼓励企业投资并减轻其税收负担。如加速折旧的减税政策，企业可以在资产购置初期提高折旧额，从而增加当年的成本，进而减少应纳税额，享受显著的减税效果。一般而言，折旧率 $d$ 是比较稳定的。

利息 $R$：利息取决于利息率 $r$、资本存量 $K$ 和资产负债率。一定时期内，整个社会的资产负债率是相对稳定的，那么利息就取决于利息率和资本存量，即 $R=rK$。现实中，对于企业而言，利息率和资本存量是年初就预先设定好的，所以类似于工资，利息也是预先给定的。

利润 $\Pi$：这里的利润是社会平均利润，是货币量值，而不是由实物资本的边际产出决定。当考虑企业的成本收益计算，由于企业的固定成本和可变成本都是预先给定的，所以决定企业是否获取利润的关键是名义收入流量 GDP 的变动。

消费 $C$：消费主要取决于名义 GDP 和收入分配，它们之间呈正相关关系。关于名义 GDP 决定消费的理论，宏观经济学经典教科书中已充分论述，这里不再赘述。这里主要讨论收入分配对总消费的影响。首先需要了解凯恩斯的边际消费倾向递减假设。该假设并不只是指随着个体收入的增加，消费在总收入的比例逐渐下降；更重要的是它表明市场经济中不同收入群体的消费倾向或储蓄倾向不同，一般假定工资收入者的消费倾向（储蓄倾向）要大于（小于）利息和利润收入者，所以收入分配的差距也会影响总体消费。

投资 $I$：投资主要取决于利润，而且投资和利润是相互决定的。根据明斯基的投资周期理论，当前投资产生的前提是预期未来会有利润，而根据式（4–2），未来利润又取决于当前的投资和名义 GDP 的增长，于是因果关系变为只有预期到未来有利润，当前投资才会发生。所以，当把上述不同时段的因果关系全部连接在一起时，可将投资视为前期利润的函数，即 $I_t=f(\Pi_{t-1})$。这样，只要能够保证利润按累积比例增加，投资就会按照累积比例增加，经济呈螺旋式上涨；反之亦然。考虑到现实经济中企业融资主要来自商业银行信贷，为简化分析，这里假定企业投资完全来自商业银行信贷。

资本存量 $K$：这里的资本存量是一个价值概念，而非经典教科书中所指的设备、机器、厂房等实物。在基本模型里面，我们指出资本存量与投资流量存在如下关系：$K_{t+1}=K_t+I_t-dK_t$。进一步迭代，可以得到 $K_t=\sum(1+d)^{-t}I_t$。前面我们假定企业的一切投资来自商业银行的信贷，所以资本存量的变动也跟商业银行的货币供给密切相关。正如式（4-5）所表明的，货币供应量增长率 $m$ 等于资本收益（利息 $R$ 加利润 $\Pi$）除以资本存量 $K$。

下面我们进行均衡解的求解。根据卡尔多程式化事实以及式（4-2）均衡时的必要条件（Kaldor，1961），可以得到两个重要结论：

一是达到均衡时，从增长率指标看，名义 GDP 增长率与工资增长率、折旧增长率、资本收益率、消费增长率、投资增长率相等，即

$$g_{\mathrm{GDP}}=g_W=g_D=g_{R+\Pi}=g_C=g_I \tag{4-6}$$

二是达到均衡时，从收入支出的结构比例看，工资占利息和利润的比例、消费占 GDP 的比例（消费率）、投资占 GDP 的比例（投资率）均保持不变，则有

$$\theta=W/(R+\Pi) \tag{4-7}$$

其中，$\theta$ 为收入分配差距系数，$\theta$ 越大表示收入分配差距越小，反之则越大。

$$s=I/(C+I) \tag{4-8}$$

其中，$s$ 为经典教科书中约定俗成的投资率或储蓄率，$s$ 越大表示投资占 GDP 的比例越高，$1-s$ 为消费率。考虑不同收入群体储蓄率，假定工资收入者的投资率或储蓄率为 $s_w$，利息和利润收入者的投资率或储蓄率为 $s_\pi$，根据凯恩斯的边际消费倾向递减假设，$s_w$ 要小于 $s_\pi$，则有

$$s_wW+s_\pi(D+R+\Pi)=s(W+D+R+\Pi) \tag{4-9}$$

注意到，式（4-9）中出现了折旧 $D$，主要是因为折旧成本归企业家所有，这里把它与利息和利润归到一起。结合式（4-5）、式（4-7）至式（4-9），可以推导出储蓄率 $s$ 与货币供应量增长率 $m$、收入分配差距系数 $\theta$、工资收入者的储蓄率 $s_w$、利息和利润收入者的储蓄率 $s_\pi$ 和折旧率 $d$ 的关系为

$$s=[s_w\theta m+s_\pi(m+d)]/[m(1+\theta)+d] \tag{4-10}$$

下面我们来看资本存量 $K$ 的增长率情况。结合资本存量和投资流量的动态关系式 $K_{t+1}=K_t+I_t-dK_t$，可以将资本存量增长率 $g_K$ 写为

$$g_K=(K_{t+1}-K_t)/K_t=I_t/K_t-d \tag{4-11}$$

接下来，我们来求解 $g_K$。由于 $m=(R+\Pi)/K$，$D=dK$，可将式（4-2）写成

$$W+(d+m)K=C+I \tag{4-12}$$

再结合储蓄率等式（4-9）和收入分配差距系数 $\theta$ 等式（4-7），可得

$$g_K=m(1+\theta)s-d(1-s) \tag{4-13}$$

由于 $m=(R+\Pi)/K$，所以资本收益的增长率 $g_{R+\Pi}$ 等于资本存量增长率 $g_K$，再结合式（4–6），则有

$$g_{\mathrm{GDP}}=g_K=g_W=g_D=g_{R+\Pi}=g_C=g_I=m(1+\theta)s-d(1-s) \quad (4\text{–}14)$$

式（4–14）给出了均衡状态下各种存量变量和流量变量的增长率，它们都以 $m(1+\theta)s-d(1-s)$ 的速率增长，从而收入支出模型的各项流量与资本存量成稳定比例。此外，在均衡时，由于企业的利润 $\Pi$ 为 0，所以货币供应量增长率 $m$ 实际上等于利息率 $r$。

至此，我们寻找到了封闭经济情形下存量与流量的均衡解，该均衡解取决于货币供应量增长率 $m$、储蓄率 $s$、收入分配差距系数 $\theta$ 和折旧率 $d$。在凯恩斯的收入分配理论中，有个著名结论，即“资本家挣他所花的，工人花他所挣的”。这句话换算到现实就是说，企业家（资本家）的消费只占他收入的很小一部分，大部分收入用于投资，工人消费则占据他工资收入的大部分。这里，我们可以做一个极端化假设：企业家不消费，工人全消费。这一假定意味着工资收入者的投资率 $s_w=0$，利息和利润收入者的投资率 $s_\pi=1$，再加上不考虑折旧情况即 $d=0$，则总投资率或总储蓄率等式（4–10）有 $s=1/(1+\theta)$，将式（4–10）中的 $s$ 代入式（4–14）有 $m$。该极端情形表明货币供应量增长率 $m$ 对于保持经济稳定增长至关重要。上述分析也有助于理解名义 GDP 与货币供应量之间的关系，即货币交易方程式 $MV=PQ$ 和 $MV=\mathrm{GDP}$ 之间存在稳定的比例关系。

## 第四节　经济波动分析

模型均衡时的参数赋值：首先对模型在均衡时的参数进行赋值。达到均衡时，由于利润率 $\pi$ 为 0，货币供应量增长率或货币利息率 $m_t$ 等于利息率 $r_t$。这里 $m_t$ 取 0.100，略高于 2023 年我国广义货币供应量 M2 的增速。参照大多数学者的设定，同时考虑到朱格拉周期一般持续 10 年左右，这里取折旧率 $d$ 为 0.100。

在目前的 GDP 核算收入法中，工资收入占整个收入的 50% 左右，税收和折旧占 25% 左右，利息和利润收入占 25% 左右。由于这里暂未引进政府部门，考虑把政府税收分配到工资、利息和利润上，则可将收入分配差距系数 $\theta_t$ 取 1.500。由于工资收入者的投资率偏低，利息和利润收入者的投资率偏高，这里设定 $s_w$ 为 0.200，$s_\pi$ 为 0.800。根据式（4–10），可得均衡时的投资率或储蓄率 $s_t$ 为 0.543。根据式（4–14），可得均衡时的名义 GDP 增长率（$g_{GDP\,t}$）为 0.090。模型均衡时各参数赋值情况见表 4–2。

表 4–2　模型均衡时各参数赋值情况

| 均衡参考 | 参数意义 | 参数取值 | 公式备注 |
|---|---|---|---|
| $m_t$ | 货币供应量增长率 | 0.100 | $m_t$=（$R_t+\Pi_t$）/$K_t$ |
| $r_t$ | 利息率 | 0.100 | $r_t=R_tLK_t$ |
| $d$ | 折旧率 | 0.100 | $d=0.100$ |
| $\theta_t$ | 收入分配差距系数 | 1.500 | $\theta_t=W_t/(R_t+\Pi_t)$ |
| $s_w$ | 工资收入者的投资率 | 0.200 | $s_w=0.200$ |
| $s_\pi$ | 利息和利润收入者的投资率 | 0.800 | $s_\pi=0.800$ |

续表

| 均衡参考 | 参数意义 | 参数取值 | 公式备注 |
| --- | --- | --- | --- |
| $s_t$ | 投资率、储蓄率 | 0.543 | $s_t=[s_w\theta_t m_t+s_\pi(m_t+d)]/[m_t(1+\theta_t)+d]$ |
| $g_{GDP\ t}$ | 经济增长率 | 0.090 | $g_{GDP\ t}=g_K=g_W=g_D=g_{R+\Pi}=g_C=g_I=m_t(1+\theta_t)s_t-d(1-s_t)$ |

外部冲击下的模型动态分析：在对模型进行参数赋值后，运用模型进行外部冲击的动态模拟分析。首先假定模型处于均衡状态，然后对模型施加外部冲击，通过模拟得到外部冲击对重要宏观变量的影响。这里假定外部冲击来自工资收入者的投资率 $s_w$、利息和利润收入者的投资率 $s_\pi$ 的同比例变动。假定它们的冲击使本期投资 $I$ 增速增加 1%，工资 $W$ 和消费 $C$ 按照上一期名义 GDP 的增速增长，则 $I$ 的增加不仅会使本期利润率 $\pi$ 增长，也会引起下一期资本存量 $K$、折旧 $D$ 和利息成本 $R$ 的上升。下一期企业要保持或提高利润率 $\pi$，则投资 $I$ 必须以累积的比率增加，假定每期投资增长率都按 1% 的速度增加，又由于一切投资来自商业银行的信贷，这里假定利息率随货币供应量增长率变动，即每期利息率 $r$ 按照前三期货币供应量增长率 $m$ 来定价（经济收缩阶段 $r$ 根据上一期 $m$ 减 1 个百分点来定价）。结果是，随着投资的累积增加，投资率或储蓄率 $s$ 将上升（对应的消费率下降），企业利润率 $\pi$ 将增加，名义 GDP、货币供应量、资本存量将保持高速增长，同时随着利息 $R$、折旧 $D$ 和利润 $\Pi$ 的快速增加，收入分配差距系数 $\theta$、工资占资本成本（$D$+$R$）的比重将会下降。随着投资比重的上升以及收入差距的扩大，存量流量结构会进一步

失衡，当投资无法以累积的比率增长时，这里假定第 20 期后每期都存在一个投资率冲击（$s_w$ 和 $s_\pi$ 同比例下降，基本符合当前私人部门投资情形）使当期投资 $I$ 增速减少 1%，企业利润会出现下降甚至出现亏损，这时投资率 $s$ 将下降，经济减速并逐渐衰退和萧条，货币供应量和资本存量增速会下降，由于利息 $R$、折旧 $D$ 和利润 $\Pi$ 的下降速度要快于工资 $W$，收入分配差距系数 $\theta$、工资占资本成本（$D+R$）的比重将上升。主要变量在投资冲击下的脉冲响应如图 4-1 所示。

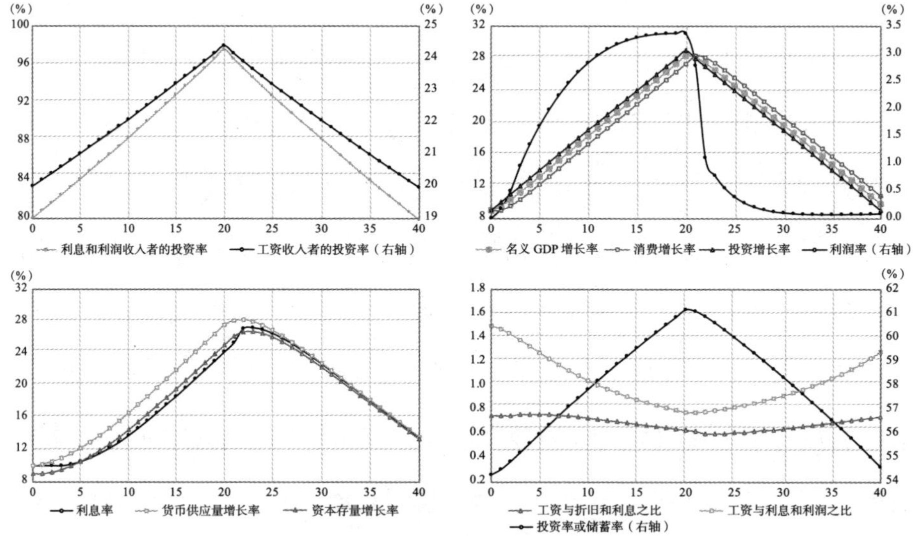


**图 4-1　主要变量在投资冲击下的脉冲响应**

# 第五章　货币政策

在无政府干预的市场经济中，经济周期的自发调节主要依赖于内生的货币供给机制。在这种机制中，货币供应量增长率和利息率发挥着重要作用，它们紧密地联系着资本存量和收入流量的相对价格，货币供给和需求达到平衡的同时实际上也是资本存量和流量的平衡。在现代经济体系中，信用货币的创造是在二级银行体系下进行的，即中央银行向商业银行体系投放基础货币，商业银行以基础货币为锚，通过向企业、居民部门提供信贷支持，实现广义货币的派生。在这种框架下，中央银行对货币供给具有非常强的控制力。因此，对中央银行货币政策的分析要点就在于，它是如何调整货币政策来影响内生货币供给机制，进而影响企业决策、资本存量价值以及物价运行的。

## 第一节　一个改进的货币经济模型

在封闭经济情形中，我们探讨了一个不受中央银行约束的货币创造模型。在该模型中，商业银行的创造货币不受中央银行存款准备金的约束，而且利息率完全由供给方商业银行和需求方企业部门共同决定。在现代信用货币的创造中，中央银行是不可或缺的一部分，它对商业银行拥有非常强的控制力，主要通过以下四个关键手段实现：一是再贷款。商业银行货币创造的前提是拥有足够的超额存款准备金。如若不足，中央银行可以通过再贷款方式向商业银行提供流动性支持，此过程同时是中央银行基础货币的投放过程。二是调节法定存款准备金率。按照一定的法定存款准备金率，商业银行存款中会有一部分被锁定在中央银行账户，商业银行不得动用。当商业银行体系流动性出现短缺或过剩时，中央银行可通过调整法定存款准备金率，缓解流动性不足或抑制流动性过剩。这两个手段均属于数量型调控工具，通过影响商业银行的可贷资金量，对广义货币的创造产生影响。三是调节基准利率。利率手段被认为是货币政策的最猛烈手段之一。如前文所述，企业部门的利润率取决于货币供应量增长率和利息率。在均衡状态时，若中央银行突然宣布大幅下调贷款基准利率，商业银行也将随之下调贷款市场利率，这将提升企业部门对未来利润率的预期，进而促使其扩大当期投资，推动经济增长。四是公开市场操作。中央银行还可以在债券市场通过买卖现券或者进行回购交易来调节商业银行体系的流动性，从而实现传递货币政策信息的目的。这里，我们在内生货币供给模型的基础上引入中央银行的货币政策，更加全面地探讨封闭经济中货币政策调控对货币创造的影响。

## 第二节　存量和流量的失衡

中央银行采取逆周期调节的方式来应对经济过热和衰退。具体而言，在经济处于繁荣阶段时，中央银行会实施紧缩性的货币政策，以遏制过热的经济现象；在经济出现衰退迹象时，中央银行则会转向扩张性的货币政策，以刺激经济复苏。在没有中央银行干预的货币金融体系中，商业银行的货币创造能力主要基于内生的货币供给机制，其依赖于资产抵押的资本存量价值。这种机制将实际领域和货币领域紧密地联系在一起。在有中央银行干预的货币金融体系中，情况则有所不同。货币政策可能会改变原有的内生货币供给机制，在经济衰退阶段，如果政策操作不当，可能导致实际领域与货币领域的脱节，进而引发资本存量与收入流量的失衡。这种失衡状态如果得不到及时有效的纠正，最终可能会演变成严重的资产价格泡沫。

在经济繁荣阶段，如果没有中央银行货币政策的干预，商业银行将增加货币供给和提高利息率。尽管利息率上升，但基本上能够被货币供应量增长率覆盖，企业依然能够维持可观的利润率，由此会带来投资增速、名义 GDP 增长和资本存量价值的增加，经济的繁荣将通过工资、资产价值、投资三个渠道，进一步抬高 CPI 和 PPI 的运行中枢。然而，如果中央银行在经济繁荣时采取紧缩性货币政策，如大幅调高法定存款准备金率、扩大债券市场正回购规模、调高再贴现率或提高利息率等，会使商业银行减少货币供给并大幅提高利息率。高昂的融资成本将抑制企业投资，降低资本存量价值。同时，抵押资产价值的下降又会加速商业银行进一步减少货币供给，形成恶性循环。这一过程将加速经济见顶回落，缩短经济周期的繁荣阶段，并提前迎来衰退节点。由此可见，中央银行在应对经济过热和通货膨胀时，采取紧缩性货币政策将显著改变原有的内生货币供给机制，对经济周期的动态平衡产生深刻影响。

在经济衰退阶段，如果没有中央银行货币政策的干预，商业银行将减少货币供给，并降低利息率。这一过程将导致企业投资缩减、资本存量价值下滑，从而有助于修复扭曲的资本存量与收入流量比例。然而，这种自然调整往往伴随着经济衰退与通货紧缩的风险。如果中央银行在经济衰退时采取扩张性货币政策，如显著扩大再贷款规模、降低法定存款准备金率、扩大债券市场逆回购规模、调低再贴现率及利息率等，会使商业银行降低利息率，并增加货币供给。此举将提升资本存量价值，而资本存量价值的提高又会加速商业银行增加货币供给。然而，在经济衰退初期，这一政策导向易催生泡沫经济并埋下通货膨胀的隐患。这是因为，这一时期，经济尚处于相对充分的就业状态，增加的货币供给和总支出极易带来工资率的快速上涨，再考虑已经失衡的收入结构、成本结构和需求结构，企业实际领域的投资利润已相当微薄，由此导致大量新增货币流入房地产市场和证券市场，而这会加剧资本存量和收入流量的失衡，进一步推高通胀率。这里要表明的一个重要问题是，中央银行采用扩张性货币政策应对经济衰退时，原本应下降的资本存量价值反而上升，资本存量与收入流量的相对价格未能得到有效调整。这种存量与流量的失衡，往往会成为通货膨胀的诱因。

## 第三节　经济波动分析

参数赋值和假定条件：在企业、居民、商业银行三部门经济模型基础之上，加入中央银行的货币政策冲击，考察这一冲击对利润率、名义

GDP 增长率、资本存量价值、投资率等主要宏观经济变量的影响。为增强可比性，这里假定模型均衡时的参数取值与表 4-2 保持一致，并且投资增速、工资和消费增速、利息率的假定也与封闭经济情形的动态分析保持一致。不同的是，为体现出中央银行货币政策冲击的独特性，这里主要考察的是利息率冲击，假定在经济繁荣周期的尾声，即从第 18 期至第 20 期，为抑制经济过热和通货膨胀，中央银行每期将增加 1 个百分点利息率。由于加息的幅度较大且速度较快，经济出现衰退。为稳增长和保就业，中央银行随即在衰退周期的初期，假定从第 21 期至第 23 期，实施扩张性货币政策，将利息率每期降低 1 个百分点。

动态模型的比较分析：考察有货币政策冲击和没有货币政策冲击的经济波动情况。在繁荣周期的尾部，中央银行加息将加速经济周期见顶。这是因为，利息率的抬高将压缩企业利润率，由于预期的未来利润率下降，企业将减少当期投资，投资增长率的下降将带动货币供应量增长率、资本存量增长率、名义 GDP 增速、投资率的下降。而收入分配差距系数，即工资与利润和利息之比是上升的，主要是利润下降幅度要高于利息上升幅度，导致收入分配结构有所改善。但从资本成本角度看，即工资与利息和折旧之比反而是下降的，主要是由于加息导致利息额有较大规模增加。在经济衰退初期，中央银行降息将延缓经济的衰退。这是因为利息率的降低将提高企业利润率，由于预期未来的利润率上升，企业将增加当期投资，投资增长率的回升将带动货币供应量增长率、资本存量增长率、名义 GDP 增速、投资率的上升。此时，由于利息率的下降以及利润率的上升，收入分配差距系数将有所恶化，工资与利息和折旧之比将上升。由于此时经济处于相对充分的就业状态，扩张性货币政策规模如果过大，极易引发工资与物价的螺旋式上涨，进而可能导致严重的通货膨胀。如果中央银行再采取紧缩性货币政策治理通货膨胀，又可能引发更为严重的经济衰退。这里凸显出中央银行货币政策在特定情境下的复杂性，它不仅未能有效平抑经济波动，反而在某些情况下加剧了经济的波动。我们的动态模拟图 5-1 清晰地反映了这一现象。

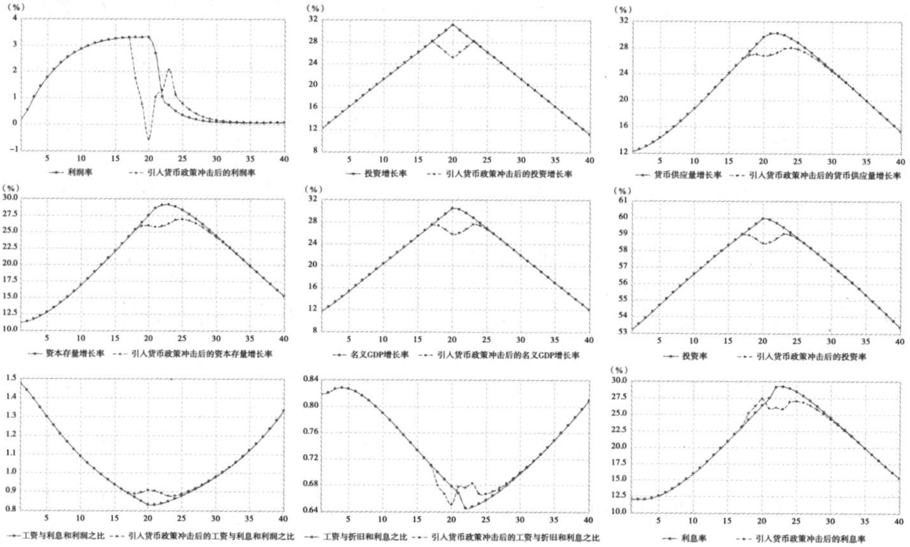


**图 5-1 主要变量对货币政策冲击的脉冲响应**

# 第六章　财政政策

政府部门在调控经济时，除采取货币政策外，亦可通过财政政策进行干预。在现实经济活动中，政府部门不仅作为监管者，更是直接参与者，其重要性不言而喻，而这与财政政策的实施紧密相连。财政政策主要由收入和支出两大方面构成，其中收入政策包括税收和公债，而支出政策涉及政府购买和转移支付两部分。财政政策的多维度影响，不仅体现在其能够通过调整总支出和税收成本来影响企业部门的投资行为，更能对货币供应量、利息率、资本存量价值等宏观经济变量产生重大影响。我们在第四章三部门经济模型基础上，加入政府部门的经济活动。研究表明，政府部门的加入并不影响原有市场经济的均衡状态，各存量变量和流量变量仍以 $m(1+\theta)s-d(1-s)$ 的速率增长。按照功能财政的思想，政府通常采取逆周期的相机抉择的财政政策调控经济。因此，我们在经济繁荣和衰退阶段考察了财政政策的宏观调控作用。总体来看，财政政策调控效果可视为外生变量对自动调节的市场经济的冲击，这种冲击与技术冲击在作用机制上具有相似性。

## 第一节　加入财政政策后的均衡

在第四章的三部门经济模型中，由于未将政府部门纳入分析框架，因此在式（4-2）的构建上，左侧未能体现政府对企业生产活动的税收影响，而右侧亦忽略了政府的消费与投资活动。鉴于政府部门对经济活动有着重要影响，下面我们在三部门经济模型的基础上引入政府部门，并探寻在政府部门参与下，经济系统如何达到存量与流量的均衡状态。首先对重要财政政策工具进行约定。

税收 $T$：按照国民收入核算收入法的定义，这里的税收准确地说是生产税净额，它是指生产税减去生产补贴后的差额。由于收入法核算是从企业角度切入的，所以这里的税收专指企业的税收，不包括居民个人的税收。为简便起见，假定对企业征税主要按照比例税征收，且比例税税率 $t$ 是固定的。事实上，长期看生产税净额和名义 GDP 之比是比较稳定的。在实际操作中，年初《政府工作报告》都会给出本年的税收预算，而税收预算的基础则建立在对本年名义 GDP 的预测基础之上，所以对企业而言可大致认为税收是预先给定的。这里假定本年税收增长率等于当年名义 GDP 增长率，即 $g_T=g_{\mathrm{GDP}}$。

政府支出 $G$：根据国民收入核算支出法定义，这里的政府支出仅指政府购买。按照支出类型划分，政府购买包括消费 $G_C$ 和投资 $G_I$ 两大类。现实中，政府消费和政府投资的比例长期内是稳定的。这里对政府支出进行两分法分类是非常有必要的，因为政府投资将会增加整个社会的资本存量，而这会对经济均衡结果产生重要影响。在经济持续扩张阶段，一般政府税收足以弥补政府支出，政府财政有盈余；而在经济持续收缩阶段，一般政府税收不足以弥补政府支出，此时政府就会发行公债弥补赤字。政府公债的发行，一方面会影响财政收支，另一方面会对社会利息率产生较大影响。所以在经济衰退时，我们会格外注意公债发行是否会导致利率上行，进而对私人部门投资产生“挤出效应”。

下面我们进行均衡解的求解。引入财政政策后，把式（4-2）改写为

$$W+D+T+R+\Pi=C+I+G \tag{6-1}$$

其中，$T$ 为政府税收，$G$ 为政府购买，$C$ 为私人消费，$I$ 为私人投资，其余变量含义不变。政府税收 $T$ 与名义 GDP 之比可视为平均税率 $t$，即 $T=t$GDP。政府购买 $G$ 按用途可分为政府消费 $G_C$ 与政府投资 $G_I$，则式（6-1）可扩展为

$$W+D+T+R+\Pi=C+I+(G_C+G_I) \tag{6-2}$$

由于本期的政府投资流量将转化为下期的资本存量，因此前文所述的投资流量和资本存量的内生稳定机制需要进行改进，则有

$$K_{t+1}=K_t+(I_t+G_{I,t})-dK_t \tag{6-3}$$

接下来，根据卡尔多程式化事实以及式（6-1）达到均衡时的必要条件，可以得出两个结论：

第一，达到均衡时，从增长率指标来看，仍然有名义 GDP 增长率与工资增长率、折旧增长率、税收增长率、资本收益率、消费增长率、投资增长率、政府购买增长率相等，即

$$g_{\mathrm{GDP}}=g_W=g_D=g_T=g_{R+\Pi}=g_C=g_I=g_G \tag{6-4}$$

第二，达到均衡时，从收入支出的结构比例看，工资占利息和利润

的比例（收入分配差距系数）、税收占GDP的比例（税率）、消费占GDP的比例（消费率）、投资占GDP的比例（投资率）、政府购买占GDP的比例均保持不变。在引入财政政策后，代表收入分配差距系数的式（4–7）保持不变，而储蓄率则改写为

$$s=(I+G_I)/[(C+G_C)+(I+G_I)] \quad (6\text{–}5)$$

由式（6–5）可知，社会总消费和社会总投资有如下关系：$C+G_C=(I+G_I)(1-s)/s$。由于税收占GDP的比重固定，所以有$T=t\text{GDP}=t(I+G_I)/s$。假定政府部门不储蓄，并且税率$t$的调整长期不会影响到工资收入者、利息和利润收入者的储蓄率，则引入政府部门后，工资收入者的储蓄率$s_w$、利息和利润收入者的储蓄率$s_\pi$与储蓄率$s$之间有如下关系：

$$s_wW+s_\pi(D+R+\Pi)=s(W+D+T+R+\Pi) \quad (6\text{–}6)$$

结合式（4–5）和式（4–7），可推导出引入政府部门后，储蓄率$s$与货币供应量增长率$m$、税率$t$、收入分配差距系数$\theta$、工资收入者的储蓄率$s_w$、利息和利润收入者的储蓄率$s_\pi$和折旧率$d$的关系为

$$s=(1-t)[s_w\theta m+s_\pi(m+d)]/[m(1+\theta)+d] \quad (6\text{–}7)$$

比较式（6–7）和式（4–10）发现，加入政府部门的储蓄率比没加入政府部门的储蓄率多了一项（$1-t$），表明随着税率$t$的增加，企业投资将下降，进而整个社会的投资率也将下降。当税率$t=0$，即不考虑政府部门，则式（6–7）就变为式（4–10）。

下面我们来求解资本存量$K$的均衡增长率。首先，由于$m=(R+\Pi)/K$，$D=dK$，可将式（6–2）写成

$$W+T+(m+d)K=(C+G_C)+(I+G_I) \quad (6\text{–}8)$$

结合改进的资本存量和投资流量动态关系式 $K_{t+1}=K_t+I_t+G_{I,\ t}-dK_t$，可以将引入政府部门后的资本存量增长率 $g_K$ 写为

$$g_K=(K_{t+1}-K_t)/K_t=(I_t+G_{I,\ t})/K_t-d \tag{6-9}$$

结合储蓄率式（6-7）、收入分配差距系数 $\theta$ 式（4-7）以及税收与GDP 的关系式，可得到均衡状态下的 $g_K$：

$$g_K=m(1+\theta)[s/(1-t)]-d[1-s/(1-t)] \tag{6-10}$$

令 $s^*=s/(1-t)$，代入式（6-7）后发现，$s^*$ 即为未引入政府部门的总储蓄率。再结合 $m=(R+\Pi)/K$ 以及式（6-4），则有

$$g_{\mathrm{GDP}}=g_K=g_W=g_D=g_{R+\Pi}=g_C=g_I=g_G=m(1+\theta)s^*-d(1-s^*) \tag{6-11}$$

式（6-11）给出了引入政府部门后，各存量变量和流量变量的均衡状态下的增长率，它们都以 $m(1+\theta)s^*-d(1-s^*)$ 的速率增长。我们注意到式（6-11）和式（4-14）相等，这表明政府部门的加入并不影响原有市场经济的均衡状态。

## 第二节　经济波动分析

模型均衡时的参数赋值：在三部门经济模型中，我们已对均衡状态时的货币供应量增长率、利息率、折旧率、收入分配差距系数、工资收入者的储蓄率、利息和利润收入者的储蓄率取值进行过约定。为保持一致性，这里在引入政府部门后也假定这些参数值不变。为了更好地进行模拟分析，还需对税率 $t$、赤字率 $\gamma$、政府的消费与投资比 $\alpha$ 进行约束。

根据国民收入核算收入法数据，近 30 年来，生产税净额占名义 GDP 的比重接近 15%，这里假定均衡税率 $t=0.150$。在均衡状态下，赤字率是可正可负的。这是有理论支撑的，根据凯恩斯的功能财政预算思想，为了实现充分就业和保持物价稳定，该赤字就赤字，该盈余就盈余，不应过度拘束于财政预算的平衡。这里结合功能财政预算思想和周期平衡财政预算思想，假定在均衡状态时赤字率 $\gamma=0.000$，但随着经济周期的运转，赤字率将在经济扩张和收缩阶段表现出下降和上升的逆周期特征。也就是说，这里的赤字率是一个随经济周期变化而变化的量。由于资本存量 $K$ 有部分投资流量来自政府，而资本存量又决定了企业折旧、利息以及产品成本，所以有必要对政府投资和消费进行约定。根据近年来资金流量表非金融交易部分，假定政府部门的消费和投资比 $\alpha_t=2.400$。有了对以上参数的假定，根据式（6-7），可得均衡时的投资率或储蓄率 $s_t$ 为 0.461，它与无政府干预的储蓄率相比多了（1-$t$）项。根据式（6-11），可得均衡时的名义 GDP 增长率为 0.090，这与基本模型均衡时的经济增长率保持一致。表 6-1 为模型均衡时各参数赋值情况。

**表 6-1　模型均衡时各参数赋值情况**

| 均衡参考 | 参数意义 | 参数取值 | 公式备注 |
|---|---|---|---|
| $m_t$ | 货币供应量增长率 | 0.100 | $m_t=(R_t+\Pi_t)/K_t$ |
| $r_t$ | 利息率 | 0.100 | $r_t=R_tLK_t$ |
| $d$ | 折旧率 | 0.100 | $d=0.100$ |
| $\theta_t$ | 收入分配差距系数 | 1.500 | $\theta_t=W_t/(R_t+\Pi_t)$ |
| $s_w$ | 工资收入者的储蓄率 | 0.200 | $s_w=0.200$ |

续表

| 均衡参考 | 参数意义 | 参数取值 | 公式备注 |
|---|---|---|---|
| $s_\pi$ | 利息和利润收入者的储蓄率 | 0.800 | $s_\pi=0.800$ |
| $t$ | 税率 | 0.150 | $t=0.15$ |
| $s_t$ | 投资率、储蓄率 | 0.461 | $s_t=(1-t)[s_w\theta_t m_t+s_\pi(m_t+d)]/[m_t(1+\theta_t)+d]$ |
| $\underline{s}_t$ | 无政府干预的储蓄率 | 0.543 | $\underline{s}_t=s_t(1-t)$ |
| $\gamma_t$ | 赤字率 | 0.000 | $\gamma_t=(G_t-T_t)/\text{GDP}_t$ |
| $\alpha_t$ | 政府部门消费与投资比 | 2.400 | $\alpha_t=G_{Ct}/G_{It}$ |
| $g_{\text{GDP}\,t}$ | 经济增长率 | 0.090 | $g_{\text{GDP}\,t}=g_K=g_W=g_D=g_{R+\Pi}=g_C=g_I=g_G=m_t(1+\theta_t)\underline{s}_t-d(1-\underline{s}_t)$ |

财政政策冲击下的模型动态分析：财政政策是逆周期调节的重要手段之一，这里重点考察经济繁荣周期和衰退周期，紧缩性财政政策和扩张性财政政策对重要宏观经济变量的影响。首先，我们假定模型处于均衡状态。在此基础上，我们对模型施加外部冲击，使得私人投资 $I$ 增速在经济扩张阶段每期均增加 1%，在经济收缩阶段每期均减少 1%。进一步地，假定工资 $W$、私人消费 $C$、政府消费 $G_C$、政府投资 $G_I$ 按照上一期名义 GDP 增速增长。根据收入支出等式，以上假定确定了当期名义 GDP 的实现值，所以可以假定税收 $T$ 按照当期名义 GDP 增速增长。由于已经引入中央银行，再给模型赋予一个较强的约束，即中央银行将整个社会的利息率控制在 10% 的均衡水平。这样做有两个好处，一是充分体现出

相对稳定利率对企业投资行为以及经济增长的影响，二是为后续货币政策紧缩性冲击和扩张性冲击的动态模拟提供便利。这里重点关注的是税收和政府购买两种财政政策手段。当然，也可考察折旧率调整对整个经济运行的影响。

在经济繁荣阶段，由于经济出现过热产生通货膨胀，政府通常会采取紧缩性财政政策，主要是调高税率和减少购买。为凸显财政政策的冲击力，这里假定从第 18 期至第 20 期，政府每期税率将提高 5 个百分点，即到第 20 期时税率将达到 30%，同时政府投资和消费支出每期将减少 3 个百分点。受政府支出的下降以及税收成本的上升影响，企业投资增速将会出现明显下降，这里假定每期下降 3 个百分点。图 6-1 给出了主要变量对财政政策冲击的脉冲响应。从第 18 期至第 20 期，由于紧缩性财政政策的大力实施，企业预期到未来利润率将出现明显下滑，即会减少当期投资，投资增速的下降将伴随信贷增速、货币供应量增长率、资本存量价值和名义 GDP 增速的下降。由于投资增速相比消费增速下降更快，企业利润增速相比工资增速下降更高，所以投资率会出现下降趋势，收入分配系数会出现上升趋势。当整个社会沉浸在投资率（储蓄率）下降、消费率上升、收入分配改善的喜悦中时，我们要保持高度警惕，因为这种看似积极的趋势转变并不必然意味着整个经济都朝着更加健康、稳健的方向发展。由于税率调升幅度过大，工资与折旧、利息和税收之比出现了明显下降。政府在加征税收的同时减少了支出，财政盈余有大幅上升，赤字率也有明显下降。财政政策冲击对物价运行会产生重大影响。PPI 将出现明显回落，因为它与利润率、投资增长率、货币供应量增长率走势密切相关。在财政紧缩的情境下，这些关键变量往往呈现出快速且大幅度的下降趋势。由于工资、资本存量价值下降速度没有投资增长率快，所以 CPI 的趋势拐点通常要比 PPI 来得晚一些。

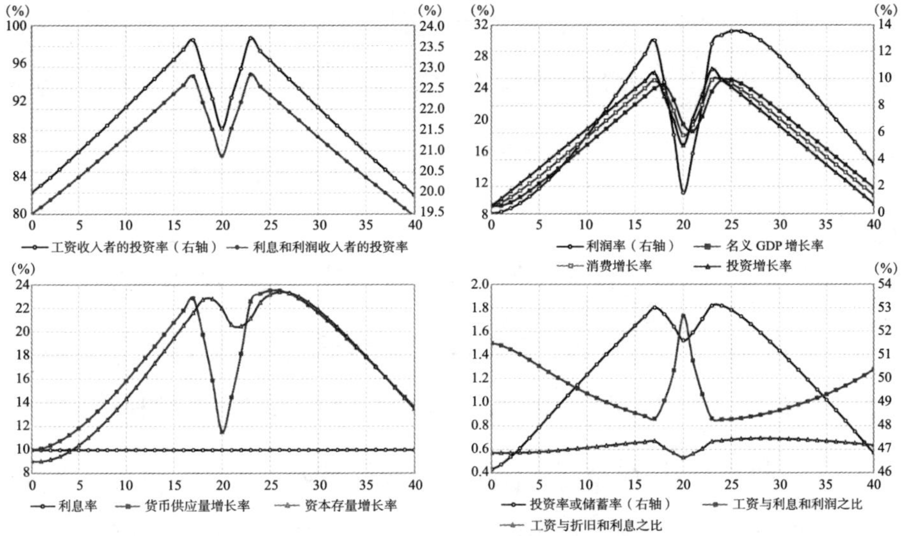


**图 6–1　主要变量对财政政策冲击的脉冲响应**

在经济衰退阶段，由于前期紧缩性财政政策用力过猛，经济会出现明显的衰退迹象，政府部门商讨采取扩张性财政政策来缓解衰退压力。为凸显扩张性财政政策的冲击力，这里假定从第 21 期至第 23 期，政府每期税率将降低 5 个百分点，即到第 23 期时税率恢复到均衡水平时的 15%，同时政府投资和消费支出每期将增加 3 个百分点。受政府支出增加以及税收成本下降的利好刺激，企业投资增速将出现明显上升，这里假定每期上升 3 个百分点。从第 21 期至第 23 期，由于扩张性财政政策的扎实推进，企业预期到未来利润率将有明显上升，即会增加当期投资，投资增速的上升将伴随着融资增速、货币供应量增长率、资本存量价值和名义 GDP 增速的上升。由于投资增速相比消费增速上升更快，企业利润增速相比工资增速抬升更高，政府大幅减税和增加支出，所以投资率、赤字率会出现明显回升，收入分配差距系数会出现明显回落。扩张性财政政策对物价的影响主要表现为 PPI 将出现快速回升，主要受利润率、投资增速、货币供应量增长率回升的影响。CPI 涨幅也将扩大，主要是由于工资、资本价值、投资三条渠道都支撑基本品消费价格上涨，但增速要慢于 PPI。

总的来看，财政政策干预的结果可视为外生变量对自动调节的市场经济的冲击。在我们的货币经济模型中，这类似于技术的冲击。具体而言，在经济繁荣阶段，紧缩性财政政策起到抑制经济过热和通货膨胀作用，它类同于技术停滞不前的冲击。在经济衰退阶段，扩张性财政政策起到缓解经济衰退作用，它类同于技术进步所带来的冲击。根据主流宏观经济学观点，持续的技术冲击将导致更大的经济波动和物价的不稳定。事实上，我们的模拟结果也表明，大规模财政政策将加剧主要宏观经济变量的波动。

财政政策和货币政策共同冲击下的模型动态分析：现实经济中，为抑制通货膨胀和经济衰退，政府通常会同时采取财政政策和货币政策。这里在财政政策冲击的基础上引入货币政策冲击，即从第 18 期至第 20 期，每期将加息 1 个百分点，即到第 20 期利息率将达到 13%；从第 21 期至第 23 期，每期将降息 1 个百分点，即到第 23 期利息率恢复到均衡水平时的 10%。由于利息加减将影响企业的利息成本和利润率，会对企业投资产生较大影响，这里假定从第 18 期至第 20 期，企业投资增速每期将下降 4 个百分点，而从第 21 期至第 23 期，企业投资增速每期将上升 4 个百分点。图 6-2 给出了主要变量对财政政策和货币政策冲击的脉冲响应。可以观察到，在引入货币政策冲击后，利润率、投资增长率、货币供应量增长率、资本存量增长率、名义 GDP 增长率、投资率等重要宏观经济变量将出现更大的波动。这表明，在繁荣周期的尾部和经济衰退的初期，大规模采取财政政策和货币政策可能会加剧经济波动，尤其是在经济衰退初期，由于过多关注稳就业和稳增长，而没有使资本存量价值得到有效调整，结果可能会导致严重通货膨胀。同理，在经济萧条初期，如若不采取大规模财政政策和货币政策，资本存量价值向下调整可能过深，结果可能会带来严重的通货紧缩。

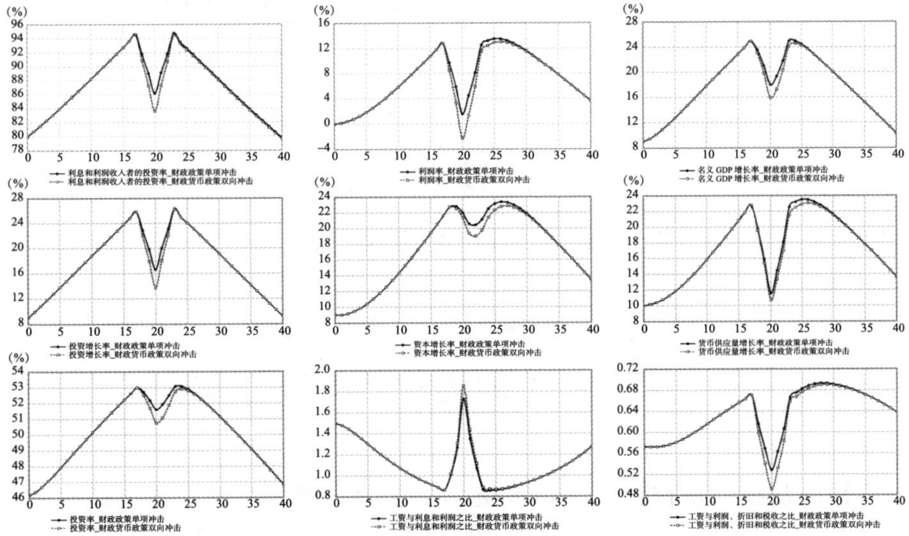


图 6-2 主要变量对财政政策和货币政策冲击的脉冲响应

# 第七章　资本市场

在之前的理论探讨中，出于简化分析的目的，我们抽象掉了资本市场或股票市场。然而，在实际经济中，作为资本市场重要组成部分的股票市场是非常重要的。它不仅是现代企业组织和市场竞争的关键环节，更与货币金融体系紧密相连，是现代货币理论不可或缺的一部分。在宏观经济分析中，加入资本市场的分析是极为重要的，因为最复杂的问题是资本存量价值的变动。为此，本章将采用一个简化的数理模型，将资本市场纳入之前的货币金融体系框架中，来表明股票市场的深层意义和与其他宏观变量之间的内在联系。研究发现，在引入资本市场后，市场经济原有的均衡状态在形式上并未发生改变，各存量变量和流量变量仍以 $m(1+\theta)s-d(1-s)$ 的速率增长，只不过这里的货币供应量增长率 $m$ 的构成发生了特定变化，具体表达为 $m=r\times k+\lambda\times PB(1-k)$，其中 $r$、$k$、$\lambda$、$PB$ 分别为利息率、资产负债率、股息率和市净率。

## 第一节　一个简化的资本市场模型

我们在第六章得到一个重要结论，即政府部门的加入并不影响原有市场经济的均衡状态。为简化分析并聚焦核心论点，我们考虑一个无政府干预的市场经济环境。在此环境中，我们进一步探讨市场中的融资结构。引入资本市场后，企业总资产来源由原先单一的银行贷款，变成银行间接融资和资本市场直接融资两条途径。一级资本市场的融资额形成企业的净资本，用公式可表示为

$$K=L+E1 \tag{7-1}$$

其中，$K$ 为企业的总资产，$L$ 为企业的银行贷款，$E1$ 为企业的净资本。进而企业的资产负债率可表示为 $k=L/(L+E1)$。假设利润留存比例为 $\alpha$，则企业净资本与利润的跨期关系可以表示如下：

$$E1_{t+1}=E1_t+\alpha\times\Pi_t \tag{7-2}$$

除了对一级市场关注外，二级交易市场亦不容忽视。一级市场的融资额 $E1$ 和二级市场投资额 $E2$ 共同构成了资本市场的总资金规模，即 $E=E1+E2$。若将二级市场投资额等同于总市值，则市净率 $PB$、市盈率 $PE$、股息率 $\lambda$ 可分别表示为 $PB=E2/E1$，$PE=E2/\Pi$，$\lambda=\Pi/E2$。在资本市场中，资产交易活动如收购、合并或重组频繁发生。为了分析这些交易对资本市场的影响，假设所有资产交易均发生在年末，且为一次性交易。若每年资产交易比例为 $\beta$，则式（7-2）可改写为

$$E1_{t+1}=E1_t+\alpha\times\Pi_t+\beta\times(E2_t-E1_t) \tag{7-3}$$

我们注意到，资本市场的引入改变了原有企业资产构成，在以资产抵押为基础的货币内生供给体系中，货币供应量的增长也将受到影响。在不考虑资本市场之前，基本模型默认企业的资产负债率为 1，即企业资产完全来源于银行贷款。而引入资本市场后，企业新增了直接融资渠道，这导致资产负债率的变动。资产负债率的变动将直接影响以资产抵押为

基础的贷款规模，进而影响整个经济体系的货币供应量。此外，利润留存与资产交易的引入，为企业提供了更多的资金来源。这使得企业净资产不仅与前期利润紧密相关，还与股票市值建立了联系。鉴于此，下面尝试给出引入资本市场后的均衡解。

在内生货币供给体系中，货币供应量仍与企业发展的货币需求有关，因此仍有式（4-5）所示的关系：

$$m=(R+\Pi)/K \tag{7-4}$$

考虑资本市场的引入对企业资产结构的变动，利息率与企业总资产的关系变为 $r=R/L=R/(k\times K)$。同时，企业利润与总资产的关系变为 $\Pi=\lambda\times PB(1-k)\times K$。结合式（7-4），即可求出引入资本市场后货币供应量增长率为

$$m=r\times k+\lambda\times PB(1-k) \tag{7-5}$$

在引入资本市场后，仍然可以依据卡尔多程式化事实以及式（4-2）均衡时的必要条件，得到两个重要结论：

一是达到均衡时，从增长率指标看，名义 GDP 增长率与工资增长率、折旧增长率、资本收益率、消费增长率、投资增长率相等，即

$$g_{\mathrm{GDP}}=g_W=g_D=g_{R+\Pi}=g_C=g_I \tag{7-6}$$

二是达到均衡时，从收入支出的结构比例看，工资占利息和利润的比例、消费占 GDP 的比例（消费率）、投资占 GDP 的比例（投资率）均保持不变，则有

$$\theta=W/(R+\Pi) \tag{7-7}$$

其中，$\theta$ 为收入分配差距系数。投资率或储蓄率 $s$ 仍可以表示为

$$s=I/(C+I) \quad (7-8)$$

在考虑工资收入者的储蓄率 $s_w$、利息和利润收入者的储蓄率 $s_\pi$ 时，则仍有

$$s_wW+s_\pi(D+R+\Pi)=s(W+D+R+\Pi) \quad (7-9)$$

结合式（7-4）、式（7-7）至式（7-9），可以发现储蓄率 $s$ 与货币供应量增长率 $m$、收入分配差距系数 $\theta$、工资收入者的储蓄率 $s_w$、利息和利润收入者的储蓄率 $s_\pi$ 和折旧率 $d$ 的关系如式（7-10）所示：

$$s=[s_w\theta m+s_\pi(m+d)]/[m(1+\theta)+d] \quad (7-10)$$

我们可以发现，其形式与前述模型保持一致，但货币供应量增长率 $m$ 的内涵因资本市场的引入而有所改变。

最后，我们求资本存量 $K$ 的增长率情况。引入资本市场并不影响资本存量和投资流量的动态关系式 $K_{t+1}=K_t+I_t-dK_t$，因此资本存量增长率 $g_K$ 仍表示为

$$g_K=(K_{t+1}-K_t)/K_t=I_t/K_t-d \quad (7-11)$$

再结合货币供应增长率 $m$ 式（7-4）、收入分配差距系数 $\theta$ 式（7-7）和储蓄率 $s$ 式（7-8），可得 $g_K$：

$$g_K=s(1+\theta)m-d(1-s) \quad (7-12)$$

又由于 $m=(R+\Pi)/K$，所以资本收益的增长率 $g_{R+\Pi}$ 等于资本存量增长率 $g_K$，再结合式（7-6），则有

$$g_{\mathrm{GDP}}=g_K=g_W=g_D=g_{R+\Pi}=g_C=g_I=m(1+\theta)s-d(1-s) \quad (7-13)$$

其中，货币供应量增长率具体为 $m=r\times k+\lambda\times PB(1-k)$。值得注意的是，在不考虑资本市场影响，即不考虑资产负债率、股息率和市净率的

情况下，货币供应量增长率等于利息率。因此，我们可以得出这样的结论：在引入资本市场之后，市场经济原有的均衡状态并未受到显著影响，各存量变量和流量变量仍以 $m(1+\theta)s-d(1-s)$ 的速率增长。这一结论揭示出了资本市场对宏观经济均衡状态的影响，同时再次说明了稳定的货币供应量增长率对经济增长的重要作用。

## 第二节　经济波动分析

模型均衡时的参数赋值：在三部门经济模型中，我们已对均衡状态下的货币供应量增长率、利息率、折旧率、收入分配差距系数、工资收入者的储蓄率、利息和利润收入者的储蓄率关键参数取值进行过约定。为保持一致性和连贯性，在引入资本市场后，我们依然假定这些参数值保持不变。为了更好地进行模拟分析，还需对资产负债率 $k$、股息率 $\lambda$ 进行约束。回顾近 20 年的数据，我国规模以上工业企业的资产负债率稳定在 55%~60%，这里假定资产负债率 $k_t=0.575$。我们假定资本为耐心资本，即相较于股票价差的短期波动，投资者更关注股息回报的长期收益。因此，投资者在银行存款和购买股票的比例取决于利息率和股息率。当利息率高于股息率时，投资者倾向于增加银行存款；反之，则更倾向于将储蓄用于购买股票。在不考虑购买股票所可能带来的风险前提下，我们设定均衡条件为股息率等于利息率，即 $\lambda_t=0.100$。根据式（7-13），可得均衡时的名义 GDP 增长率为 0.090，这一结果与基本模型均衡时的经济增长率保持一致。此外，我们还假定市净率 $PB$ 等于 1，也就是一级市

场价值 $E1$ 与二级市场价值 $E2$ 相等。据此，我们可计算出均衡状态下的股票市盈率 $PE$ 等于 10 倍，恰好为利息率 $r_t$ 的倒数。由此，股票市场联系到了企业利润、资本存量、名义 GDP 增长率、利息率、货币供应量增长率等重要宏观经济变量。表 7–1 为模型均衡时各参数赋值情况。

**表 7–1　模型均衡时各参数赋值情况**

| 均衡参考 | 参数意义 | 参数取值 | 公式备注 |
|---|---|---|---|
| $m_t$ | 货币供应量增长率 | 0.100 | $m_t=（R_t+\Pi_t）/K_t$ |
| $r_t$ | 利息率 | 0.100 | $r_t=R_tLK_t$ |
| $d$ | 折旧率 | 0.100 | $d=0.100$ |
| $\theta_t$ | 收入分配差距系数 | 1.500 | $\theta_t=W_t/（R_t+\Pi_t）$ |
| $s_w$ | 工资收入者的储蓄率 | 0.200 | $s_w=0.200$ |
| $s_\pi$ | 利息和利润收入者的储蓄率 | 0.800 | $s_\pi=0.800$ |
| $s_t$ | 投资率、储蓄率 | 0.543 | $s_t=[s_w\theta_tm_t+s_\pi(m_t+d)]/[m_t(1+\theta_t)+d]$ |
| $k_t$ | 资产负债率 | 0.575 | $k_t=L_t(L_t-E_t)$ |
| $\lambda_t$ | 股息率 | 0.100 | $\lambda_t=\Pi_t/E_t$ |
| $g_{GDP\,t}$ | 经济增长率 | 0.090 | $g_{GDP\,t}=g_K=g_W=g_D=g_{R+\Pi}=g_C=g_I=m_t(1+\theta_t)s_t-d(1-s_t)$ |

外部冲击下的模型动态分析：在对模型进行参数赋值后，我们将进一步运用该模型进行外部冲击的动态模拟分析。首先假定模型处于均衡状态，然后对模型施加外部冲击，通过模拟得到外部冲击对重要宏观变

量的影响。这里假定外部冲击使当期投资 $I$ 增速增加 1%，工资 $W$ 和消费 $C$ 按照上一期名义 GDP 的增速增长，当期利润全部转为股息，$PE$ 取决于上一期 $PE$ 以及 GDP 增长率的变化，即 $PE_{t+1}=PE_t(\mathrm{GDP}_{t+1}-\mathrm{GDP}_t)$。模拟结果显示，一次投资冲击会立即引发货币供应量增长率 $m$、GDP 增长率、储蓄率或投资率、市盈率 $PE$、市净率 $PB$ 的显著跃升。然而，随着时间的推移，这些变量将逐步回归至先前的均衡水平。而收入分配差距系数在经历一次下探后再逐步修复。

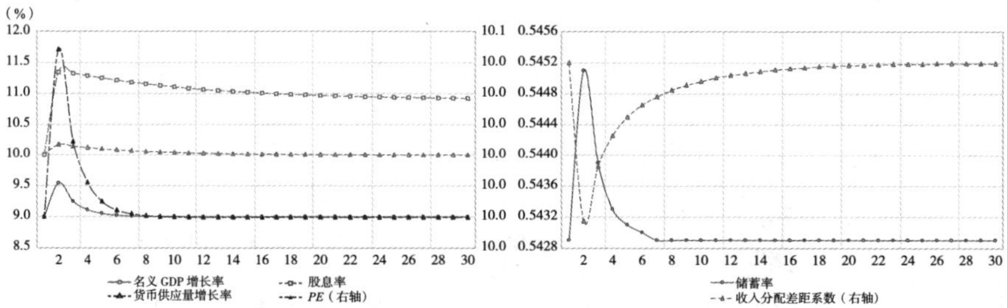


**图 7–1　主要经济变量在投资冲击下的脉冲响应**

# 第八章　开放经济与汇率波动

在前面章节，我们探讨了封闭经济情形下的经济周期波动，即在市场机制自发运行基础上引入政府部门，分析了货币财政政策对一国经济周期波动的影响。这一模型在理论上深刻表明，经济周期波动取决于企业成本收益的计算以及特定的货币金融体系（信贷市场和资本市场），它揭示了市场经济的本质特征，即在货币基础上的竞争关系。在开放经济中，由于存在独立的主权国家以及由此决定的货币金融体系，存在国际生产要素、商品、资金的流动，因此讨论开放经济情形下的宏观经济周期波动将是一件更为复杂的事。我们认为开放经济的研究重点是，将由两个或多个不同的货币金融体系和货币政策决定的国民收入核算表连接到一起，通过考察它们的经常账户和资本账户的货币流动来分析其经济运行规律。汇率的重要意义是用来比较不同国家的名义 GDP 货币值和货币供应量。本章我们重点讨论后发国家赶超战略的基本模型，它的核心要点是，通过扩张性货币政策提高名义增长率，进而吸引外资、提升技术水平，从而增强出口竞争力并维护汇率的稳定。现实中，后发国家形成了两种典型的货币金融体系模式：一种是拉美模式，它与发达国家货币金融体系连接；另一种是东亚模式，其货币金融体系具有较强的独立性。

## 第一节 开放经济下的货币经济模型

在封闭经济模型中，我们探讨了内生的货币供给机制，以及货币财政政策对这一机制的影响。在货币经济模型中，财政政策可近似为货币政策，因为政府通过自身信用的扩张，可以实现货币供应量的增长。然而，当我们将视角转向开放经济时，情况将变得复杂。国际资本的跨国流动将成为一个不可忽视的因素，其流动势必会对一国的货币金融体系产生影响。因此，我们有必要对先前的货币经济模型进行修正和完善。回顾国际货币体系的发展历程，从 20 世纪初以英镑为核心的金汇兑本位，到第二次世界大战后以美国为核心的布雷顿森林体系，再到 20 世纪 70 年代初布雷顿森林体系的瓦解，以及当前新布雷顿森林体系的形成，这些历史变迁无不反映了大国间为控制国际货币金融体系而展开的激烈斗争。在这样的背景下，各国独立的货币金融体系和货币政策无疑成为开放经济研究的核心命题。这一核心命题研究的重点是将由两个或多个不同的货币金融体系和货币政策决定的国民收入核算表连接到一起，通过考察它们的经常账户和资本账户的货币流动来分析其经济运行规律。

在讨论经常账户和资本账户的资金流动时，势必会涉及汇率问题。在我们的模型中，汇率的重要意义是用来比较不同国家的名义 GDP 货币值和货币供应量。汇率与名义 GDP 增长率在开放经济中存在替换关系，也就是说，我们可以在提高名义 GDP 增长率和改变汇率之间进行选择。

在探讨经常账户资金流动时，国际贸易无疑占据着核心地位，而国际贸易又与外商直接投资紧密相连。现在我们把外商直接投资加入模型中。特别需要注意的是，外商直接投资与名义 GDP 增长率密切相关。首先，外商直接投资的根本驱动力在于追求更高的利润率，而名义 GDP 增长率直接关联着企业的盈利空间。因此，在将名义 GDP 增长率视为外商直接投资的重要因素时，汇率的稳定性或可控性显得尤为关键。这是因为，只有在汇率相对稳定或可控的前提下，名义 GDP 增长率对外商直接投资来讲才算是“实际增速”。技术进步作为经济增长的核心引擎，其重要性不言而喻。由于外商直接投资联系到技术进步或技术变动，而技术水平直接影响到出口，进出口的平衡又联系到汇率，尽管名义 GDP 增长率的提高会带来企业成本上升，进而影响出口，但只要技术水平的提升能够抵销成本的上升，就能够保证出口增加以及汇率稳定。综合以上分析，我们可以得到一种特殊的开放经济模型，它的要点是通过本国货币政策的调控，提高名义 GDP 增长率，名义 GDP 增长率的提高会带来利润率和市场潜力的提升。在追求更高利润率的驱动下，外商直接投资将增加，而外商直接投资的增加将推动本国技术水平的提升，进而促进出口增加和汇率的稳定，同时能够改善贸易条件。这一模型可被视为开放经济条件下后发国家赶超战略的基本模型，因为只有在开放经济条件下，由货币决定的名义 GDP 增长率才更具有意义，这种名义 GDP 增长率联系到了外资、技术进步、汇率以及贸易条件。这里最重要的是本国中央银行的货币政策（包括财政赤字货币化）以及特定的货币金融体系。

## 第二节　一个简化的两国货币经济模型

在前面的开放经济模型中，后发国家经济增长的核心动力在于政府主导下的中央银行货币政策，而这种货币政策联系到特殊的货币金融体系。前面的模型讨论了经常项目下的货币流动。国际资本流动和资产价格是决定货币供给的重要变量，因此这里引入资本项目和资产价格，讨论 GDP、利率及汇率的变动如何影响内生的货币供给。我们先来考虑两个国家的货币金融体系。假定一个是大国，另一个是小国。再假定这两个国家的货币金融体系具有极强的内生性，即它们都是以资产抵押为基础，通过利率调节资产价格进而影响货币供求。从经验上看，大国出现经济周期的扩张和收缩，小国的经济波动会与大国同步或者在很大程度上受到大国影响，但小国出现衰退不会影响大国。在开放经济中，通过贸易和资本流动可以把两个国家的国民收入核算体系联系到一起，从而需要把内生的货币供给扩大到两个货币金融体系。柳欣教授指出，对于两个内生的货币供给体系，无论是固定汇率还是浮动汇率，只要各国放弃独立的货币政策，国界就不存在了，两个内生的货币金融体系将融为一体，经济增长率也将趋同。所以，一旦小国加入这种国际货币金融体系，其货币政策将在不同程度上受到大国货币政策的影响，这里的关键是小国能否保持货币政策的独立性。

前面分析了后发国家通过扩张性货币政策提高名义 GDP 增长率，进而吸引外商直接投资提升技术水平以促进出口。这里要考虑的一个关键问题是，如何在保持经济高速增长的同时，确保货币金融体系的稳定性。

对于后发国家而言，现实中存在两种典型的货币金融体系模式，一种是拉美模式，另一种是东亚模式。拉美模式的特点是金融市场完全开放，与发达国家货币金融体系连接，货币供给在很大程度上受到外部因素的影响。东亚模式的特点是货币金融体系具有较强的独立性，这也决定了其货币供应量在很大程度上由内部因素决定。

首先来看拉美模式。它的典型特征是通过货币金融市场的开放来增加货币供应量。主要体现在两个方面：一是直接引入国外资本和政府大规模举借外债，二是引进国外商业银行来发展本国货币金融体系。国外货币的流入使得拉美国家商业银行的信贷能力增强，从而货币供应量增加，增加的货币供应量推动了名义 GDP 的增长，而名义 GDP 的增长又会带来资本存量价值、人工成本、原材料成本以及物价的上涨。与封闭经济模型相比，这里的物价上涨并不完全依赖于本国商业银行货币供给的增加，也取决于国外金融资本的流入。由于这种货币金融体系建立在国外货币金融体系之上，而且本国难以实行有效的货币政策控制货币供应量，货币信用体系本身具有内在的不稳定性。一旦本国经济面临衰退或者外部货币环境收缩，极易引发资本外流和自身信用体系的崩溃，进而导致货币贬值、通货膨胀和经济危机。

其次来看东亚模式。与拉美模式相比，东亚模式的货币金融体系具有较强的稳定性，而这种稳定性主要依赖于外商直接投资、技术进步、出口增加以及大规模的外汇储备。这种模式的运行基础是后发国家与发达国家存在技术水平上的差距，而这种差距可由货币工资率来衡量。随着名义 GDP 增长率以及工资率的提高，这种由工资率反映的技术差距将缩小。这会使技术进步的步伐放缓或遭遇障碍，进而削弱这一模式的优势。一旦这一优势被削弱，外商直接投资和出口增加势必会减少，这就很难维持汇率的稳定，而一旦出现本币贬值，就会带来直接投资和金融资本的流出，从而加剧本国货币金融体系的不稳定性。在这一模型中，外商直接投资和金融资本是有区别的，即金融资本流入会加剧这一体系的不稳定性。在经济快速扩张阶段，名义 GDP 的高增长将导致房地产、股票等资本存量价值的上升。在经济发展初期，技术水平和工资率与国外存在差距，名义 GDP 高增长和汇率保持稳定的循环机制不会被打破，房地产和股票价格上涨不会受到阻碍，资本存量价值的上升则会吸引更多的金融资本流入。同时，这些增加的资本存量价值将成为商业银行的抵押资产，从而促进商业银行扩大货币的供给。显然，与封闭经济模型相比，金融资本流入放大了这种扩张过程，而且为追逐更高的利息率以及资本存量价值的升值，国际金融资本的大量流入会降低利息率对资本存量和收入流量相对价格的调节功能。如果放任这一循环机制发展，则势必会产生严重的泡沫经济和通货膨胀。反之，在经济衰退时期，国际金融资本的流出又会加剧经济衰退和通货紧缩。

下　篇

# 应用篇

# 第九章　物价波动

物价稳定是国民经济健康运行的客观反映，更是宏观调控的重要目标。新冠疫情暴发以来，美欧主要经济体采取了超大规模货币政策和财政政策，叠加全球供应链、产业链的紊乱，导致其本身和众多发展中国家面临着物价的大幅波动。当前及未来一段时间，全球百年未有之大变局将深刻演变，美欧主要经济体正深入实践现代货币理论，国内新发展格局正在持续构建中，复杂多变的宏观经济环境对物价水平的分析提出了更高的要求。本章将物价运行的规律置于经济周期的宏观框架内进行深入探讨。我们认为，物价和增长表面上看似是两个独立的问题，实则是同一核心议题，即探究货币经济在收入流量与资本存量同时达到均衡状态下的运行规律。基于前期建立的理论模型，我们分析了物价运行的周期性波动原理，指出 CPI 主要受工资、资产价值、投资三条渠道影响，而 PPI 主要受投资渠道影响。在实践检验部分，我们考察了中美两国物价，发现两国物价运行具有很强的经济周期波动特征，并且美国的货币财政政策常在刀锋上行走，这无疑放大了全球经济波动和物价的不稳定性。根据理论与实践的逻辑推演，我们认为在全球经济衰退的背景下，我国物价短期内仍将在低位温和运行。

## 第一节　物价概念的内涵

物价是一个深入人心的概念，这里讨论似乎略显多余。但在实际中发现，很多人对这一概念的理解和把握并不充分，尤其是缺乏经济周期的宏观分析思维。为更好地开展研究，统一思想，凝聚共识，有必要厘清其内涵。

物价变动有上涨、下降和不变三种情形。经典文献资料和日常习惯于用通货膨胀描述物价上涨，用通货紧缩描述物价下跌，而且形成了把物价涨跌归于货币财政政策的固定思维。这主要是根据费雪方程式 $MV=PQ$，实际产出 $Q$ 是由技术关系的生产函数决定的，而物价 $P$ 变动取决于货币供应量，一般货币流通速度 $V$ 保持不变，因此货币财政政策的变化会带来货币供应量 $M$ 的变动，进而对物价产生影响。由于绝大部分时间物价是上涨的，所以大家都非常关注通货膨胀问题。实际上，用通货膨胀描述物价上涨并不准确。从通货膨胀的定义出发，它反映的是货币供应过多而导致的物价普遍持续上涨的情形。关于这一定义，有三个要点特别值得注意。一是货币供应过多。其内在含义是，如果物价上涨并非由货币供应过多所致，那么这种物价上涨就不属于通货膨胀范畴。二是物价的普遍上涨。换句话说，如果物价上涨并非普遍的，而是由一种或几种商品涨价所致，那么这种物价上涨也不属于通货膨胀，而是属于结构性物价上涨范畴，历史上多数国家的通货膨胀表现出了结构性物价上涨特征。三是物价的持续上涨。从内在逻辑看，如果物价上涨不是一个持续过程，而仅表现为一个相对短暂的过程，这种物价上涨也不归于通货膨胀范畴。

现实中，物价变动受多种因素的综合影响。如新冠疫情对全球供应链和产业链的冲击、乌克兰危机等地缘政治事件对能源和农产品供应的扰动、全球减碳政策对大宗商品供给的影响、经贸摩擦抬升进口商品的成本、资源类产品价格的改革、季节性因素的扰动、税收政策的调整等。这些因素大多与货币发行或货币政策无直接关联，因此物价变动并不都是由货币因素引起，所以用通货膨胀或通货紧缩来描述物价的上涨或下跌是不够准确的。

在讨论经济周期中物价运行的规律之前，我们首先需要明确衡量物价变动的统计指标。人们常提及的物价指数是指消费者价格指数 CPI，关注的多为 CPI 同比涨幅，而这跟物价绝对水平和环比变动是有本质差别的，这可能是造成 CPI 指数与微观感受不一致的一个重要原因。显然，这种物价指数不能完全覆盖所有的产品（如资本品）和服务。在实际的经济分析中，为了更全面地掌握物价动态，人们通常采用多种指数进行衡量，如采用生产者出厂价格指数 PPI 衡量生产资料的变动，用 GDP 平减指数衡量经济基本盘的价格水平变动，用房地产价格指数、股票衡量资产价值的变动。本章中的物价变动主要是指 CPI 和 PPI 的走势。但为了更加系统地考察价格水平的整体运行以及相互影响，也需要考察房价、股价等资产价格变动情况。

## 第二节　经济周期中的物价变动

在经济周期波动分析部分，我们可以清晰地看出名义 GDP、资本存量、利润率、货币供应量增长率、投资、消费、储蓄率等变量存在明显的周期波动特征。这些变量的周期波动会带动 CPI 和 PPI 的扩张和收缩。针对经济周期中 CPI 的运行轨迹，我们总结归纳出三条影响渠道：第一条是工资渠道，它反映了劳动力成本或工资收入在经济周期中的变动对 CPI 的直接影响；第二条是资产价值渠道，揭示了资产价格变动如何通过资本品成本、财富效应等途径作用于 CPI；第三条是投资渠道，它反映了投资活动的波动如何通过供需关系、成本传导等维度影响 CPI 的走势。这三条渠道共同构成了理解经济周期中 CPI 运行机理的重要框架。

工资渠道：只有预期到未来有利润，当期投资才会发生，名义 GDP、工资和消费才会增长。所以，只要利润率能够保持或提高，企业将以累积的比例进行投资，名义 GDP、工资和消费将以累积的比例增长。而工资则是决定 CPI 走势的关键宏观变量。如前文所述，工资主要通过两个层面影响 CPI。一是从需求层面拉动基本消费品增长，二是从成本层面支撑基本消费品价格。在经济周期扩张阶段，经济的初始复苏会带动 CPI 小幅上涨。但随着企业利润率的持续提高，企业会有扩大再生产的冲动，这时劳动力需求会大幅上升，劳动力市场出现供给偏紧情况，工资将持续增长。工资的持续增长将带动消费增加和基本消费品成本上升，进而带动 CPI 稳步上行。在经济繁荣的尾声，由于工资的较强刚性特点，即便名义 GDP、投资增速、货币供应量增长率等变量见顶回落，工资也还会有最后一冲，CPI 仍可能在高位运行一段时间。由于收入结构 $W/(R+\Pi)$、成本结构 $W/(D+R)$、需求结构 $I/C$ 的持续失衡，若商业银行意识到经济系统的风险，这时货币金融环境将出现逆转，货币供应量增长率开始回落，企业投资增速下降，进而带动利润率、工资、消费支出的整体下降，经济将进入衰退期，CPI 涨幅开始回落。随着货币供应量增长率、投资增速、利润率的持续下降，工资和消费支出增速也会下降，当进入萧条期时，CPI 一般会在低位徘徊。

资产价值渠道：在利息率和折旧率保持不变的条件下，资本存量价值的上涨会抬升整个经济社会的折旧和利息成本，而这些成本最终将转嫁到原材料和基本消费品上。在经济周期扩张阶段，随着投资增速和利润率的增加，土地、房地产等资本存量价值快速上升，导致整个经济社会租金成本大幅上涨。在成本的推动下，CPI 和 PPI 保持上行趋势，尤其是在经济繁荣阶段，房地产、股市等虚拟经济收益率往往高于实体经济，导致资产值快速上升。资产值的大幅上升必然会再次抬高折旧、利息以及企业总体运行成本。受此影响，CPI 和 PPI 上涨尤其是 CPI 上涨会表现出明显的资本推动型。前面分析表明，资本存量价值的上升是靠投资流量维持的，一旦投资增速出现明确的回落拐点，市场就会相继抛售资产，资本存量价值就会出现大幅下降，整个经济社会的折旧和利息成本也会明显下降，资本成本的下降会推动整体物价下行，直至资本存量回归至合理水平。此外，资产价值还会通过财富效应影响居民消费，进而影响 CPI 的变化。当资产价格大幅上涨时，居民的财富随之增加。这种财富的增加不仅提升了居民的消费能力，还激发了他们的消费意愿。在这种背景下，居民对于消费品和服务的需求被激发，从而推动居民消费品价格的上涨。若资产价格出现回落，居民的财富减少，消费能力和消费意愿也随之降低，进而可能导致居民消费品价格的回落。

投资渠道：固定资产投资的增加，会带动能源、矿产品等生产资料价格上涨，生产资料价格上涨又会通过产品成本传导至终端的 CPI。生产资料价格是 PPI 的重要组成部分，所以 PPI 会与其同步联动。PPI 是经济周期的先行指标。一般在经济复苏之际，随着投资的回暖，生产资料需求边际上升，由于此时生产资料库存处于较低位置，需求端稍加发力就会带动 PPI 从底部快速上行，然而由于工资和消费的恢复要相对滞后一些，此时 PPI 向 CPI 传导效应偏弱。在经济繁荣阶段，由于整个社会都对未来抱有非常大的期望，这反过来会促进企业投资，推升 PPI 价格，由于此时工资和消费持续增长，在需求的拉动下，CPI 会有明显涨幅。若遭遇某种外部冲击，如融资环境的突然恶化，往往会使企业对未来利润率持悲观预期。在这种预期下，企业往往会调整其投资策略，缩小投资规模。受投资见顶回落预期影响，原材料价格和 PPI 将从高位快速回落，上游成本的下降会对 CPI 运行形成较大的下压力。

以上从总量视角分析了经济周期中的物价运行。下面简要从结构视角剖析物价运行的结构特征。如前文所述，随着经济周期的扩张，工资性收入占利息和利润的份额即收入分配差距系数 $\theta$ 将下降，社会上将分化出低收入和高收入人群，消费需求内部结构将发生变动。根据马斯洛的需求层次理论，社会对高档消费品的需求增速会快于基本消费品，相应 CPI 走势会出现结构分化，不过由于这些高档消费品权重偏低，对整个 CPI 的走势影响相对有限。经济周期的物价运行情况如图 9-1 所示。

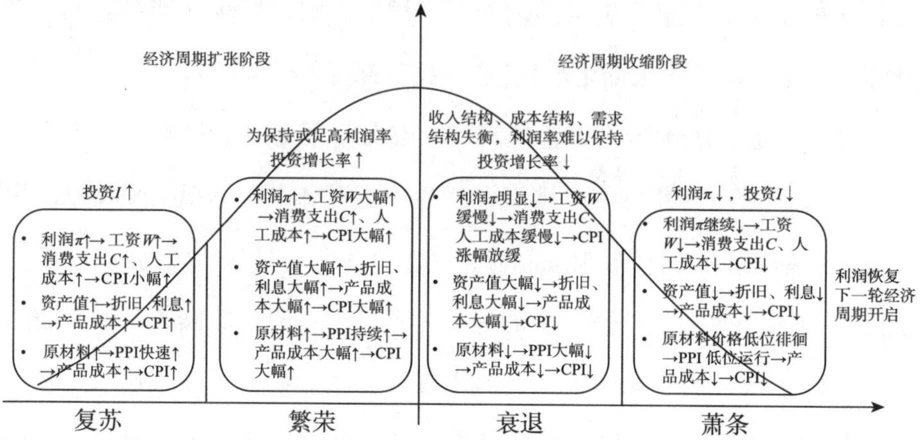


**图 9-1　经济周期的物价运行情况**

## 第三节　中美两国物价运行的经济周期特征检验

上一节从理论视角探讨了经济周期中的物价运行，本节我们对这一理论进行实践检验。检验对象主要为中国和美国。这里研究美国主要考虑的是，美国是当今超级大国，其货币财政政策对世界经济和全球物价具有深远影响。

首先对我国经济周期进行划分。前面的理论分析表明，在货币经济中，重要的是名义宏观经济变量而不是实际 GDP 等实物变量。在我们的分析中，名义 GDP 是最重要的宏观经济变量，因为它联系到企业的成本收益计算，名义 GDP 的变动将影响到企业利润的变动，进而决定经济波动和物价水平。下面，我们按照名义 GDP 增长率走势对 1978—2023 年我国经济周期进行划分，并在此基础上分析 CPI 和 PPI 的变动。

我国物价运行具有比较强的经济周期规律。根据名义 GDP 增长率的波峰和波谷，可将 1978—2023 年我国经济周期大体划分为七轮。除正在进行的第七轮周期外，第三轮（1990—1999 年）和第四轮（1999—2009 年）周期持续时长接近 10 年，其余几轮周期则维持在 5 年左右。在七轮经济周期中，PPI 走势与名义 GDP 增长率保持高度一致，相关系数高达 0.80，这与我国投资拉动型的经济增长模式密切相关。在前五轮经济周期中，CPI 走势与名义 GDP 增长率亦保持高度一致，相关系数达到 0.78，这与工资水平、资产价值、PPI 上涨有很大关系。但注意到，从第六轮经济周期开始，CPI 的波动性出现了明显下降，且走势与名义 GDP 增长率之间出现了分化，这与工资率增速放缓有很大关系（见图 9-2）。因此，在分析我国物价中长期走势时，我们可利用这一周期性规律进行逻辑推演。

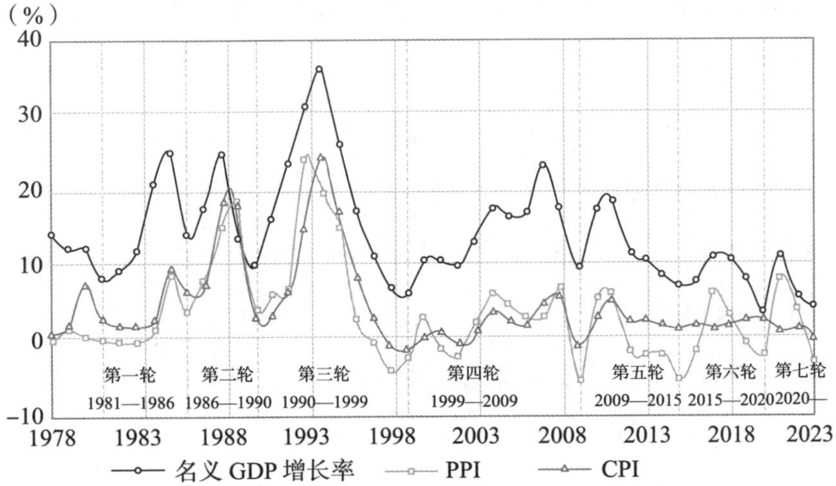


**图 9-2 我国名义 GDP 增长率与物价走势情况**

资料来源：国家统计局。

PPI 与增长、投资、货币具有很强的联动性。在前面，我们考察了PPI 与名义 GDP 增长率的周期波动特征。根据前面的货币经济模型，在经济的扩张和收缩阶段，名义 GDP 增长率、投资增速、货币供应量之间具有很强的一致性，由此推论 PPI 也应该与它们具有很强的一致性。从七轮经济周期运行上看，这种一致性还是比较显著的，即投资与货币供给的扩张基本上能够带动 PPI 的上行，而投资和货币供给的收缩也基本上能够导致 PPI 的下行。不过应注意到，在第六轮经济周期中的前半段，尽管我国固定资产投资和广义货币供应量 M2 增速保持下行，但由于我国开始推进供给侧结构性改革，供给收缩对 PPI 的影响超过了需求因素，从而导致 PPI 与投资、货币指标的阶段性背离。

还有一点特别需要注意的是，在第四轮和第五轮经济周期中，经常账户和资本账户的货币流动对基础货币和广义货币供应量产生了较大影响，进而加大了投资和 PPI 的波动。在 2002 年之前，我国基础货币的投放渠道是再贷款。2002—2014 年，外汇占款取代再贷款，成为央行投放基础货币的主要渠道。在此期间，我国出口和外商直接投资规模快速扩张，在特定的结售汇制度以及人民币升值预期影响下，外汇占款投放出大量基础货币，高峰时外汇占款占基础货币投放的九成以上。2015 年以来，随着外汇占款的下降，央行主要通过“广义再贷款”投放基础货币。根据第八章的开放经济模型结论，国际资本的大量流入，将带来基础货币和广义货币供应量的高速增长。充裕的流动性加速了我国城镇化和工业化进程，拉动了固定资产投资和大宗商品需求，进而推动 PPI 大幅上涨。一旦国际资本流入速度出现放缓甚至开始流出，原有的增长模式将放缓，PPI 也将有明显回落。我国 PPI 与货币供应量、固定资产投资走势情况如图 9-3 所示。

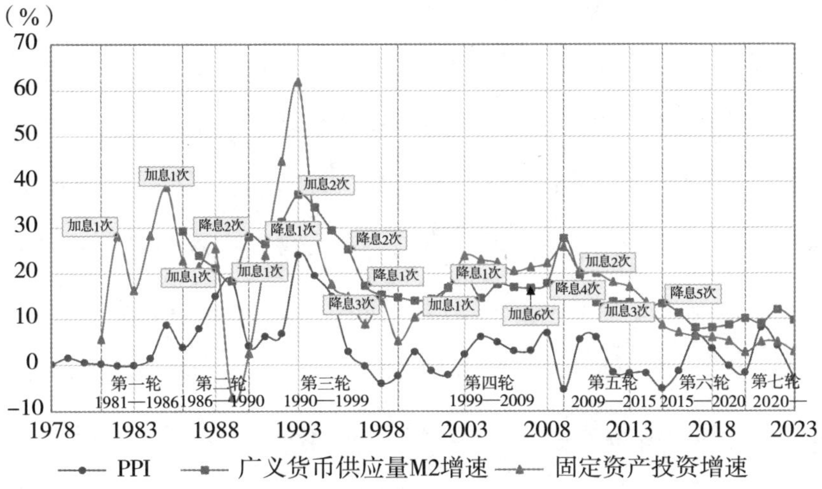


**图 9-3　我国 PPI 与货币供应量、固定资产投资走势情况**

资料来源：国家统计局、中国人民银行。

CPI 运行取决于工资、资产价值、投资三条渠道。工资对 CPI 走势起着决定作用。前面的理论分析表明，工资从需求和成本两侧决定着基本消费品价格的变动。从有统计数据以来看，CPI 走势与劳动者报酬增速具有很强的同步性，两者相关系数接近 0.9。从每轮物价大幅上涨来看，如 20 世纪 90 年代初期、2008 年国际金融危机爆发前夕、应对金融危机后的 2010—2011 年，CPI 大幅上涨背后都有工人工资大幅上涨的影子，而这又与国内外货币财政政策的扩张密切相关。这对我们分析 CPI 中长期走势具有极强的指导意义。如果国内外货币财政政策宽松，势必导致工人工资持续上涨，则 CPI 将有很强的持续上涨动力；反之，CPI 的持续上涨动力则不足。资本存量价值将从成本端推动 CPI 上涨。房地产是资本存量的一个重要组成部分。我们以商品房累计销售面积乘以其现价来粗略估算房地产市值。统计分析表明，房地产市值增速大致领先于 CPI 走势两年，这与我们的认知相符，毕竟折旧、租金、利息等资本成本传导到基本消费品是需要一定时间的。这一发现对我们研判 CPI 中长期走势具有非常强的指示意义，毕竟房地产市值增速有两年的领先性。近年来，PPI 向 CPI 传导不太明显。前五轮经济周期，PPI 大涨背后都伴有强劲的投资需求，强劲的投资需求带动资本存量价值和工人工资上涨，进而 PPI 与 CPI 表现出较高同步性。但从第六轮经济周期开始，这种规律性明显变弱，主要是 PPI 大涨更多由供给收缩所致，其间投资增速保持下降趋势，名义 GDP 和工资增速明显低于以往高点，难以支撑 CPI 大涨。所以，在分析 PPI 向 CPI 传导过程中，应厘清 PPI 上涨的根本原因，如若缺少投资需求的强劲支撑，一般 PPI 涨价难以传导至终端 CPI。我国 CPI 与劳动者报酬、房地产市值走势情况如图 9-4 所示。

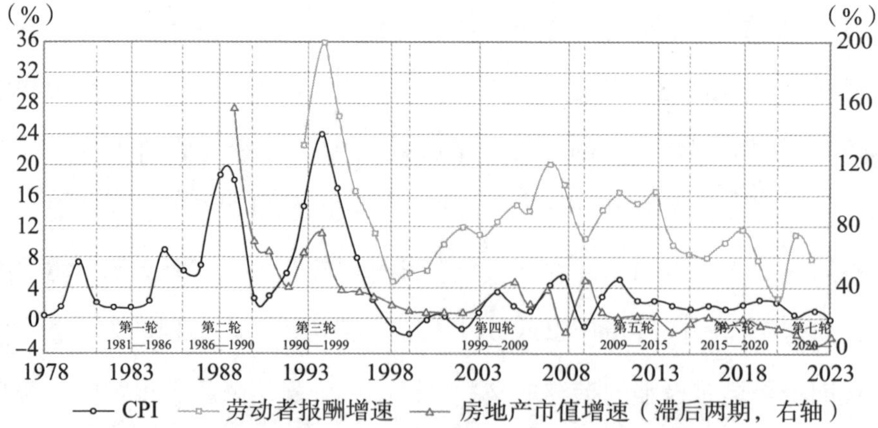


**图 9-4　我国 CPI 与劳动者报酬、房地产市值走势情况**

资料来源：国家统计局、Wind。

美国经济运行具有明显的周期性特征。为抑制通货膨胀和缓解衰退压力，美国货币财政政策会进行逆周期调节。下面我们在经济周期和宏观政策基础上，分析美国的物价运行。

美国物价运行具有很强的周期波动特征。由于经济序列时间跨度较长，这里不再按名义 GDP 增长率对其经济周期进行具体细分。不过大致来看，美国经济大体 5 年一个周期。新冠疫情暴发前，美国名义 GDP 增长率保持稳定，维持在 4.0% 左右。美国物价运行与经济周期同步性较好。在经济周期的顶部，基本上名义 GDP 增长率、PPI 和 CPI 同时达到高位；而在经济周期的底部，它们基本上也同时达到低位。不过也有明显背离的时候，如 1973—1974 年和 1979—1980 年的两次石油危机冲击期间，美国 PPI 和 CPI 大幅上涨，导致企业生产成本大幅抬升，再加上美联储为应对通货膨胀所采取的激进加息政策，企业综合成本进一步攀升，其间美国的财政政策也大幅收紧，导致企业利润率明显下降（见图 9-5）。根据前面的理论，由于企业预期不到未来有利润，当期投资不会发生，由此带来投资增速和名义 GDP 增长率的快速下降。与我国的结论类似，美国的 PPI 运行受到了增长、投资和货币政策的影响，CPI 走势也主要取决于劳动者报酬增速。不过，PPI 的波动弹性要明显高于 CPI，主要是因为 PPI 更多受到国际能源尤其是国际油价波动的影响。

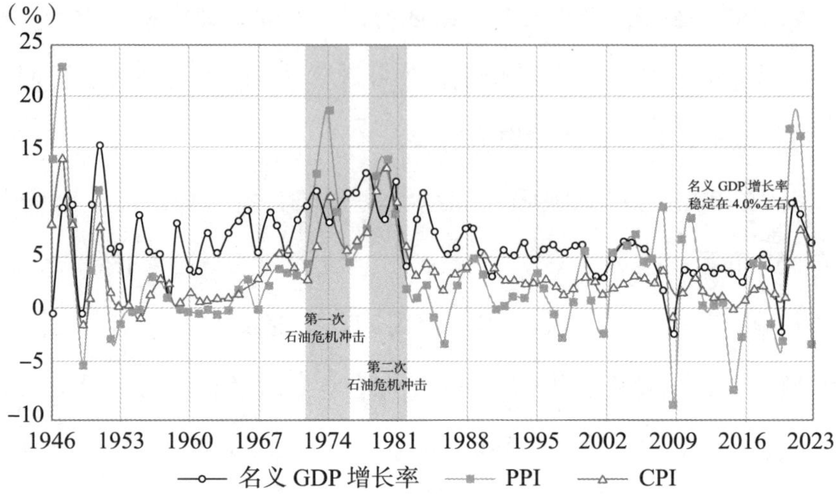


**图 9–5　美国名义 GDP 增长率与物价走势情况**

资料来源：美联储。

行走在刀锋上的货币财政政策。美联储和美国财政部采取逆经济风向方式应对通货膨胀和经济衰退，而这容易加剧经济大盘的不稳和物价的大幅波动。经验数据表明，美国的货币财政政策经常在刀锋上行走，治理通货膨胀（紧缩）的措施往往成为诱发通货紧缩（膨胀）的因素。这里举两个例子。一个是在 20 世纪 70 年代末，为应对第二次石油危机带来的通货膨胀，时任美联储主席沃尔克不惜以牺牲经济增长为代价，将联邦基金目标利率大幅升至 20% 以上。大幅加息确实抑制住了通货膨胀，但换来的是经济快速进入衰退，20 世纪 80 年代初，美联储不得不大幅降息来缓解经济衰退的压力。另一个是为应对 2020 年新冠疫情的冲击，美联储采取了超常规的货币政策，在将利息率降至零附近后，通过量化宽松手段向金融市场和实体经济提供巨额货币供应量。同时，美国财政部大规模介入。现在的美国财政政策干预经济明显要强于以前，通过财政赤字货币化，将新增的巨额货币转移支付给企业和居民。极度宽松的货币政策和财政政策为通货膨胀埋下了隐患（见图 9-6）。2021 年 3 月开始美国物价持续上涨，为抑制物价高涨，2022 年美联储开始收紧货币政策，市场普遍预计 2024 年美国经济将进入衰退期。以上例子验证了我们的理论分析结论，即货币财政政策取向的快速大幅转变容易加剧经济运行的不稳定。

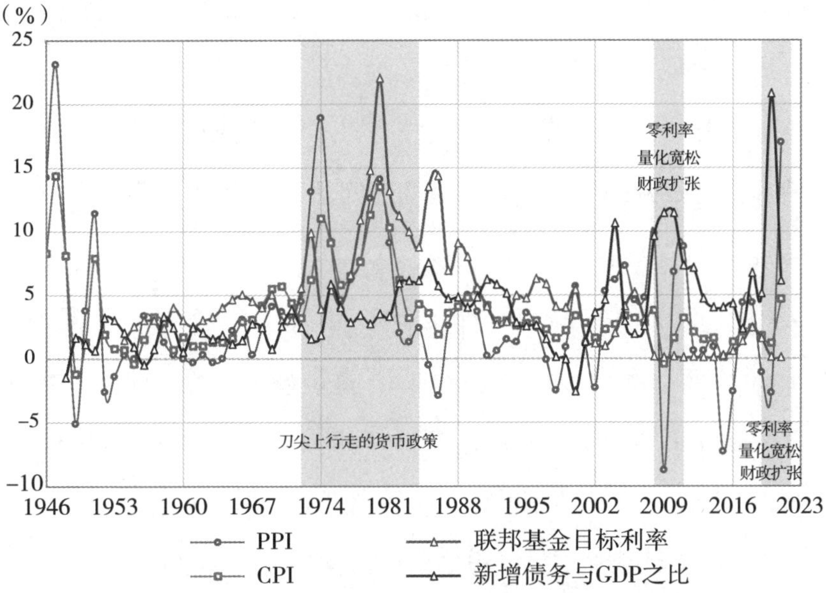


**图 9-6　美国物价走势及其货币财政政策实施情况**

资料来源：美联储。

## 第四节　物价运行的趋势分析

根据前面的理论与实践分析，我们判断未来 1~2 年我国物价将面临一定下行压力。从外部来看，为应对通货膨胀，当前美欧经济体利息率处于高位，这会加大其经济衰退的可能，外需不振会对我国经济增长和物价运行形成较大的下行压力。从内部来看，为应对外需的萎缩，未来我国货币财政政策大概率会适度扩张，这会给物价运行带来一定支撑，但考虑到是对冲目的，预计支撑力度有限。

由于我国物价运行具有较强的经济周期特征，在预测其中长期走势时，非常有必要对我国和其他主要经济体经济运行趋势进行判断。这里，主要经济体我们只考虑美国。从我国加入世界贸易组织后来看，中美两国经济周期表现出较强的同步性。在绝大部分时间段，中美两国经济周期是相互重叠的，相互错位的时间较少。本轮周期也不例外。2020 年新冠疫情冲击导致两国经济增长都有明显回落，2021 年在货币财政政策的提振下经济都有明显恢复。但进入 2022 年，两国经济增长出现一定背离。美国经济仍然保持高速增长，2022 年名义 GDP 增长率达到 9.1%，略低于 2021 年的水平。而由于受到疫情零散冲击以及房地产市场调整的影响，我国经济增长出现回落，2022 年和 2023 年名义 GDP 增长率分别为 5.2% 和 4.5%，相比疫情前的水平回落近 4 个百分点。

未来 1~2 年，我们认为美国经济增速将放缓，但保持在稳态上方水平；我国经济筑底后将企稳。历史经验表明，美国的通货膨胀和通货紧缩在一定条件下可以相互转化，治理通货膨胀往往会诱发通货紧缩因素。这次预计也不例外。当前，美联储收紧货币政策的立场十分坚定。美联储加息将抬升企业资本成本，资产负债表缩减将减少货币供应量，根据企业的成本收益计算，企业未来利润率会有明显回落，进而会拉低美国投资增速和名义增长率。不过应注意到，2008 年国际金融危机以后，美国财政政策干预实体经济日益增强，财政货币一体化程度明显提升。预计在这轮美国经济的下降过程中，美国财政政策将开启托底模式。根据美国经济在疫情前长期稳定在 4.0% 左右的规律，预计在本轮周期结束时，也就是到 2025 年，美国名义 GDP 增长率将回落至 4.0% 上方附近。从我国来看，随着疫情影响的逐步减弱，2023 年我国经济开始阶段性企稳。不过随着内部房地产市场趋势拐点的确立，以及外部需求的减弱，未来拉动经济增长的投资、出口动能难以好转。即便有财政政策和货币政策支持实体经济，但在控制政府杠杆率、防止大水漫灌等硬约束条件下，宏观政策托底也有限。预计到 2025 年，我国名义 GDP 增长率将保持在 6.5% 左右，也就是回归到供给侧结构性改革推出前夕的水平（见图 9-7）。

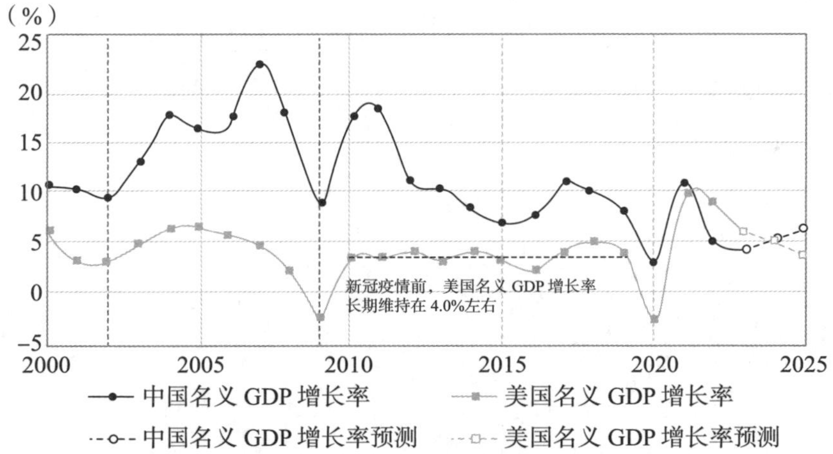


**图 9-7　中国和美国经济增长预测情况**

资料来源：国家统计局、美联储、作者预测。

在研判物价走势时，可考虑先利用上述“自上而下”的经济周期宏观分析方法判断物价的走势，再结合“自下而上”的结构分析方法，深入分析 CPI 和 PPI 的各项结构变化，以实现对物价走势的修正。

PPI 面临较大下行压力。前面的分析表明，PPI 走势与增长、投资和货币变动密切相关。本轮全球经济周期高点已过，正处在趋势下行通道中。由于在下行过程中，名义 GDP 增长率、投资增速、货币供应量都有不同程度回落，对于全球而言大宗商品需求也将回落，这会下拉全球 PPI 波动中枢，当然我国也不例外。不过考虑到，我国经济 2024 年将阶段性企稳，对部分大宗原材料需求有一定提振作用，预计我国 PPI 回落速度可能将低于全球平均水平。在预测 PPI 走势过程中，除在经济周期大的框架下考虑之外，还应关注供给冲击对全球能源品、金属矿产品、农产品价格的影响，因为这些供给冲击可能会阶段性改变原有 PPI 的运行轨迹，如 20 世纪 70 年代的美国“滞胀”，2016—2017 年我国推进的供给侧结构性改革，以及疫情期间欧洲正在经历的能源危机。我国 PPI 和 CPI 走势情况如图 9-8 所示。

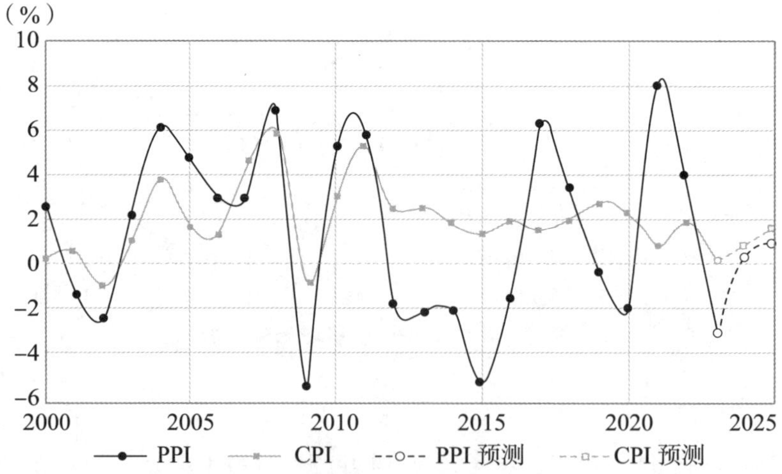


**图 9-8 我国 PPI 和 CPI 走势情况**

资料来源：国家统计局、作者预测。

CPI 预计在低位运行。从经济周期角度看，CPI 难有大幅上涨基础。首先从工人工资上看，自第六轮周期开始，我国劳动者报酬增速有明显下降，预计本轮周期的中后半段，随着全球经济周期的下行，以及我国货币财政政策保持适度，劳动者报酬难有明显上涨。由于工资是决定 CPI 走势的最重要因素，它起不来，基本消费品需求和 CPI 很难有持续上涨基础。其次从资产价值来看，当前我国房地产市场趋势拐点基本确立，未来房地产市值涨幅会明显放缓甚至负增长，根据房地产市值增速大体领先 CPI 走势两年的经验公式，预计资产价值短期也难以支撑 CPI 大幅上涨。最后从投资来看，在经济下行周期，投资增速一般难以有明显起色，由于整体需求不振，PPI 向 CPI 传导也不会太明显。当然在预计 CPI 的中长期走势时，也得关注重点民生商品的结构性扰动，如猪周期可能会阶段性改变 CPI 的整体走势。根据 2012 年以来我国 CPI 的运行规律，预计 2024—2025 年，CPI 将在 1% 中枢水平波动。

经济周期理论与实践表明，物价运行与经济周期和宏观政策变动有着紧密的联系。当前，全球经济周期进入下行通道，我国面临着输入性通货紧缩压力。为应对外需的萎缩，保持国内经济增长和物价稳定，建议根据国内外经济形势适时调整宏观政策，完善能源类商品储备制度，做好重要民生商品价格调控，加强价格预期引导。

# 第十章　货币供应量与宏观价格变动

本章从货币创造的结构性视角，深入分析货币当局和商业银行体系的资产负债表和信贷收支表，以揭示货币创造及流动对物价、房价、金融资产价格变动的影响机制。研究表明，结构视角更能看清货币供应量与宏观价格的变动关系，主要是从货币当局、商业银行体系、住户、政府、非银行金融机构、非金融企业部门等视角，可以更好地观察信用货币的创造、流动及分布。当前分析物价、货币、增长问题，本质上是在探究收入流量与资本存量达到均衡状态下的经济运行周期规律。收入流量和资本存量价值稳定增长是同时实现的，当有一方出现异常波动时，另一方也将随之大幅波动，进而可能导致经济运行的失速。房地产是一个重要的货币“创造器”。当前房地产市场的疲软，已导致货币创造能力明显下滑，社会整体收入增长放缓，高杠杆部门债务风险逐步显现，物价总水平持续低位运行。针对房地产市场供求关系发生重大变化以及当前的宏观经济形势，建议中央政府通过购买房企资产注入流动性，帮助房地产市场加速出清；央行一次性将房贷利率降至国债收益率与消费贷款利率之间，以减轻存量房贷还款压力和修复购房需求。在危机处置过程中，我们应充分汲取主要国家应对危机的成功经验，避免重蹈日本房地产调控失败的覆辙。这需要充分的信任、授权和容错，确保资源的足量和快速注入。同时，要切实加强中小投资者权益保护，尤其在加快清理问题公司、垃圾股的退市过程中，加大对相关责任方的追责和处罚力度。

## 第一节　文献综述

传统货币数量论认为，货币供应量的增加终将导致物价全面上涨。长期以来，这一经济学原理让人深信不疑。该理论的核心思想源自欧文·费雪的货币交易方程式 $MV=PT$。这一方程式表明，货币供应量 $M$ 和货币流通速度 $V$ 相乘等于全部货币交易值 $PT$，其中 $P$ 表示物价，$T$ 表示交易的实物量。如果假定货币流通速度和实物交易量保持稳定或可预测，那么增发货币 $M$ 就能推升物价 $P$。然而，这一看似无懈可击的恒等式，在实际应用中却暴露出诸多局限。首先，它并没有指出货币供应量 $M$ 是按照哪种口径计算，现实中的 M0、M1 和 M2 计算口径差别甚大（王国刚，2009）。其次，它没指明物价 $P$ 在现实中是用什么指标衡量，不同时段采用 CPI、PPI、GDP 平减指数表征价格总水平走势可能存在较大差异。再次，该理论研究的是货币与实体经济的关系，在费雪所处的 20 世纪初经济环境下，无疑是符合实际的，然而随着虚拟资本的快速发展，更多的货币流向了虚拟经济，货币与实体经济之间的关系有所弱化（徐鹏，2020）。又次，这一方程式描述的是封闭情形下货币流通与经济循环的关系，并未考虑开放条件下货币作为交易媒介的情况，而这对分析外向型经济体的货币供给问题十分重要（李斌，2010）。最后，该理论隐含假定货币在经济社会中是均匀分布的，但实际并非如此，货币分布的不均匀使得理论与实际情况出现偏差。

为了让传统货币数量论焕发生机，一些学者尝试对货币交易方程式进行修正，代表性人物有刘骏民教授。他认为，在虚拟资本迅速发展的背景下，货币交易方程式 $PT$ 一端应加上各类证券交易所需的货币数量，也就是 $MV=PT+SQ$，其中 $S$ 表示证券的一般价格水平，$Q$ 表示证券的数量。由于证券交易的货币流通速度快于商品交易，所以他进一步修正了货币交易方程式，认为 $M=PT/V+SQ/Vs$，其中 $Vs$ 表示证券交易的货币流通速度。刘骏民教授对货币交易方程式的重要贡献在于，他将现实经济划分为实体经济和虚拟经济，并从此视角研究货币流动对经济运行的影响，提出金融资产囤积导致我国货币供应量与物价背离的观点。在研究货币供应量与物价变动关系时，刘骏民教授和他的学生认为货币供应量是外生变量，完全由央行掌控。然而，在现实的信用货币世界中，货币供应量兼有外生和内生属性，它是由货币当局、商业银行体系、企业、住户、政府等共同创造的，也就是说，央行主要负责基础货币投放，商业银行对企业、住户、政府进行信贷和债权投资派生信用货币。如果考虑货币供给的内生属性，有必要研究货币是怎样创造以及流动的，也就是说，需要从结构性视角分析货币创造和流动对物价的影响，而不单是从总量视角分析货币供应量与物价变动的关系。

结构性物价变动包括结构性通货膨胀和结构性通货紧缩。由于在现实经济运行中，多表现出结构性物价上涨，学者对结构性通货膨胀进行了深入研究。结构性通货膨胀的概念最早可以追溯到 Streeten（1962）和 Baumol（1967）的著述。他们认为，部门之间发展的不平衡和不充分是引发结构性通货膨胀的根本原因，具体表现为不同部门之间物价涨跌幅存在明显差异。同时，我们在货币思想史的长河中发现，凯恩斯、明斯基、熊彼特等大家从结构视角对货币与通货膨胀之间的关系提出了洞察性思考。赵建（2022）对上述三位经济学家的观点进行了归纳总结。赵建总结道，凯恩斯强调了货币结构，他将货币分为三种：收入货币、商业货币与储蓄货币，认为只有收入货币对通货膨胀有直接影响。后凯恩斯主义代表明斯基看到了生产结构，他认为投资品生产部门的收入和转移性支出带来的收入，才会引发比较明显的通货膨胀。创造性破坏理论的提出者熊彼特重视供给结构，虽然他没有直接论述货币和通货膨胀之间的关系，但是他明确提出让企业家掌握信贷和货币，通过让信贷创造的货币为企业家精神赋能，可以提高劳动生产率和产品供给能力，从而可以较好地抑制供需缺口带来的通货膨胀压力。

近些年，我国食品、生产资料、房地产等价格出现大幅波动，引起社会各界对结构性物价变动的高度关注。代表性文献主要有吴军和田娟（2008）、纪敏和王月（2010）、张晓慧等（2010）、李斌（2010）、伍戈和曹红钢（2014）、张成思和田涵晖（2020）等。从上述文献看，绝大部分学者认同我国存在结构性通货膨胀，并从不同角度对其成因进行解释，给予治理建议。如纪敏和王月（2010）认为，价格的结构性波动特征需要从结构和总量两个视角加以认识。结构视角层面，价格的结构性波动与商品、服务、资产的供求弹性和生产效率有关，也与对流动性和通胀预期变化的敏感性有关。总量视角层面，价格的结构性波动离不开总需求（货币）条件变化这一共同条件。在治理我国结构性价格波动时，既要有结构性政策，也要有总量政策，并多着眼于推进改革。既有研究结构性通货膨胀的文献主要存在两方面不足。一是侧重于定性逻辑推理，缺乏必要的实证分析，尤其是货币流动方向和规模的判定。二是侧重于计量检验，尤其关注货币供应量指标与物价指标的回归系数，以期证明某种因素导致或加剧了我国的结构性通货膨胀，缺乏从货币创造和流动的结构视角分析一般商品、不动产、金融资产的价格波动。

货币政策的实施会对物价水平产生影响，反过来物价水平的变动也会影响货币政策的取向。货币政策指定是遵守规则还是相机抉择，一直是宏观经济学研究的重点领域。货币主义创始人弗里德曼（1960）提出的单一规则，是关于货币政策规则最早的研究。他主张实行一个固定的货币供应增长率，即可保持经济增长和物价的稳定。然而，随着经济全球化以及美国金融市场的快速发展，20 世纪 80 年代初期，弗里德曼的单一规则适用性逐渐减弱。随后，麦卡拉姆（1984）对单一规则进行了修正，并在此基础上提出了基础货币的供应规则。20 世纪 90 年代后，随着利率市场化的持续推进，再加上基础货币变动不易被大众观测，美联储决定放弃数量型工具和基础货币规则，转而采用价格型工具名义利率调控宏观经济。随后，经济学家针对美联储的利率调整模式进行了大量研究，其中最具代表性的是泰勒的研究。泰勒（1993）用一个简单线性方程刻画出了美联储货币政策操作对通胀缺口和产出缺口的反应，这就是著名的泰勒规则。之后在泰勒规则基础上，进一步衍生出了伯南克规则、伊文思规则和耶伦规则。新冠疫情暴发后，美联储实施了无限量化宽松政策，并为美国财政部赤字大量融资。现如今的美联储货币决策机制更多融合了诸如全民基本收入 UBI 等现代货币理论 MMT 目标，同时修订通货膨胀目标制，提出了平均通货膨胀目标制，对通货膨胀的容忍度也大幅上升（徐鹏，2022）。

目前，中国人民银行每月中旬会对外公布多张货币统计报表。在这些报表中，资产负债表和信贷收支表格外引人注目，人们从中可以大致观测出货币资金在央行、商业银行体系以及实体经济间的流动情况。在 2008 年国际金融危机之后，国内兴起利用央行货币统计报表研究宏观经济问题。在货币创造方面，代表性文献主要有李治国和张晓蓉（2009）、伍戈（2010）、伍戈和李斌（2012）等。在货币政策操作机理方面，代表性文献和专著主要有王国刚（2010，2012）、盛松成和翟春（2015）等。在货币统计报表编制说明及应用方面，代表性文献主要有屈庆（2011）、王剑（2016）、刘生福和韩雍（2019）等。以上研究为深入理解央行基础货币投放以及商业银行体系广义货币派生提供了宝贵资料。但遗憾的是，它们难以捕捉到货币资金在住户、非金融企业、政府、国外部门之间的流动。为更好地捕捉货币在实体经济部门的流动，目前来看有两种不完美的补救措施。第一种补救措施是利用各年《中国统计年鉴》中的资金流量表，包括金融交易和非金融交易两张表，估算实体经济部门之间的资金流动。它的不足主要有两点：第一，在用低频的年度数据估算高频的月度和季度数据时，可能会产生较大偏差；第二，年鉴中的资金流量表数据一般有两年的滞后期，在经济运行遭遇较大外部冲击时，过往资金流量数据可能不具有参考价值。第二种补救措施是利用相关单位公布的固定资产投资总额、社会消费品零售总额、进出口总额、居民收入和支出数据等估算货币资金在实体经济中的流动。

货币供应量与物价的变动关系研究是一个经久不衰的话题。关于此，既有文献进行过深入研究。梳理现有文献发现，大部分学者在研究货币供应量与物价变动关系时，习惯于将货币供应量视为外生变量，从总量视角分析货币供给对价格的影响。即便将货币供应量视为内生变量，也鲜有学者从货币创造的结构视角分析货币对物价的影响。考虑货币创造兼有内、外生属性，同时根据央行发布的货币统计报表、《中国统计年鉴》中的资金流量表以及相关职能部门公布的经济运行数据，能够捕捉货币资金在银行系统（包括央行和商业银行体系）以及实体经济之间的流动，我们可以根据信用货币的创造机制以及货币资金的流动信息（包括方向和规模），从货币创造的结构视角定量研究当前物价运行的结构性特征。

## 第二节　信用货币的创造机制

现代信用货币创造是在二级银行体系下进行的，即央行向商业银行体系投放基础货币，商业银行以基础货币为锚，通过为企业、住户部门提供融资，实现广义货币的派生。本书主要在二级银行体系基础上，结合股票、债券、房地产、外汇市场运行，从宏观会计视角分析货币的创造及流动。

在我国，央行基础货币投放的主要渠道有再贷款和外汇占款。在2002年之前，基础货币的主要投放渠道是再贷款。2002—2014年，外汇占款取代再贷款，成为央行投放基础货币的主要渠道。在此期间，我国的出口和外商直接投资规模快速扩张，在特定的结售汇制度以及人民币升值预期影响下，外汇占款投放出大量基础货币，高峰时外汇占款占基础货币投放的九成以上。2015 年以来，随着外汇占款的下降，央行主要通过“广义再贷款”投放基础货币，包括再贷款、再贴现、逆回购、MLF、SLF、PSL、TMLF 等（见表 10-1）。尽管这些货币政策工具的期限、质押物等不同，但本质上都是央行给商业银行的贷款。

**表 10-1　2013 年以来中国人民银行创设的货币政策工具**

| 工具名称 | 短期流动性调节工具 SLO | 常备借贷便利 SLF | 抵押补充贷款 PSL | 中期借贷便利 MLF | 临时流动性便利 TLF | 定向中期借贷便利 TMLF |
|---|---|---|---|---|---|---|
| 创设时间 | 2013 年 1 月 | 2013 年 1 月 | 2014 年 4 月 | 2014 年 9 月 | 2017 年 1 月 | 2018 年 12 月 |
| 操作对象 | 公开市场业务重要一级交易商 | 政策性银行和全国性商业银行 | 政策性银行 | 符合宏观审慎管理要求的商业银行、政策性银行 | 现金投放中占比高的大型商业银行 | 大型商业银行、股份制商业银行和大型城市商业银行 |
| 参与方式 | 招标 | 招标 | 申请 | 招标 | 申请 | 申请 |
| 期限 | 以 7 天期以内短期回购为主，遇节假日可适当延长操作期限 | 1~3 个月 | 3~5 年 | 3 个月、6 个月、1 年 | 28 天和 30 天 | 1 年期，可续做 2 次，实际使用期限可达 3 年 |

续表

| 工具名称 | 短期流动性调节工具 SLO | 常备借贷便利 SLF | 抵押补充贷款 PSL | 中期借贷便利 MLF | 临时流动性便利 TLF | 定向中期借贷便利 TMLF |
|---|---|---|---|---|---|---|
| 抵押品要求 | 国债、政策性金融债、政府支持机构债券、商业银行债券等优质债券 | 高信用评级的债券类资产及优质信贷资产 | 高等级债券资产和优质信贷资产 | 国债、政策性金融债、高等级信用债等优质债券和优质信贷资产 | 无抵押品要求 | 国债、政策性金融债、高等级信用债等优质债券和优质信贷资产 |
| 利率 | 中标利率 | 中标利率 | 央行决定 | 中标利率 | 央行决定 | 央行决定，通常低于 MLF 利率 |

资料来源：中国人民银行、作者整理。

在会计记账方面，央行在银行间市场（汇市）购进外汇，央行资产负债表资产端外汇占款和负债端储备货币同时增加，相应地商业银行资产负债表资产端准备金存款增加、国外资产减少。央行在银行间市场（债市）进行公开市场操作，如逆回购投放基础货币，央行资产负债表资产端对其他存款性公司债权和负债端储备货币同时增加，相应地商业银行资产负债表资产端准备金存款和负债端对央行负债也同时增加。

广义货币是指央行和商业银行对住户部门、非金融企业部门、非存款类金融机构（以下简称非银行金融机构）的负债。央行对上述部门的负债主要体现在流通中的货币和第三方支付机构客户备付金上。流通中的货币是指货币供应量 M0，客户备付金是指居民在支付宝、微信等第三方支付平台上的账户余额。商业银行对上述部门的负债主要体现在存款上。广义货币的创造主要来自央行和商业银行资产负债表的扩张。

信贷是最重要的广义货币投放渠道。信贷市场上，非金融企业部门是最大的资金需求者。为满足日常经营、扩大再生产等需求，商业银行向非金融企业部门提供贷款，实现资产扩张，创造存款货币。信贷市场上，住户部门的资金需求量也较大。除满足日常经营、消费需求外，主要是通过住房按揭贷款。在以上两种货币创造情形下，商业银行资产负债表的资产端都表现为准备金存款的下降，即超额存款准备金转变为法定存款准备金。第二种货币创造情形在负债端会有所差异，如果住户部门按揭贷款购买的是新建商品住宅，商业银行的企业部门存款会增加，与第一种情形相同；若住户部门按揭贷款购买的是二手房，则商业银行的住户部门存款会增加，企业存款不变。这种住户部门加杠杆购买新房和二手房的差异也会在 GDP 核算中有所体现。住户部门加杠杆购买新房创造的货币是能产生 GDP 的。若不考虑中介服务费，住户部门加杠杆购买二手房是不产生 GDP 的。此外，为救助资产管理公司、券商、基金等非银行金融机构，央行一般会对其进行再贷款，但平时很少发生，救市资金也相对有限。

证券投资是广义货币投放的另一个重要渠道。债券投资是商业银行证券投资的重要组成部分。在银行间债券市场和证券交易所市场上，商业银行购买非银行金融机构和非金融企业部门（包括地方政府融资平台）债券，类似于向它们投放信贷，实现广义货币派生。商业银行的资产负债表表现为，资产端对其他金融机构债权和对非金融机构债权增加，负债端对其他金融机构存款和对非金融机构存款也增加。商业银行自营资金购买资产管理产品也会带来广义货币的创造，创造过程与前述情形类似。

财政收支活动对广义货币投放的影响不容忽视。尽管政府存款不被纳入广义货币统计口径，但其收支活动会对基础货币吞吐和广义货币创造产生影响。财政收入主要向居民（包括住户、非金融企业、非银行金融机构）和商业银行获取，获取方式主要有税收和发债。如果是通过税收和发债向居民获取财政收入，则将导致广义货币和基础货币同时下降。在资产负债表上表现为，央行财政存款增加和其他存款性公司存款下降，商业银行准备金存款和居民存款双降。如果是向商业银行获取财政收入，比如在债券市场发行国债和地方政府债券，则将导致基础货币下降，但广义货币保持不变。与前述情形相比，央行的资产负债表变动保持一致，差别在商业银行，此时商业银行的准备金存款下降、对政府债权上升。财政支出可视为财政收入的“逆过程”，政府向公务员发放工资或向企业采购商品服务，政府支出的增加将带来基础货币和广义货币的同时扩张。

外汇占款对广义货币投放的影响日益下降。外汇占款既投放了基础货币，也投放了广义货币。外汇占款的产生环节主要有两个：一是企业和住户部门将赚取的外汇卖给商业银行，换取人民币存入商业银行，形成广义货币；二是商业银行将外汇资产卖给央行，形成基础货币。2015年以来，随着外汇流入的减少，外汇占款投放基础货币和广义货币的能力大幅下降，但存量仍占到中国基础货币的2/3。

影响广义货币投放的其他因素。商业银行向住户、非金融企业和非银行金融机构购买不动产、黄金、股份都会派生广义货币。商业银行也有回收广义货币的渠道，如发行股票和债券，住户、非金融企业、非银行金融机构一旦购买，这些部门在商业银行的存款将减少，商业银行的准备金存款将增加。实际中，相比信贷、证券投资、财政收支活动、外汇占款，上述因素对广义货币投放的影响较小。

广义货币的派生渠道如图 10-1 所示。

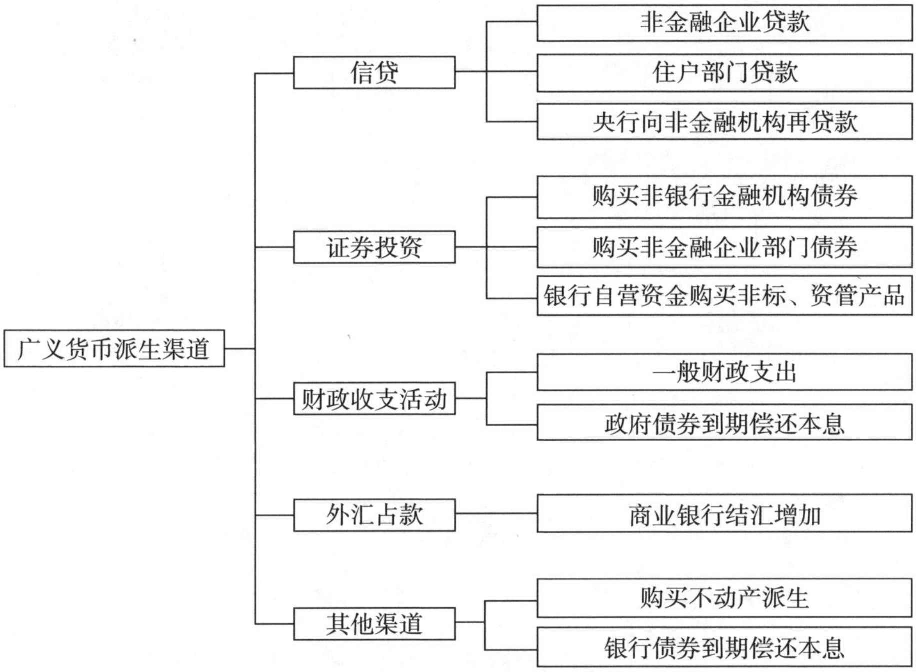


**图 10-1　广义货币的派生渠道**

## 第三节　信用货币的流动路径

本节主要讨论货币资金在商业银行、非金融企业部门、住户部门、非银行金融机构、政府之间的流动（见图 10-2）。

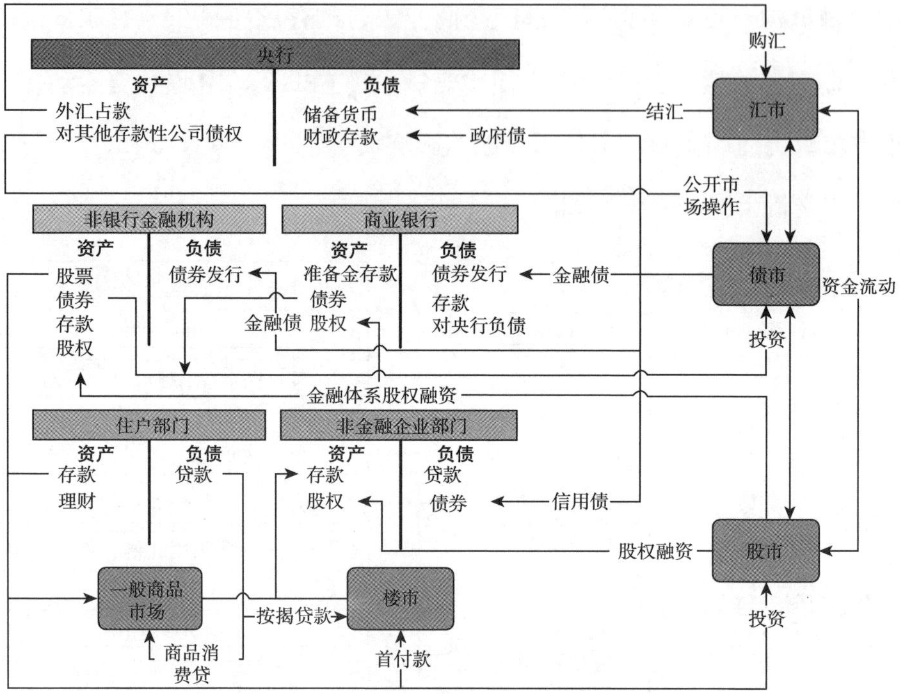


图 10-2 信用货币创造机制与流动路径

非金融企业部门资金来源主要有：一是向住户部门、政府、非银行金融机构提供商品和服务，形成单位存款，根据资金流量表以及土地出让金估算，近 3 年年均约 65 万亿元。二是向商业银行进行贷款，进行投资和日常运营，截至 2024 年 5 月末，企业部门贷款存量达到 166.5 万亿元，近 3 年年均增量在 16.5 万亿元。三是在资本市场发行债券和股票，目前非金融企业债券和股票融资存量分别达到 31.8 万亿元和 11.5 万亿元，近 3 年年均增量分别在 1 万亿元和 0.8 万亿元。四是出口商品和服务赚取外汇，并向商业银行结汇换成人民币。疫情以来，中国外汇收入增长较快。资金支出主要有：一是向住户部门支付工资和购买商品，导致单位存款减少。二是向政府上缴税费，如 2023 年企业所得税为 4.1 万亿元。三是向商业银行、住户部门、非银行金融机构分红、还本、付息等，当前这部分统计数据难以获得。

住户部门资金来源主要有：一是从非金融企业部门、金融机构、政府部门获得的劳动者报酬，根据资金流量表估算当前约 52 万亿元。二是从商业银行获得消费贷和经营贷，主要为住房按揭贷款，截至 2024 年 5 月，住户部门贷款存量接近 81 万亿元，其中住房按揭贷款约 38 万亿元。三是出口商品获得外汇收入，购买保险、理财、存款等产品获得利息收入，当前这部分统计数据较难获得。资金支出主要有：一是在一级市场购买企业债券、企业股票、政府债券等证券，包括理财产品，住户先买理财产品，然后用理财产品购买上述证券。二是向政府上缴税收，如 2023 年个人所得税约 1.5 万亿元。

政府财政支出大于财政收入：近些年，中国财政收入小于财政支出。为弥补财政赤字，中央政府和地方政府在债券市场发行债券，当前政府债券存量约 72.3 万亿元，近 3 年年均增量为 8.5 万亿元。根据以上政府收支活动对广义货币投放的分析，当前政府发行债券的 80% 由商业银行（包括政策性银行和信用社）持有，可认为商业银行将基础货币让渡给政府，当政府将这些基础货币支付给非金融企业部门、住户部门、非金融机构时，会带来上述部门存款的增加，实际上政府发债可近似认为是在创造广义货币。在存款性公司概览（央行和商业银行资产负债表的合并简表）中，可通过观察对政府债权（净）项目，分析政府的财政收支活动。

非银行金融机构存款变动：非银行金融机构存款是指券商、基金、信托等金融机构在银行的存款，主要包括证券公司客户保证金、非银行金融机构金融产品银行存款、非银行金融机构自有资金银行存款等。住户部门、非金融企业部门将存款用于证券二级市场投资，形成保证金存款；或购买金融产品，增加非银行金融机构存款，也就是“住户、企业存款搬家”。非银行金融机构利用自有资金进行证券市场投资，或向央行和商业银行进行贷款，或是商业银行自营资金购买非银行金融机构金融产品，也会带来非银行金融机构存款变动。历史经验表明，非银行金融机构存款变动与股票市场走势紧密相关，在第六节我们将着重分析。

## 第四节 货币与物价

本节主要从货币创造的结构视角，实证分析不同部门广义货币创造和流动对居民消费价格、工业品生产价格的影响。

用货币解释居民消费价格长期上涨依然是成立的。当前，物价形势分析侧重于从供求基本面（实物角度）研究居民消费价格的变动。这种分析方法贴近实际，因为从短期来看居民消费价格更容易受到食品、能源供给的扰动。但从中长期来看，在商品供求基本保持平衡的条件下，货币是推动物价上涨的一个重要因素。货币不仅从利率端影响着社会融资成本，也从数量端影响着社会整体利润。2011 年以来，我国广义货币供应量 M2 增长了 3.1 倍，尽管 CPI 涨幅偏低但也上涨了 27.5%。由于广义货币创造存在结构性，且创造出的部分货币锁定在房地产市场以及流向资本市场，我们计算了 M2 中剔除房地产贷款和非银行金融机构存款之后的货币供应量，发现 2011 年以来有 2.7 倍的增长（见图 10-3）。可认为 10 年来 CPI 的 27.5% 涨幅主要是由这 2.7 倍货币增量推动的，而并非完全为 3.1 倍的货币增量所致。综上所述，货币供应量的增长中长期确实能推动居民消费价格上涨，但短期难以从统计指标中察觉出。正如薛暮桥先生在其回忆录中所言“稳定物价的根本方法，是管住货币总量”。

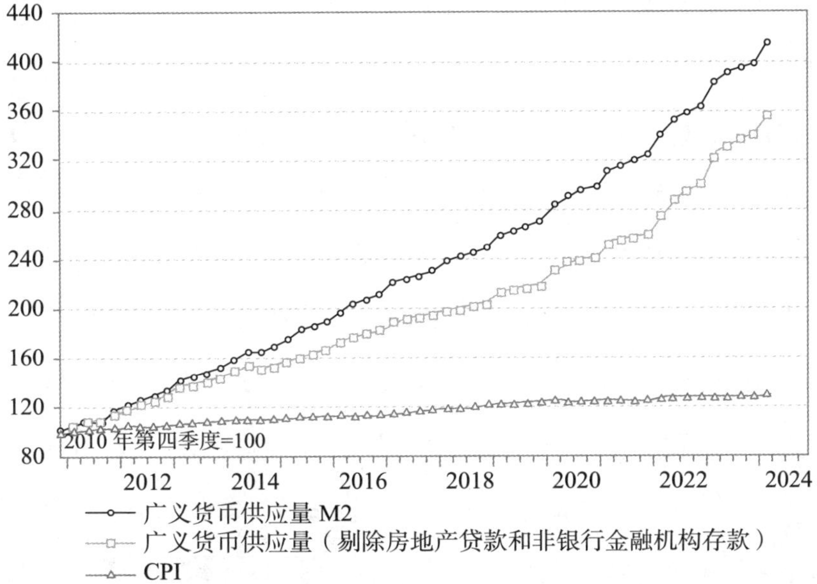


**图 10-3 货币供应量与居民消费价格**

资料来源：中国人民银行、国家统计局。

新冠疫情暴发初期住户存款增加压制居民消费价格。新冠疫情暴发初期，由于疫情防控形势严峻，住户部门消费投资大幅萎缩，住户存款大幅增加。表 10-2 给出了 2015—2021 年第一季度 M2 增量分布及来源。

表 10–2 的下半部分表示新增 M2 的来源。在 2020 年第一季度 8.8 万亿元的 M2 增量中，对非金融企业广义信贷是派生主体，其中贷款派生 6.3 万亿元，购买债券投放 1.2 万亿元，加上对住户部门贷款派生的 1.2 万亿元，一共 8.7 万亿元，大体等于同期 M2 的增量。这些派生出来的货币会在社会上流通，比如银行给企业贷款，企业拿贷款给员工发工资，员工存款账户余额增加。因此，M2 季末余额分布与派生来源可能存在较大差别。表 10–2 的上半部分给出新增 M2 的分布。在 2020 年第一季度新增 M2 构成中，住户存款增加最多达到 6.5 万亿元，非金融企业存款（活期加定期）增加 2 万亿元，两者合计 8.5 万亿元，基本与同期 M2 增量一致。非金融机构在央行存款（主要是第三方支付平台备付金）、非银行金融机构存款变动较小，流通中货币季节性增加。

住户存款大增既是隐忧也是潜力。表 10–2 上下两半部分表明，2020 年第一季度，商业银行通过广义信贷投放给非金融企业部门 7.5 万亿元，但非金融企业部门只留存了 2 万亿元，其余 5.5 万亿元支付给住户部门。住户部门存款增加 6.5 万亿元，其中 1.2 万亿元为商业银行的贷款，剩余 5.3 万亿元从非金融企业部门获得，这与非金融企业部门 5.5 万亿元的净支出基本吻合（见图 10–4）。结合居民消费投资数据，以及过往同期货币增量数据，我们可以判断：2020 年第一季度，为了疫情防控，推进企业复工复产，国家加大了对企业金融的支持力度，商业银行对非金融企业贷款创历史新高。企业获得资金后，除用于正常生产和偿还贷款外，主要是给居民发放工资，保障居民正常生活。疫情期间，由于人员流动受到限制，新建住宅销售额、社会消费品零售总额同比增速大幅

表 10-2 广义货币供应量 M2 增量分布及来源

单位：亿元

| | 2015Q1 | 2016Q1 | 2017Q1 | 2018Q1 | 2019Q1 | 2020Q1 | 2021Q1 |
|---|---|---|---|---|---|---|---|
| 流通中货币 | 1690.3 | 1434.6 | 301.2 | 2047.0 | 1733.2 | 5832.7 | 2229.1 |
| 单位活期存款 | -12536.2 | 9193.2 | 1911.7 | -22297.1 | -5843.5 | -6791.6 | -11696.9 |
| 单位定期存款 | 11133.6 | 12382.7 | 9193.8 | 12409.7 | 18836.6 | 26788.9 | 17469.4 |
| 住户存款 | 35815.5 | 34782.2 | 39774.2 | 43222.2 | 60917.6 | 65117.4 | 67072.3 |
| 非金融机构在央行存款 | 0.0 | 0.0 | 0.0 | 2162.6 | -3547.6 | -917.2 | 1677.2 |
| 非银行金融机构存款 | 10854.7 | -3872.9 | -1638.0 | 13393.6 | -10411.9 | -2330.7 | 13551.3 |
| **合计** | **46958.0** | **53919.9** | **49542.9** | **50938.0** | **61684.2** | **87699.6** | **90302.3** |
| 外汇占款 | -2520.5 | -10171.8 | -3215.8 | 163.7 | -20.0 | -238.2 | 326.8 |
| 对非金融企业贷款 | 27732.2 | 30844.1 | 26013.4 | 29245.9 | 43910.0 | 62595.7 | 54500.8 |
| 对住户贷款 | 8773.5 | 12365.1 | 18307.6 | 17421.7 | 17946.7 | 12258.6 | 25456.1 |
| 购买非金融企业债券（含股权） | 4282.7 | -5136.0 | -7705.8 | 3447.2 | 1718.2 | 12017.1 | -1130.7 |
| 对非银行金融机构债权 | 17642.7 | 47440.1 | 12546.8 | 1337.3 | 955.2 | 13833.8 | 5143.9 |
| 对政府债权（净） | 1128.6 | 7000.3 | 3917.1 | 10088.8 | 9223.1 | 15133.3 | 7478.0 |
| 实收资本 | 1300.8 | 993.5 | 632.5 | 79.6 | 608.7 | 1635.4 | 260.1 |
| 其他 | -11382.0 | -29415.2 | -952.9 | -10846.2 | -12657.6 | -29536.1 | -1732.8 |
| **合计** | **46958.0** | **53919.9** | **49542.9** | **50938.0** | **61684.2** | **87699.6** | **90302.3** |

资料来源：中国人民银行、作者整理。

注：M2 中不包括货币市场基金。

下降，住户部门存款未能快速回流至非金融企业部门，导致住户部门存款大幅增加。随着疫情防控总体向好，生产、流通、消费等环节堵点的疏通，住户部门消费恢复，消费价格逐步回暖，非金融企业部门存款回升。

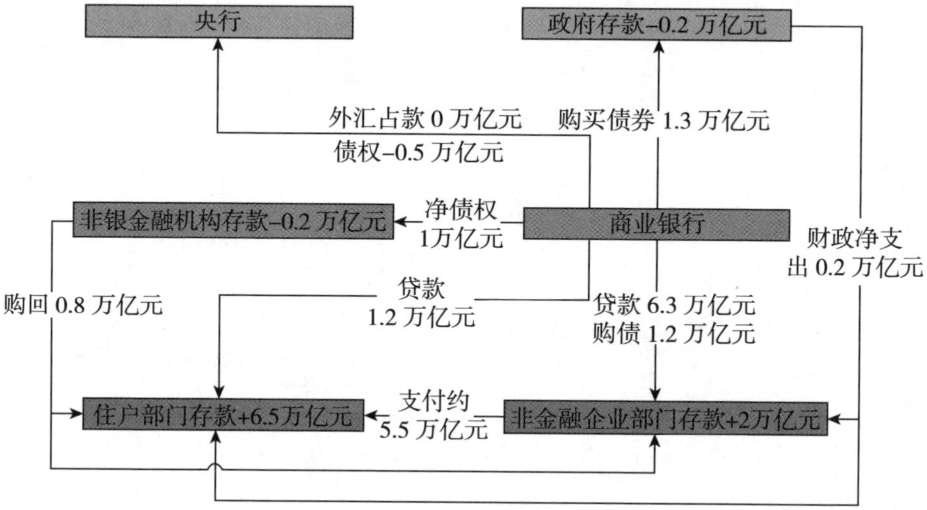


**图 10-4　2020 年第一季度广义货币创造及流动情况**

资料来源：中国人民银行、作者绘制。

注：四舍五入可能存在偏差，流通中货币算作漏损项不计入存款项目。

货币对工业品生产价格的作用机制为：我国是世界制造业中心，内外部需求对工业品生产价格均会产生较大影响。当外部需求旺盛时，通过出口创汇，外汇占款成为基础货币和广义货币的重要投放渠道，国内住户、非金融企业、政府部门可以在不增加或小幅增加杠杆的基础上促进经济快速增长，推动工业品生产价格上涨。当外部需求萎缩时，如果内部需求短期内难以弥补，工业产能可能会出现结构性过剩局面，带动工业品生产价格持续走低。内部化解结构性产能过剩主要有三种方法：

一是政府帮助市场加速出清；二是内部部门加杠杆，比如扩大信贷，通过扩大有效需求，尽快缓解产能过剩的局面；三是以上两种方法的结合。一旦从供需两侧启动内部化解结构性产能过剩工作，货币供应量将快速增长，有效需求回暖，推动工业品生产价格回升。

2016—2017 年的这轮工业品生产价格复苏离不开国内部门加杠杆。2008 年国际金融危机之后，美欧日等主要经济体结束加杠杆进程，进入稳杠杆和调杠杆阶段。2011 年至新冠疫情暴发前，美国、日本、英国的宏观杠杆水平分别稳定在 245%、350%、248% 上下，德国宏观杠杆水平从 190% 下降至 173%。外需不旺，内需来补。在 2009—2010 年扩大内需战略支撑下，中国工业产能进一步扩张，然而由于后续有效需求不足，部分行业出现产能过剩，导致 PPI 持续下行。

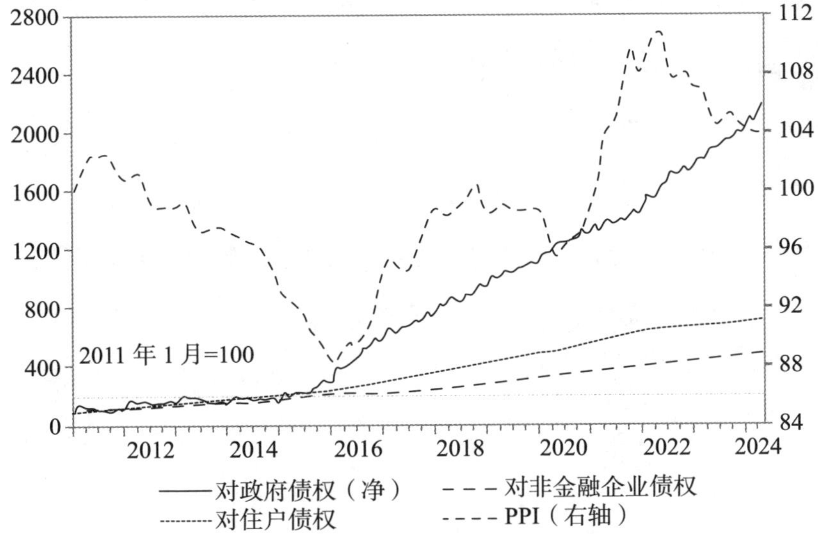


图 10-5 商业银行广义信贷与 PPI 走势

资料来源：中国人民银行、国家统计局。

在2015年末的中央经济工作会议上，党中央推出供给侧结构性改革方案。在过剩行业去产能、政府加杠杆补短板、房地产去库存和“棚改”货币化等因素带动下，政府、住户部门和非金融企业部门加大加杠杆力度。加杠杆过程中创造出大量货币，快速提振有效需求，推动PPI筑底回升。

最近一轮PPI快速上行源自主要经济体共同大幅加杠杆。新冠疫情暴发后，为稳定金融市场以及恢复实体经济，主要经济体开启大规模宽松货币政策和财政政策。美国、日本、德国宏观杠杆率分别由2019年第四季度的249.7%、363.8%、172.9%大幅跃升至2021年第三季度的286.3%、409.4%、202.8%。随着宏观杠杆率的快速上升，主要经济体的广义货币供应量大幅增长，商业银行信贷有明显好转。此外，美国财政举债大量补贴给私人部门，其国民购买力实际上并未大幅下降，部分人反而可能上升。主要经济体有效需求的快速修复，直接带动国际原油、铜铝有色金属等工业原材料价格以及全球房价持续上涨。受上述输入性通胀以及国内需求改善影响，我国工业生产领域景气持续上行，推动PPI快速上升。之后，随着主要经济体宏观杠杆率的逐步回落，我国PPI也见顶回落。美国、日本、德国宏观杠杆与中国PPI走势如图10-6所示。

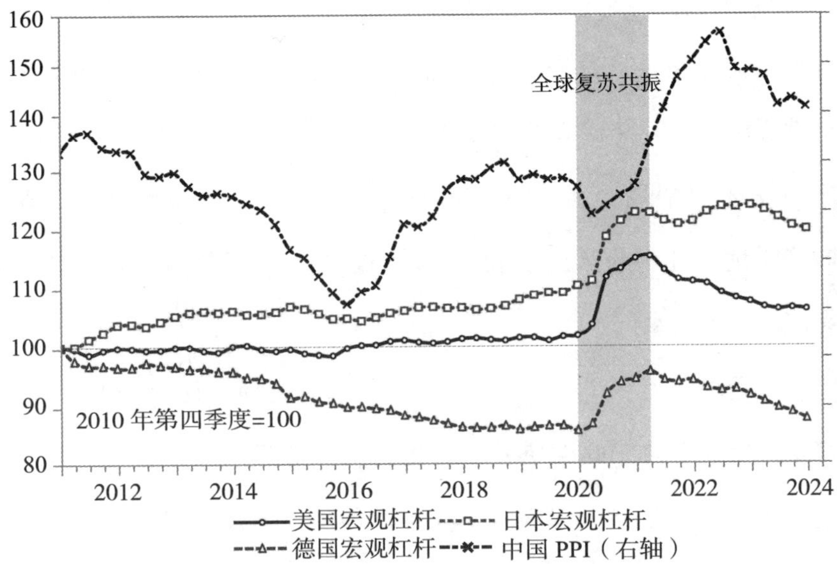


**图 10-6　美国、日本、德国宏观杠杆与中国 PPI 走势**

资料来源：国家统计局、国际清算银行。

## 第五节　货币与房价

货币与房价的相互作用机制为：在扩张性财政政策和货币政策的影响下，住户部门通胀预期升温，为抵御通胀，住户部门通常会选择抵押贷款购置不动产，以住宅为主，从而推动住宅价格上涨。由于住宅兼具商品和金融属性，如果住宅价格上涨过快，将迫使刚性需求提前释放，助长投资和投机需求，导致个人住房贷款和房价呈螺旋式上升。如果住宅价格持续下跌，那么购房家庭观望情绪加重，居民提前还款增加，市场供求关系和预期发生逆转，将导致住房贷款和房价呈螺旋式下降。在我国，城镇建设用地完全由地方政府供给。楼市火热时，为获取有限的土地开发资源，房地产开发企业会充分利用杠杆，在土地拍卖时竞相出价，土地溢价率上升将抬高住宅成本，进一步支撑房价。当楼市冷清时，房地产开发商“躺平”，土地拍卖市场压力增加，为活跃土地市场，避免地方政府土地出让金收入过快收缩，地方城投公司“托底拿地”成为土地拍卖市场的主力军。

房地产是一个巨大的货币“创造器”。国有土地出让、房地产开发、房地产抵押贷款等环节均会涉及商业银行信贷业务。即便国有土地出让及房地产相关税收会让国库吸收不少存款货币，但政府取之于民用之于民，最终房地产信贷创造出的货币都会形成住户部门和非金融企业部门存款。在2023年第一季度，房地产贷款达到顶峰的时期，我国房地产贷款余额为53.9万亿元（个人住房贷款为38.9万亿元），占广义货币供应量M2的比重达到19.1%（见图10-7）。若进一步将房地产开发企业债券的发行纳入，我们不难得出，超过19.1%的M2是由房地产行业创造的。当房地产市场经历长期且普遍的下跌时，其货币创造能力将不可避免地遭受重创。这一趋势将深刻影响国民经济的整体收入体系，最终体现在公众层面，便是收入增长的难度增加，市场竞争日益激烈，导致经济生活压力的增大。所以说，社会上一个比较流行的看法——房地产是一个巨大的货币“蓄水池”是值得商榷的。

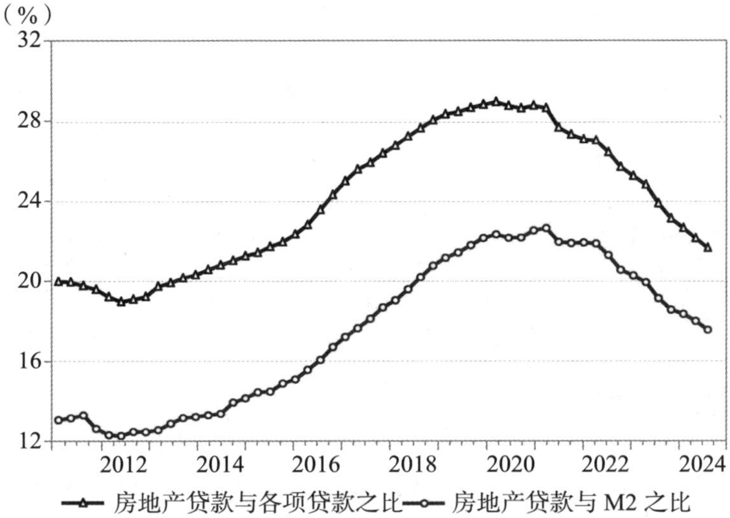


**图 10-7　房地产贷款占 M2 和总贷款的比重**

资料来源：中国人民银行。

房地产贷款与房价走势高度相关，这在一线城市表现尤为显著。2011 年以来，我国房地产贷款与 70 个大中城市新建商品住宅价格和二手住宅价格的相关系数高达 0.8。如果将 2010 年第四季度设定为 100，可以观察到近 15 年来我国房地产贷款上涨 4.9 倍，新房上涨 0.5 倍，二手房上涨 0.2 倍（见图 10-8）。事实上，近 15 年我国房价整体上涨较多的阶段是从 2015 年第一季度至 2021 年第二季度。如果将 2015 年第一季度设定为 100，会发现中国房地产贷款上涨 1.7 倍，而新房和二手房上涨倍数仍分别保持在 0.5 倍和 0.3 倍。2015 年的这轮房价上涨，一线城市表现尤为显眼，无论是涨幅还是增速均创历史纪录，在其带动下，二线和三线城市房价开始快速上涨。这直接导致 2016 年末的中央经济工作会议提出“房子是用来住的、不是用来炒的”定位，并明确指出宏观上要管住货币，微观上要严格限制信贷流向投资投机性购房。

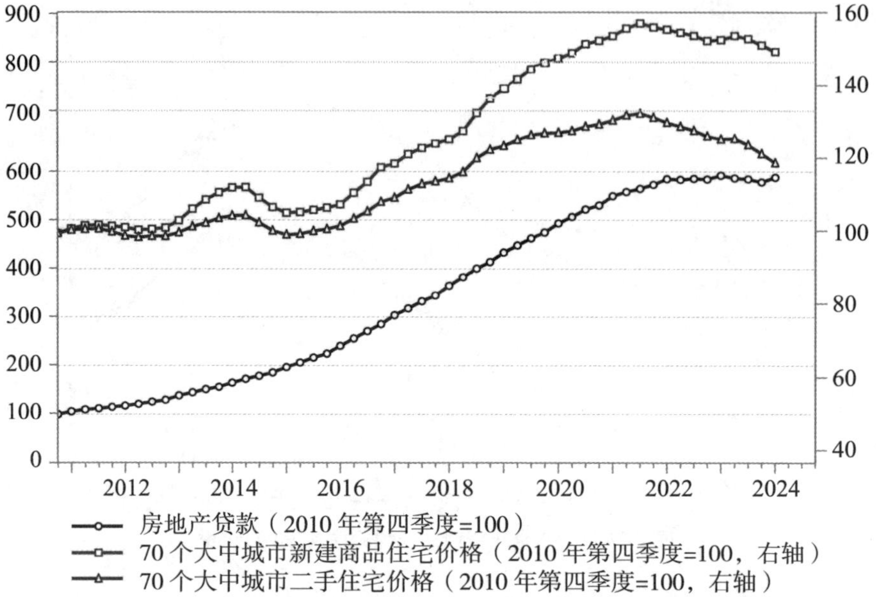


**图 10-8 房地产贷款与住宅价格走势情况**

资料来源：中国人民银行、国家统计局。

2021 年这轮房地产市场下行体现出四个显著特点，即持续时间长、价格降幅大、涉及范围广、预期发生逆转。预期发生逆转是本轮下行的最大特点，市场上弥漫着房价将进一步下行的悲观情绪，甚至有部分人担忧市场可能步日本泡沫破灭的后尘，陷入长期衰退的境地。判断的理由是房地产供求关系发生重大变化。在需求端，在经济增速放缓、新生人口数量下降、城镇化进程放缓等因素共同作用下，市场需求呈现疲软态势。在供给端，住房供应仍维持在高位，城镇人均住房面积已接近 40 平方米，待售现房、在建未售及已供地待开发的住宅总量超过 100 亿平方米，供大于求的局面越发凸显。我国各线城市新建商品住宅价格和二手住宅价格如图 10-9 所示。

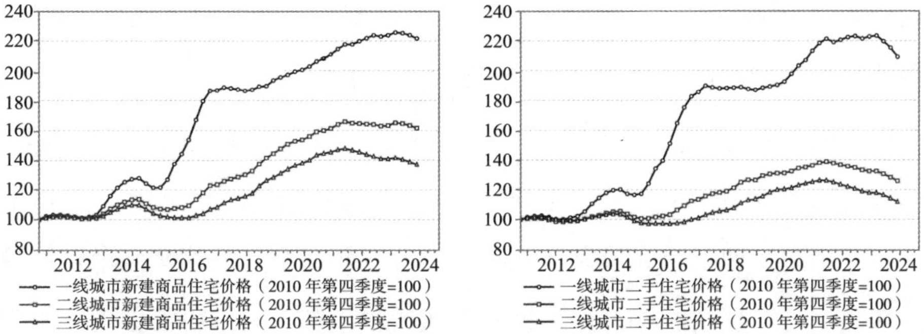


**图 10–9　各线城市新建商品住宅价格和二手住宅价格**

资料来源：国家统计局。

## 第六节　货币与金融资产价格

货币与金融资产价格相互作用机制为：大部分部门预期金融市场上涨，住户存款和非金融企业存款流入，商业银行自营资金加大非银行金融机构金融产品购买，非银行金融机构增加商业银行贷款，非银行金融机构存款增加，推动金融资产价格上涨。金融资产价格上涨吸引更多资金流入，导致非银行金融机构存款持续增加，进一步支撑金融资产价格上涨。当非银行金融机构存款增长遇见“瓶颈”时，市场资金面难以支撑此前的交易体量，流动性不足带来金融资产价格下跌。为落袋为安和减少损失，部分资金选择逃离市场，进一步带动非银行金融机构存款下降和金融资产价格下跌。当市场下跌过猛时，为保持日常经营，非银行金融机构可能向央行进行再贷款求助。

非银行金融机构存款对金融资产价格的影响在股票市场表现非常明显。2013 年以来，中国股市大涨大跌的背后都能看见非银行金融机构存款异动的影子。2014 年初至 2015 年中，非银行金融机构存款持续增加，推动股市持续上涨。在此轮牛市“崩盘”的前一个月，非银行金融机构存款大增 1.9 万亿元，主要是非金融机构加杠杆，直接把股市推向高潮。2015 年 6 月中旬，随着金融监管部门对股市加杠杆行为的严控，住户部门和非金融企业资金大量撤离，商业银行自营资金大规模赎回理财产品和基金产品，导致非银行金融机构存款大幅下降，股票价格出现大幅回落。为稳定市场预期、防范金融风险、支持金融市场健康发展，2015 年 7 月，央行向证券、基金公司提供 2000 亿元再贷款，商业银行向其提供 1.3 万亿元广义信贷，导致该月非银行金融机构存款大增 2 万亿元。非银行金融机构融来的资金并未能很好稳住市场信心，住户、非金融企业等部门资金继续撤离，直到 2015 年 9 月非银行金融机构存款下降 1.2 万亿元为止（见图 10-10）。

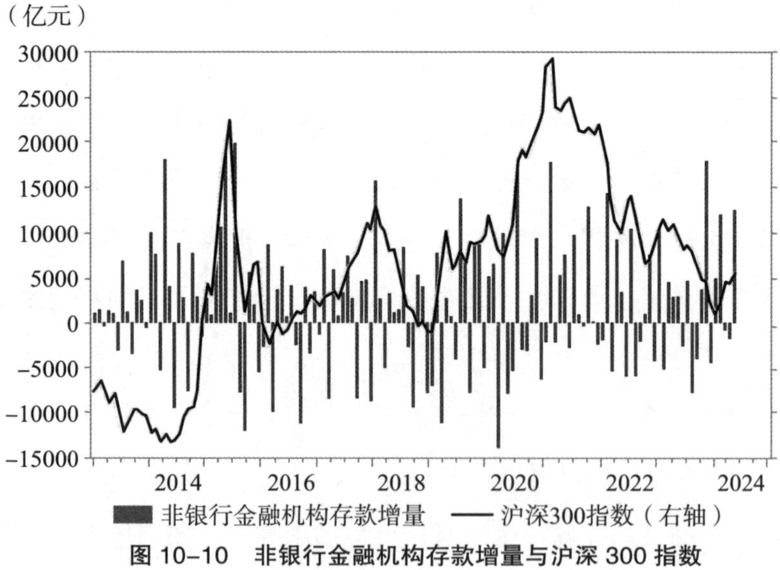

**图 10-10　非银行金融机构存款增量与沪深 300 指数**

资料来源：中国人民银行、Wind。

疫情对股市是一种压力测试。在疫情暴发初期，市场参与者普遍对股市表示担忧，尤其是美国三大股指出现大跌。2020 年 3 月，非银行金融机构存款减少 1.4 万亿元，其中住户和非金融企业部门撤离 2.5 万亿元。2020 年下半年，国内疫情防控总体向好，在积极财政政策和宽松货币政策提振下，投资者情绪回升，7 月非银行金融机构存款大增 1.7 万亿元，其中住户和非金融企业部门贡献 2.8 万亿元（见图 10–11）。后期，非金融机构存款增长动能不足，但沪深 300 指数仍持续上升，主要是基金抱团消费、医药、科技等龙头股。在这些股票带动下股指持续上涨，股市呈现结构性牛市特征。2021 年春节前，在市场赚钱效应吸引下，住户和非金融企业部门资金大量入市，2 月有 1.5 万亿元，推动股市继续攀升。春节后，随着“抱团股”的瓦解，以及非银行金融机构存款的来源不足，股市开启了 3 年之久的下跌之路。

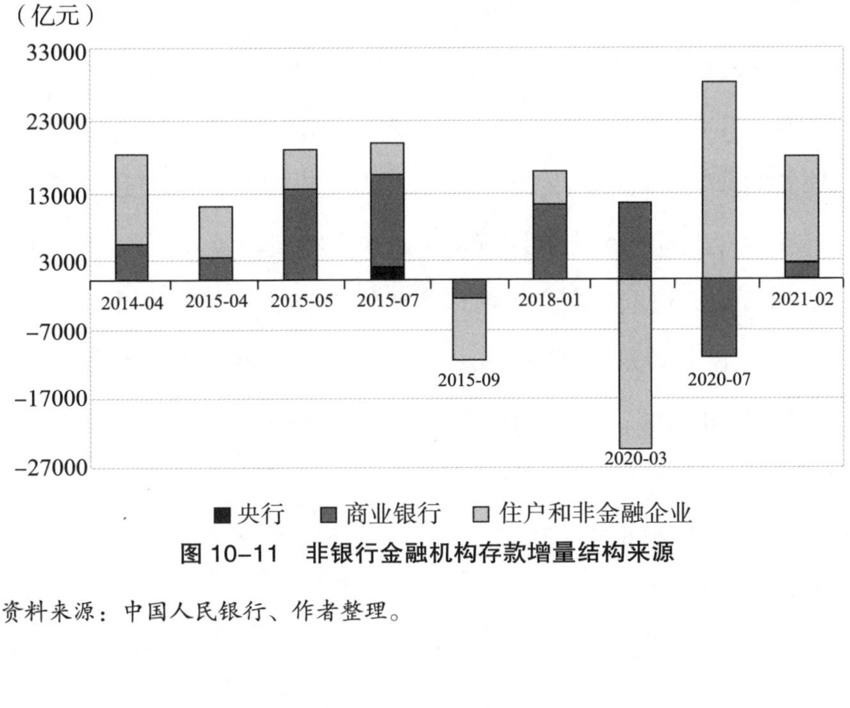


**图 10–11　非银行金融机构存款增量结构来源**

资料来源：中国人民银行、作者整理。

## 第七节 从货币视角观察当前的物价运行

前面章节我们花大量笔墨对经济周期中的物价运行进行了理论探讨。通过理论分析，我们得出一个重要结论：在供给充裕的条件下，物价、货币、增长看似是三个独立的问题，实则是同一核心议题，即探究货币经济在收入流量与资本存量同时达到均衡状态下的运行规律。接下来，我们尝试从货币视角阐释当前我国物价的低位运行现象。

现代信用货币创造是在二级银行体系下进行的。前面我们对现代信用货币创造机制及流动路径进行了详尽分析。这里，我们聚焦私人部门，包括居民部门和非金融企业部门，剖析它们的货币来源及去向。

私人部门的货币来源。私人部门的货币一部分来自自身，另一部分来自政府的财政净支出以及外部的外汇占款。

居民部门：主要通过贷款创造货币。其中，短期贷款主要用于满足日常的消费和经营，而中长期贷款主要是住房按揭贷款。中长期贷款是居民部门创造货币的重要渠道，2019—2023 年，居民部门有近 75% 的货币是通过中长期贷款创造的。数据来自存款类金融机构本外币信贷收支表。

非金融企业部门：主要通过贷款、票据融资以及发行股票和债券的方式创造货币。根据存款类金融机构本外币信贷收支表的数据，2019—2023 年，上述三种方式创造的货币占整个非金融企业部门的比例分别为 80%、7.5%、12.5%。之所以选择信贷收支表而非社会融资分项数据，是因为它专注于统计商业银行向非金融企业部门提供的货币，这样可以排除私人部门内部之间的货币流动，从而更准确地反映非金融企业部门的货币创造情况。

政府部门：主要通过财政收支活动来影响广义货币的投放。财政收入主要源自税收和发债，往往会带来私人部门货币的减少。与之相反，财政支出可视为财政收入的逆向操作，如政府向公务员发放工资或向企业购买商品服务，政府支出的增加将促使私人部门货币的增加。近年来，财政收支均为赤字，说明政府向私人部门投放货币。这里，选取存款性公司概览中的“对政府债权（净）”科目来反映财政净支出情况。

外部部门：主要通过外汇占款来影响货币的投放。企业和居民部门将赚取的外汇出售给商业银行，以换取人民币存放在商业银行。2015 年以来，随着外汇流入的减少以及结售汇制度的放宽，外汇占款投放货币的能力大幅下降，其在中国整个货币创造中所占的比重已不到 7%。这里，选取货币当局资产负债表中的“外汇”科目来反映外汇占款情况。

我们重点关注的是私人部门获得货币的最终呈现形式，暂不考虑货币的具体流动过程。私人部门的货币去向主要如下。

居民存款：由活期存款和定期存款构成。需要注意的是，居民存款是 M2 的重要组成部分，但不包含在 M1 中。2019—2023 年，居民存款在货币供应总量中的比重为 40%，其中活期存款贡献 1/3，定期存款贡献 2/3。居民存款数据来自存款类金融机构本外币信贷收支表。

非金融企业存款：由活期存款和定期存款构成。2019—2023 年，非金融企业存款在货币供应总量中的比重为 37%，其中活期存款贡献 56%，定期存款贡献 44%。非金融企业活期存款是 M1 的重要构成部分，目前占比超过 80%。非金融企业存款数据来自存款类公司资产负债表。

流通中货币：即私人部门手中持有的现金，通常被称为 M0。由于移动支付的广泛普及，M0 在货币供应总量中的比重不断下降。2019—2023 年，M0 在货币供应总量中的比重已不足 4%。

非银行金融机构存款：指券商、基金、信托等非存款类金融机构在银行的存款，包括住房公积金存款、证券公司客户保证金、非银行金融机构金融产品银行存款、非银行金融机构自有资金银行存款等。2019—2023 年，非银行金融机构存款在货币供应总量中的比重比较稳定，保持在 9% 左右。一种典型的资金空转行为是，居民和企业拿到贷款资金，投资于资本市场，一般非银行金融机构存款会大增。近年来，非银行金融机构存款占比稳定，说明贷款资金进入资本市场的空转行为并未扩大。

利息支出：指上一年贷款和债券的利息支出。这部分货币以利息的形式被银行收回。假定利息率为上一年金融机构人民币贷款加权平均利率。2019—2023 年，利息支出在货币供应总量中的比重约为 4.4%。

不纳入 M2 的存款：包括可转让存款和其他存款。该项占货币供应总量的比重稳定在 2% 左右。

2023 年私人部门货币来源及去向。在本书前言部分，我们指出 M1 增速显著低于 M2 增速，意味着居民在获得收入后，更倾向于储蓄而非消费和投资，导致货币并未充分回流到企业部门，影响了经济正常循环。接下来，我们对此现象进行详细说明。

2023 年，我国货币创造总量约为 29 万亿元。其中，非金融企业部门创造了 17 万亿元，居民部门创造了 4 万亿元，政府部门创造了 7.3 万亿元，外部部门的货币创造量不足 0.6 万亿元（见表 10-3）。由此可见，2023 年注入私人部门的货币主要是注给企业的，由于房地产市场的低迷，居民中长期贷款主要是住房按揭贷款的投放有明显下降。

表 10-3　2019–2023 年信用货币创造及分布情况

单位：亿元

| 货币创造和流向 | 2019 年 | 2020 年 | 2021 年 | 2022 年 | 2023 年 |
|---|---|---|---|---|---|
| **居民部门** | 73589.0 | 78081.7 | 79001.3 | 38591.1 | 40446.5 |
| 短期贷款 | 16450.6 | 587.8 | 18172.4 | 10812.6 | 15125.9 |
| 中长期贷款 | 57138.4 | 77493.9 | 60828.9 | 27778.5 | 25320.6 |
| **非金融企业部门** | 107303.3 | 143807.4 | 104731.3 | 167468.4 | 170297.1 |
| 短期贷款 | 13448.5 | 23974.0 | 10679.7 | 27567.7 | 37204.1 |
| 中长期贷款 | 59350.3 | 87597.6 | 92338.6 | 109105.6 | 135742.7 |
| 票据融资 | 18368.5 | 7378.9 | 14961.5 | 29576.9 | 3407.9 |
| 债券和股票 | 16136.1 | 24856.9 | −13248.5 | 1218.2 | −6057.6 |
| **政府部门** | 38737.4 | 50077.9 | 44978.4 | 64688.5 | 73036.3 |
| 财政净支出 | 38737.4 | 50077.9 | 44978.4 | 64688.5 | 73036.3 |
| **外部部门** | −239.4 | −1009.2 | 1559.1 | 1845.1 | 5741.6 |
| 外汇占款 | −239.4 | −1009.2 | 1559.1 | 1845.1 | 5741.6 |
| **合计** | 219390.3 | 270957.9 | 230270.0 | 272593.1 | 289521.5 |

续表

| 货币创造和流向 | 2019 年 | 2020 年 | 2021 年 | 2022 年 | 2023 年 |
| --- | --- | --- | --- | --- | --- |
| 居民部门 | 96857.6 | 113085.7 | 98733.1 | 178992.5 | 166655.1 |
| 活期存款 | 27239.3 | 32585.6 | 16173.5 | 40900.8 | 5799.5 |
| 定期存款 | 69618.3 | 80500.1 | 82559.6 | 138091.7 | 160855.6 |
| 非金融企业部门 | 43649.3 | 62798.1 | 44466.0 | 59400.6 | 59123.0 |
| 活期存款 | 20342.2 | 42446.8 | 15351.7 | 10350.5 | 129.1 |
| 定期存款 | 23307.1 | 20351.3 | 29114.2 | 49050.1 | 58993.9 |
| 流通中货币 | 3981.1 | 7125.1 | 6510.6 | 13880.9 | 8738.6 |
| 非银行金融机构存款 | 14149.2 | 11755.2 | 44465.1 | 20689.1 | 22890.3 |
| 利息支出 | 15360.8 | 8180.5 | 2751.9 | 10074.3 | −1496.3 |
| 不纳入 M2 的存款 | 2983.1 | 5324.9 | 5859.2 | −3277.9 | −3427.7 |
| 其他 | 42409.2 | 62688.5 | 27484.2 | −7166.4 | 37038.6 |
| 合计 | 219390.3 | 270957.9 | 230270.0 | 272593.1 | 289521.5 |

资料来源：中国人民银行。

这些新创造的货币，最终以存款、现金、投资、还款等形式被记录下来。2023 年，创造出的 29 万亿元货币中，有 16.7 万亿元转化为住户存款，有 5.9 万亿元转化为非金融企业存款。需要特别注意的是，居民定期存款有 16 万亿元，非金融企业定期存款有 5.9 万亿元，私人部门存款的定期化趋势，体现出社会预期的偏弱。

总体来看，2023 年，不同经济部门创造出的货币，主要注入的是企业，先形成 M1。随后，企业通过发放工资、分红、支付货款等形式，将货币转移至居民手中，进而形成居民存款和 M2。然而，根据往年经验，居民存款并不会大面积沉淀，而是会通过消费和投资的方式，再次流回到企业，从而实现“M2 → M1”的循环。目前，M2 与 M1 增速之间的梗阻主要出现在“M1 → M2 → M1”循环的后半段。主要有两方面原因：一是居民部门在获得收入后，投资和消费动力不足，这与当前房地产市场疲软、资本市场不振密切相关。二是企业在获得贷款和利润后，由于对未来经营预期的不确定，保守起见将活期存款转化为定期存款，当然这里也存在部分企业将贷款转为定期存款赚取利差的资金空转行为。在理论分析中，我们指出工资收入者投资率的下降会导致名义 GDP 增速的放缓。由于企业进行投资的前提是预期未来有利润且当前名义 GDP 有增长，因此当前名义 GDP 增速的下降以及企业对未来盈利预期的减弱，都会导致利息和利润收入者的投资率进一步下降，从而加速名义 GDP 增速的回落。由于物价变动具有很强的经济周期特征，经济增速的回落势必会导致 CPI 和 PPI 的持续低位运行。

## 第八节　思考与建议

第一，当前分析物价、货币、增长问题，本质上是在探究收入流量与资本存量达到均衡状态下的经济运行周期规律。我们的货币经济宏观理论模型，把微观企业的逐利行为、货币供给的内外生创造、资本存量与收入流量的均衡联系到一起。这一模型的内在稳定机制是，要保证一定的利润率，需要投资累积的增加。如果投资的增加不能覆盖折旧和利息成本，则会导致资本存量和利润的下降，从而引起经济周期的收缩。由此可见，资本存量价值和收入流量之间存在相互促进的关系，资本存量价值大幅缩水将严重影响整体的投资和消费，而投资和消费的减少将直接影响收入流量的增长，从而资本存量价值上涨缺乏收入流量的支撑。也就是说，在内生经济增长情形下，收入流量和资本存量价值稳定增长是同时实现的，当一方出现异常波动时，另一方也将随之大幅波动。为减少异常波动对微观主体的冲击，未来的政策设计应综合考虑收入政策和财富政策、实体经济和虚拟经济、经济和金融等，通过资本存量和收入流量的一致性均衡，实现经济高质量发展。

第二，货币政策应高度关注资产价格波动。从货币创造的结构性视角看，货币信贷是驱动不动产和金融资产价格上涨的一股重要力量。在商业银行信用机制下，高收入阶层和拥有不动产的群体更容易获得信贷资金，这是因为他们边际消费倾向低而金融投资动力足，获取资金后他们大部分会选择金融投资，推动资产价格上涨。而中低收入群体获取商业银行信贷资金有限，有效需求不足持续存在，又由于当前一般生活用品及服务供给较为充分，CPI 一般难以大涨。如果货币政策只盯住 CPI 而不考虑资产价格，可能会忽视资本存量和收入流量的失衡。当前，房地产市场持续疲软，货币创造能力显著下滑，社会整体收入增长放缓，高杠杆部门债务风险逐步浮出水面，物价总水平持续低位运行。针对当前房地产市场及宏观经济形势，建议货币政策当局将资产价格波动，特别是房地产价格的稳定纳入货币政策目标之中。为减轻存量房还贷压力，同时修复增量房购买需求，建议一次性将房贷利率降至 2.5%~3%。当然，在调降房贷利率前，建议快速将存款利率调降至零左右，以保证商业银行有安全经营的净息差空间。调降的主要依据是，根据风险定价原则，房贷利率应高于国债收益率（目前约为 2.5%），低于消费贷款利率（目前在 3%）。当前“挤牙膏”式的降利率策略，不仅难以达到预期的调控效果，反而会加重购房家庭的观望情绪，不利于稳定市场预期。

第三，从结构视角更能看清货币供应量与宏观价格的变动关系。当前，从货币总量视角解释结构性物价上涨略显乏力。这是因为信用货币在创造、流动、分布过程中存在不均匀，导致不同行业、领域、人群所持货币不同。有的可能因出现过多货币追求过少商品而引起价格上涨现象，有的则可能因货币不足商品过多而出现价格下跌现象。所以，在研究货币供应量与物价的变动关系时，应从结构视角入手，即通过分析货币当局、商业银行体系、住户、政府、非银行金融机构、非金融企业部门之间的货币创造及流动，研究货币对居民消费价格、工业品生产价格、房价以及金融资产价格的影响。

第四，政府注入流动性帮助房地产市场快速出清。当前，房地产市场供求关系发生重大变化，供给远大于需求。由于有效需求不足，尽管大幅降息可以减轻存量房贷款压力，但对修复购房需求能力可能有限。因此，需要从供给侧下功夫，通过快速去库存实现稳市场和增保障两大战略目标，促进房地产市场更高水平上的均衡。因为在充分保障的前提下，房价高一点并不是坏事，通过转移支付和补贴，高房价可以更好地促进保障房建设，新加坡模式就是成功例证。我国房地产市场远期目标是构建房地产发展新模式，完善“市场 + 保障”住房供应体系。近期工作应在远期目标下开展。当前，地方政府财政收入增长乏力，且自身杠杆居高不下，化解房企危机心有余而力不足。目前来看，只有中央政府能帮助房企渡过难关。重点是组建房地产资产收购公司，收购房企手中的滞销房屋、在建项目和未开发土地，通过房地产市场供给侧改革，实现稳市场和增保障两大目标。将收储的住房和在建项目转变为保障性住房或租赁住房。收储的土地只持有不开发。收储的资金来源于超长期低息特别国债和央行再贷款。收储范围聚焦在一、二线城市，尤其是头部城市，因为它们是房地产市场的风向标。从长远来看，只要房地产市场恢复流动性，房价恢复性上涨，房地产资产的升值就可完全抵销当前形成的负债。此外，在危机处置过程中，有两条经验特别重要：一是需要充分的信任、授权和容错，二是应足量和快速注入资源。日本 20 世纪 90 年代的房地产市场调控案例，堪称一次深刻的失败教训，它导致了日本国内经济的长时间衰退。而美国 2008 年金融危机救市策略和 2020 年世纪疫情应对则是成功的经验，它们使美国经济能够迅速从危机风暴中心中恢复，重返正常经济增长轨道。成功的危机应对是一门艺术，它是社会整体利益的权衡结果，可能做到完美无瑕。当前，我国央行推出的3000亿元保障性住房再贷款政策，正朝着正确的方向迈进，但在规模、利率空间上，还需要放得更开一些。

第五，做好重要民生商品保供稳价工作。在研判物价走势时，一个综合而细致的方法显得尤为重要。首先，可运用“自上而下”的宏观分析方法，从整体上把握经济运行的态势和趋势，以形成对物价走势的初步判断。其次，结合“自下而上”的结构分析方法，深入剖析CPI的各项结构变化，从而实现对物价走势的修正和细化。在结构层面上，CPI主要受到粮、油、肉、菜、蛋、奶、果等重点民生商品价格的扰动。所以，做好重要民生商品的保供稳价工作直接关系到人民群众的生活质量。主要包括：加快推进优质农产品生产基地建设，不断满足人民对美好生活的向往；加强信息网络建设，提高农产品监测数据质量；加强冷链体系建设，提高重点民生商品存储质量；加强重点民生商品市场监管，严厉打击质量安全问题和价格违法行为。

第六，加强股市风险防范和投资者保护。从非银行金融机构存款变动及资金来源观察，不难发现，住户与非金融企业部门，尤其是散户投资者，通常会在股市高点成为“接盘侠”，而在市场低点则不得不“忍痛割肉”。整体而言，绝大多数散户难以在股市中获得超额收益。当前，全球股市高度联通，美国股市的高位大幅波动极易迅速传导至其他市场。因此，建立健全全球股市风险监测、预警及预测机制显得尤为迫切。同时，加大人工智能、区块链、云计算、大数据等先进技术在全球股市风险联动分析中的应用，从而提升风险防控的精准性与有效性。在当前的震荡市中，不少中小盘股票出现大幅下跌，甚至断崖式暴跌，导致中小投资者损失惨重。为切实保护投资者利益，建议在加快问题公司、垃圾股的退市清理过程中，加大对上市保荐机构、实际控制人、公司管理层、审计机构等的追责和处罚力度，避免上市公司退市风险完全由中小投资者承担。

# 第十一章　美联储资产负债表

当前，美联储资产负债表已成为研究美联储施政方针的重要工具之一。美联储的重要操作在其资产负债表中大多有所体现。通过研究美联储资产负债表的演变，剖析演变历史脉络背后所蕴含的政策含义，有助于我们更好地认识美联储货币政策的主要目标、操作框架、重要工具、传导渠道、溢出效应。本章从美联储资产负债表的关键科目入手，重点分析关键科目背后折射出的货币政策内涵，并在此基础上探讨美联储加息和缩表对金融市场的潜在影响。研究表明，2008 年国际金融危机之后，美联储货币政策框架发生重大转变。这次转变不仅打开了量化宽松的广阔空间，而且更加强调货币政策与财政政策的协调配合。当前的美联储货币政策决策机制早已超越泰勒规则、伯南克规则、伊文思规则和耶伦规则，更多地融合了诸如全民基本收入 UBI 等现代货币理论目标，对通胀的容忍度也明显上升。本轮宏观政策调控，美联储基本上找到了实现“高增长、低利率、可控通胀”的方法，关键核心就是财政赤字的货币化。考虑到美国货币政策和财政政策已深度捆绑，而且美元储备货币具备转嫁通胀的优势，为充分利用这一优势，不排除未来美国政府可能不间断制造通胀。在新的货币政策框架下，美联储对货币的量价都具有较强的控制力，对美国乃至全球金融市场的影响力日益增强，成为影响金融市场走势的关键变量之一。特别是在货币政策收紧的起始与尾声阶段，其对股市、债市以及汇市将产生较大冲击。

## 第一节　美联储资产负债表的演变

非常规货币政策登上历史舞台使得货币当局资产负债表成为万众瞩目的对象。研究货币当局资产负债表已成为货币政策分析的一个重要环节。特别是在面对重大事件冲击时，一旦利率政策空间穷尽，货币当局的一系列创造性政策措施就会体现在其资产负债表上。美联储是全球最重要的央行，是全球霸主货币的总闸门，其一举一动牵引着全球经济增长和国际金融市场的神经。2008 年国际金融危机爆发，美联储快速将联邦基金目标利率调至 0%~0.25%，并采取大规模量化宽松政策购买金融资产，向市场注入大量流动性，有效缓解了金融危机，支持了实体经济复苏。2020 年新冠疫情暴发，美联储再次上演 2008 年救市一刻，迅速采取“零利率”和量化宽松政策，有效维护了金融市场和实体经济稳定。上述美联储的大部分重要操作在其资产负债表中有迹可循。2021—2022 年，美国经济复苏步伐加快、失业率持续下降、通货膨胀形势严峻，美联储开始加息并进行缩表。关于美联储资产负债表的规模和结构演变，既有文献进行过大量翔实探讨。不同于以往研究，本书侧重于从美联储资产负债表的关键科目入手，重点分析 2008 年国际金融危机以来关键科目背后折射出的货币政策内涵，主要包括货币政策的理念、框架、工具、传导渠道等，并在此基础上探讨美联储加息和缩表的溢出效应，以及我们的应对之策。

2008 年国际金融危机是美联储资产负债表演变历程中的重要分水岭。在此之前，美联储资产负债表规模和结构总体保持稳定，主要是通过利率传导渠道来影响广义货币的内生创造。在此之后，美联储的货币政策框架发生重大转变，尤其是新冠疫情暴发后，开始通过控制货币的规模和价格来影响实体经济和金融市场（见表 11-1）。这一转变不仅导致美联储资产负债表规模大幅扩张，也促使其内部结构发生重大变化。

国际金融危机前的主要特征。国际金融危机前，美联储资产负债表的规模和结构总体保持稳定。从规模上看，2002—2008 年，美联储总资产保持小幅增长态势，从 7200 亿美元增长至 9000 亿美元左右，年均增长 3.8%，略低于其间美国名义 GDP 增速。从结构上看，美联储资产主要由美国国债构成，负债以流通中的美钞（联储票据）为主，国债和联邦票据分别占美联储资产负债表资产方和负债方的 90% 左右。总体上看，金融危机前美联储资产负债表的缓慢扩张主要由公众对流通中的现钞需求推动，跟美联储的主动性货币政策关联度较低。在美联储资产负债表中，正回购、逆回购（美国的逆回购与我国的逆回购方向正好相反，反映的是美联储向金融机构融入资金，是美联储的负债）、存款机构其他存款（超额存款准备金）为变化最为活跃的三个科目。这与美联储货币政策操作机制有关，即美联储通过公开市场操作影响联邦基金利率进而影响短中长端利率和实体经济。公开市场操作主要为回购交易，反映到资产负债表上主要是正回购、逆回购、超额存款准备金三个科目。金融危机前，这三个科目规模占美联储资产负债表的比例在 3% 左右。

表 11-1　美联储资产负债表简表

单位：亿美元，%

| 项目 | 2007 年 8 月 1 日 | | 2008 年 9 月 3 日 | | 2020 年 3 月 11 日 | | 2022 年 2 月 9 日 | |
|---|---|---|---|---|---|---|---|---|
| | 规模 | 比例 | 规模 | 比例 | 规模 | 比例 | 规模 | 比例 |
| 黄金证券账户 | 110.4 | 1.3 | 110.4 | 1.2 | 110.4 | 0.3 | 110.4 | 0.1 |
| 特别提款权账户（SDR） | 22.0 | 0.3 | 22.0 | 0.2 | 52.0 | 0.1 | 52.0 | 0.1 |
| 硬币 | 11.0 | 0.1 | 14.1 | 0.2 | 17.3 | 0.0 | 12.5 | 0.0 |
| 持有证券 | 7908.0 | 90.9 | 4797.3 | 53.0 | 38972.2 | 90.4 | 83950.6 | 94.6 |
| 美国国债 | 7908.0 | 90.9 | 4797.3 | 53.0 | 25230.3 | 58.5 | 57318.6 | 64.6 |
| 短期债券 | 2770.2 | 31.8 | 217.4 | 2.4 | 3210.4 | 7.4 | 3260.4 | 3.7 |
| 中长期名义债券 | 4733.8 | 54.4 | 4117.3 | 45.5 | 20434.8 | 47.4 | 49464.2 | 55.7 |
| 中长期通胀指数债券 | 357.5 | 4.1 | 398.3 | 4.4 | 1326.5 | 3.1 | 38509 | 4.3 |
| 通胀补偿债券 | 46.5 | 0.5 | 64.2 | 0.7 | 258.5 | 0.6 | 743.1 | 0.8 |
| 联邦机构债券 | 0.0 | 0.0 | 0.0 | 0.0 | 23.5 | 0.1 | 23.5 | 0.0 |
| 抵押贷款支持债券（MBS） | 0.0 | 0.0 | 0.0 | 0.0 | 13718.5 | 31.8 | 26608.5 | 30.0 |
| 正回购协议 | 247.5 | 2.8 | 1090.0 | 12.0 | 2423.8 | 5.6 | 0.0 | 0.0 |
| 贷款 | 2.4 | 0.0 | 190.9 | 2.1 | 0.1 | 0.0 | 285.3 | 0.3 |
| 银行不动产 | 20.5 | 0.2 | 21.6 | 0.2 | 22.0 | 0.1 | 13.8 | 0.0 |
| 中央银行流动性互换 | 0.0 | 0.0 | 620.0 | 6.8 | 0.6 | 0.0 | 2.0 | 0.0 |
| 总资产 | 8702.6 | 100.0 | 9052.5 | 100.0 | 43119.1 | 100.0 | 88780.1 | 100.0 |

续表

| 项目 | 2007 年 8 月 1 日 | | 2008 年 9 月 3 日 | | 2020 年 3 月 11 日 | | 2022 年 2 月 9 日 | |
|---|---|---|---|---|---|---|---|---|
| | 规模 | 比例 | 规模 | 比例 | 规模 | 比例 | 规模 | 比例 |
| 联储票据、联储银行持有净额 | 7769.5 | 89.3 | 7997.2 | 88.3 | 17707.9 | 41.1 | 21817.6 | 24.6 |
| 逆回购协议 | 315.5 | 3.6 | 417.6 | 4.6 | 2332.8 | 5.4 | 19078.9 | 21.5 |
| 存款 | 222.4 | 2.6 | 169.6 | 1.9 | 22623.6 | 52.5 | 47199.7 | 53.2 |
| 存款机构定期存款 | 0.0 | 0.0 | 0.0 | 0.0 | 0.0 | 0.0 | 0.0 | 0.0 |
| 存款机构其他存款 | 170.8 | 2.0 | 109.4 | 1.2 | 17799.9 | 41.3 | 37949.8 | 42.7 |
| 美国财政部一般账户（TGA） | 47.7 | 0.5 | 56.1 | 0.6 | 3723.4 | 8.6 | 6790.2 | 7.6 |
| 外国官方 | 1.0 | 0.0 | 1.0 | 0.0 | 51.9 | 0.1 | 51.9 | 0.1 |
| 其他存款 | 3.0 | 0.0 | 3.2 | 0.0 | 1048.4 | 2.4 | 2407.8 | 2.7 |
| 延迟入账现金项目 | 39.1 | 0.4 | 37.3 | 0.4 | 3.7 | 0.0 | 2.1 | 0.0 |
| 财政部对信贷部门的捐助 | 0.0 | 0.0 | 0.0 | 0.0 | 0.0 | 0.0 | 212.6 | 0.2 |
| 其他负债及应计股息 | 19.7 | 0.2 | 22.9 | 0.3 | 65.3 | 0.2 | 63.9 | 0.1 |
| 总负债 | 8366.2 | 96.1 | 8644.5 | 95.5 | 42733.2 | 99.1 | 88374.7 | 99.5 |
| 全部资本（净资产） | 336.4 | 3.9 | 408.0 | 4.5 | 385.9 | 0.9 | 405.4 | 0.5 |

资料来源：根据美联储网站公布的 H.4.1 表编制。

国际金融危机后非常规货币政策期间的主要特征。2008 年国际金融危机之后，美联储调整货币政策操作思路，采取非常规的货币政策，持续大规模购买金融资产，造成资产负债表规模和结构发生显著变化。截至 2014 年第三轮量化宽松政策结束，美联储资产负债表规模接近 4.5 万亿美元，是金融危机前的 5 倍，资产负债表规模占 GDP 的比重由金融危机前的 6.3% 上升至 25.8%。资产扩张主要是通过大规模购买美国国债和抵押贷款支持证券（MBS）完成。截至 2014 年 10 月底，美联储持有美国国债和 MBS 分别为 2.5 万亿美元和 1.7 万亿美元，两者合计占美联储总资产的 93.2%。负债增加主要体现在超额存款准备金、联储票据和逆回购三个科目上，其中超额存款准备金从 100 亿美元左右增加至 2.6 万亿美元，占美联储总负债的比例由 1% 左右升至 59.3%，超过联储票据，成为美联储负债中最重要的构成部分。表 11-2 为美联储非常规货币政策下的资产负债表变动情况。

在此期间，为维护金融市场稳定、促进经济增长、实现充分就业、保持物价稳定，美联储共实施了三轮量化宽松政策。第一轮量化宽松政策持续期约一年半（2008 年 11 月末至 2010 年 4 月末）。本轮量化宽松政策可分为两个阶段。第一阶段为应对流动性危机，2008 年 11 月末至 2009 年 2 月，美联储主要工作是向金融市场注入流动性，除采用传统的再贷款、正回购、中央银行流动性互换工具以外，美联储还创设出一级交易商信贷便利（PDCF）、货币市场共同基金流动性便利（AMLF）、货币市场投资者融资便利（MMIFF）、商业票据融资便利（CPFF）等货币政策工具。第二阶段为促进实体经济复苏，随着金融市场流动性危机的缓解，

表 11–2 美联储非常规货币政策下的资产负债表变动情况

<table>
<tr><th rowspan="2">货币<br>政策</th><th rowspan="2">时间跨度</th><th colspan="2">资产负债主要科目变动情况</th><th rowspan="2">目标与举措</th></tr>
<tr><th>资产方</th><th>负债方</th></tr>
<tr><td>第一轮<br>量化宽松政策</td><td>2008 年 11 月 26 日<br>至<br>2010 年 4 月 28 日</td><td>美国国债: +3000 亿美元<br>联邦机构债券: +1500 亿美元<br>抵押贷款支持证券: +11000 亿美元<br>贷款: -1800 亿美元<br>中央银行流动性互换: -4700 亿美元<br>总资产: –2250 亿美元</td><td>联邦票据: +600 亿美元<br>逆回购: -450 亿美元<br>超额存款准备金: +4000 亿美元<br>财政部账户: +400 亿美元<br>总负债: +2100 亿美元</td><td>稳定金融体系<br>刺激经济复苏</td></tr>
<tr><td rowspan="2">第二轮<br>量化宽松政策</td><td>2010 年 11 月 3 日<br>至<br>2011 年 6 月 29 日</td><td>美国国债: +7700 亿美元<br>联邦机构债券: -300 亿美元<br>抵押贷款支持证券: -1500 亿美元<br>总资产: +5650 亿美元</td><td>联邦票据: +600 亿美元<br>超额存款准备金: +6400 亿美元<br>财政部账户: +700 亿美元<br>总负债: +5700 亿美元</td><td>推动经济复苏<br>增加就业</td></tr>
<tr><td>2011 年 9 月 21 日<br>至<br>2012 年 12 月 26 日</td><td>1 年期国债: -1675 亿美元<br>2~5 年期国债: -3490 亿美元<br>6~30 年期国债: +5105 亿美元<br>总资产: +500 亿美元</td><td>联邦票据: +1300 亿美元<br>超额存款准备金: -150 亿美元<br>财政部账户: -200 亿美元<br>总负债: +500 亿美元</td><td>推动经济复苏<br>扭曲操作</td></tr>
</table>

续表

| 货币政策 | 时间跨度 | 资产负债主要科目变动情况 | | 目标与举措 |
|---|---|---|---|---|
| | | 资产方 | 负债方 | |
| 第三轮量化宽松政策 | 2012 年 9 月 12 日<br>至<br>2014 年 1 月 1 日 | 美国国债：+5600 亿美元<br>抵押贷款支持证券：+6500 亿美元<br>**总资产：+12000 亿美元** | 联邦票据：+1150 亿美元<br>超额存款准备金：+7500 亿美元<br>**总负债：+12000 亿美元** | 推动经济复苏，增加就业 |
| | 2014 年 1 月 1 日<br>至<br>2014 年 10 月 29 日 | 美国国债：+2500 亿美元<br>抵押贷款支持证券：+2300 亿美元<br>**总资产：+4600 亿美元** | 法定准备金：+1700 亿美元<br>超额存款准备金：+3800 亿美元<br>**总负债：+4600 亿美元** | 促进经济增长<br>Taper |

资料来源：根据美联储网站公布数据编制，部分资产负债表数据做了四舍五入处理。

危机时期的特殊货币政策工具开始退出，美联储着手通过购买 MBS、美国国债、联邦机构债券来促进实体经济增长。第一轮量化宽松政策结束后，美联储资产负债表规模上升至 2.3 万亿美元。资产项目中，美联储的 MBS 持有规模达到 1.1 万亿美元，超过美国国债成为美联储最大的资产构成项；负债项目中，存款机构的超额存款准备金规模接近 1.1 万亿美元，超过联储票据成为美联储第一大负债构成部分。

第二轮量化宽松政策持续时长有两年多（2010 年 11 月初至 2012 年 12 月末）。本轮量化宽松政策可分为两个阶段。第一阶段从 2010 年 11 月初到 2011 年 6 月末。为应对欧洲主权债务危机的负外部效应，以及自身经济的增速下滑，美联储加大了对中长期美国国债的购买力度，其间共购买 7700 亿美元中长期国债，并同时售出 1500 亿美元 MBS 和 300 亿美元联邦机构债券。截至 2011 年 6 月末，美联储资产规模接近 2.9 万亿美元，其中美国国债持有规模达到 1.5 万亿美元（中长期国债比重接近 94%），超过 MBS 再次成为美联储最大的资产项。美联储资产增加的同时将存款机构的超额存款准备金扩张至 1.6 万亿美元。第二阶段从 2011 年 9 月下旬到 2012 年末。为了缓解就业压力，美联储进行了扭曲操作（Twist，俗称“卖短买长”），以压低中长期美国国债收益率。扭曲操作期间，美联储共买入约 5100 亿美元的 6~30 年中长期美国债券，同时卖出同等规模的 5 年期以内的国债。在此期间，美联储资产负债表规模、超额存款准备金水平基本保持平稳，中长期国债持有规模和占比进一步上升。

第三轮量化宽松政策持续期有两年多（2012 年 9 月中旬至 2014 年

10 月末）。本轮量化宽松政策可分为两个阶段。第一阶段从 2012 年 9 月中旬到 2014 年初。为了提振美国经济、降低失业率，美联储加大了资产购买力度，其间累计购买了 5600 亿美元美国国债和 6500 亿美元 MBS，直接带动资产负债表规模扩张至 4 万亿美元、超额存款准备金水平接近 2.3 万亿美元。第二阶段从 2014 年初到 2014 年 10 月末，由于美国经济增速已恢复至第一轮量化宽松前的水平，再加上通胀水平相对稳定、失业率降至 8% 以下，美联储开始缩减购债规模（Taper）。随着 Taper 的持续推进，美国国债和 MBS 的扩张速度逐步放缓，不过由于仍在购买资产、释放流动性，美联储负债端的存款机构准备金规模仍在持续增加，而且这次增加不仅有超额存款准备金，也有法定存款准备金。此外，值得一提的是，在美联储正式实施 Taper 前，资本市场发生了“缩减恐慌”（Taper Tantrum）。即时任美联储主席伯南克 5 月 22 日释放 Taper 信号后的半年内，由于市场对美联储货币政策取向并没有形成充分预期，导致美国国债长端收益率快速上行，进而引发全球流动性预期转紧、资本市场大幅波动。

货币政策正常化期间的主要特征。第三轮量化宽松政策结束后，2015 年 12 月至 2019 年 7 月，美国经济运行整体良好，美联储尝试进入货币政策正常化阶段。货币政策正常化主要包括加息和资产负债表收缩（缩表）两个方面。其中，加息主要是让联邦基金利率走出“零利率”区间，并逐步回归到自然利率水平。货币政策正常化期间，美联储共进行 9 次加息，将联邦基金目标利率由 0%~0.25% 上调至 2.25%~2.5%。美联储的缩表进程要晚于加息进程，它是于 2017 年 10 月正式开启渐进式被动缩表的。在缩表进程中，美联储资产负债表规模由缩表前的 4.5 万亿美元降至缩表后的 3.8 万亿美元。这主要是美联储停止到期中长期美国国债和 MBS 再投资导致的，负债方主要表现为超额存款准备金的大幅减少。从结构上看，截至 2019 年 7 月末，美联储资产项以中长期美国国债和 MBS 为主，规模分别达到 1.9 万亿美元和 1.5 万亿美元，两者合计占美联储总资产的 91.3%；而负债项以联储票据和超额存款准备金为主，规模分别为 1.7 万亿美元和 1.5 万亿美元，两者合计占美联储总负债的 84.4%。表 11-3 为美联储货币政策正常化期间的资产负债表变动情况。

新冠疫情以来的主要特征。新冠疫情暴发以来，为维护金融市场稳定、促进经济复苏以及降低失业率，美联储再次实施“零利率”和量化宽松政策，导致其资产负债表规模大幅扩张。截至 2022 年 2 月 9 日，美联储资产负债表规模接近 8.9 万亿美元，较疫情前扩张 4.6 万亿美元。本轮宽松货币政策，美联储率先大规模降息，在 2020 年 3 月 3 日和 3 月 16 日两个时点合计降息 150 个基点，将联邦基金目标利率调至 0%~0.25%。为缓解市场流动性紧张，与 2008 年国际金融危机类似，在疫情暴发初期，美联储及时向商业银行、货币市场基金、商业票据发行方、全球央行等推出了一系列流动性支持工具。包括重启 2008 年应对国际金融危机时创设的 PDCF、AMLF、MMIFF、CPFF 等，同时新推出了一级市场和二级市场信贷便利（PMCCF 与 SMCCF）、市政流动性便利（MLF）、薪资保护计划流动性便利（PPPLF）等货币政策工具。随着流动性危机的缓解，疫情暴发初期推出的流动性工具开始退出，美联储重走前三轮量

表 11–3 美联储货币政策正常化期间的资产负债表变动情况

| 货币政策 | 时间跨度 | 资产负债主要科目变动情况 | | 举措 |
|---|---|---|---|---|
| | | 资产方 | 负债方 | |
| 开启加息周期 | 2015 年 12 月 17 日<br>至<br>2017 年 10 月 16 日 | 美国国债：+22 亿美元<br>抵押贷款支持证券：+180 亿美元<br>**总资产：−200 亿美元** | 逆回购：+1700 亿美元<br>超额存款准备金：−920 亿美元<br>**总负债：−18 亿美元** | 共加息 3 次，加息 75 个基点 |
| 加息和缩表 | 2017 年 10 月 17 日<br>至<br>2019 年 7 月 31 日 | 美国国债：−3850 亿美元<br>抵押贷款支持证券：−2550 亿美元<br>正回购：−1950 亿美元<br>**总资产：−6800 亿美元** | 逆回购：−1000 亿美元<br>超额存款准备金：−7400 亿美元<br>**总负债：−6800 亿美元** | 共加息 6 次，加息 150 个基点 |

资料来源：根据美联储网站公布数据编制，部分资产负债表数据做了四舍五入处理。

化宽松的老路，通过大规模购买中长期美国国债和 MBS 来促进经济恢复。尽管美联储 2021 年 11 月开启了 Taper 进程，但中长期美国国债和 MBS 的规模仍在持续增加，截至 2022 年 2 月 9 日，美联储持有中长期美国国债和 MBS 分别为 5.0 万亿美元和 2.7 万亿美元，两者合计占美联储总资产的 85.7%。而负债项以超额存款准备金、联储票据和逆回购为主，规模分别为 3.8 万亿美元、2.2 万亿美元和 1.9 万亿美元，三者合计占美联储总负债的 89.2%。

我们注意到，美联储在疫情暴发之前就已开启了货币宽松之路，只不过这次疫情放大了宽松的程度。为缓解美国经济的下行压力，2019 年 8 月至 12 月，美联储先后降息 3 次，合计降息 75 个基点。同时，为缓解货币市场流动性紧张问题，有效控制短期市场利率，美联储在 2019 年 8 月提前结束缩表进程，并从 9 月开始，通过正回购、购买短期债券等扩表操作，向市场注入流动性。2019 年 8 月至 2020 年 2 月，美联储资产负债表规模扩张 3800 亿美元，总体规模接近 4.2 万亿美元，市场称之为美联储“有机扩表”。表 11-4 为 2019 年 8 月以来美联储货币政策及资产负债表变动情况。

表 11-4　2019 年 8 月以来美联储货币政策及资产负债表变动情况

| 货币政策 | 时间跨度 | 资产负债主要科目变动情况 | | 举措 |
|---|---|---|---|---|
| | | 资产方 | 负债方 | |
| 降息和扩表 | 2019 年 8 月 1 日<br>至<br>2020 年 2 月 26 日 | 美国国债：+4000 亿美元<br>抵押贷款支持证券：-1400 亿美元<br>正回购：+1400 亿美元<br>**总资产：+3800 亿美元** | 逆回购：-650 亿美元<br>超额存款准备金：+1300 亿美元<br>财政部账户：+2500 亿美元<br>**总负债：+3800 亿美元** | 共降息 3 次，降息 75 个基点 |
| 降息和量化宽松 | 2020 年 3 月 3 日<br>至<br>2022 年 2 月 9 日 | 美国国债：+32300 亿美元<br>抵押贷款支持证券：+12900 亿美元<br>正回购：-1950 亿美元<br>**总资产：+46350 亿美元** | 逆回购：+16700 亿美元<br>超额存款准备金：+20600 亿美元<br>财政部账户：+3600 亿美元<br>**总负债：+46350 亿美元** | 共降息 2 次，降息 150 个基点 |

资料来源：根据美联储网站公布数据编制，部分资产负债表数据做了四舍五入处理。

## 第二节　美联储资产负债表演变蕴含的政策含义

美联储资产负债表重要科目的深刻演变蕴含了美联储货币政策操作框架、主要目标以及独立性的根本性转变。研究美联储资产负债表背后的货币政策含义，有助于我们更好地理解未来一段时间美联储货币政策的操作方向及相关溢出效应，以便做出更好应对。

美联储货币政策操作框架由以价格型调控为主向以价格型和数量型调控并重转变。价格型调控工具的核心是联邦基金利率（FFR），数量型的一个重要调控工具是中长期国债。调节 FFR 可以实现对短端国债收益率曲线的控制，交易中长期国债可以实现对中长端收益率曲线的控制。通过“长短结合”，美联储对整条国债收益率曲线的控制力显著增强。

FFR 调控体系变化。2008 年国际金融危机之前，由于金融机构准备金稀缺，美联储可以轻易在联邦基金市场进行公开市场操作（主要为回购交易和现券买卖）调节准备金供给数量，进而影响 FFR 水平。金融危机之前，金融机构准备金只有 170 亿美元，通过公开市场操作略微改变准备金规模，美联储就可以让 FFR 达到联邦基金目标利率水平，目标利率机制运行顺畅。FFR 的变化会迅速传导至短端利率，进而影响中长端利率，影响消费者和生产者活动，最终实现充分就业和稳定物价目标（见图 11-1）。这一框架下，美联储仅需维持较低规模的资产负债表水平，即可对宏观经济进行调控。

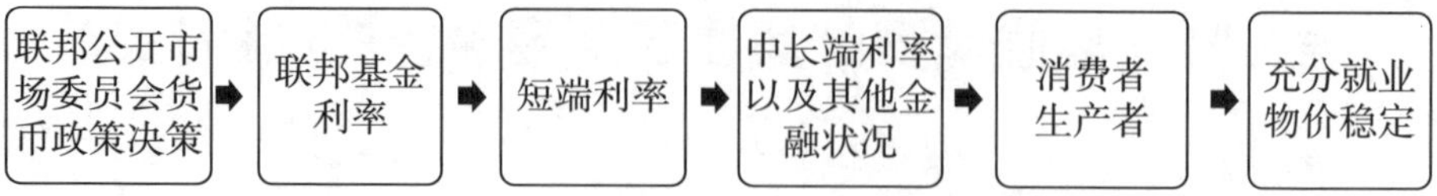


图 11–1　国际金融危机之前美联储货币政策传导渠道

金融危机之后，美联储利率传导渠道中后端相对不畅，居民和企业部门货币创造的内生机制恢复缓慢。为进一步加大对实体经济的支持，美联储加强了对货币总量的调节，除购买中长端美国国债、MBS 等金融资产操作外，新冠疫情期间还配合美国财政部，大幅增加了类现代货币理论（MMT）的财政支持方式，顺利实现货币资金的直达（见图 11–2）。

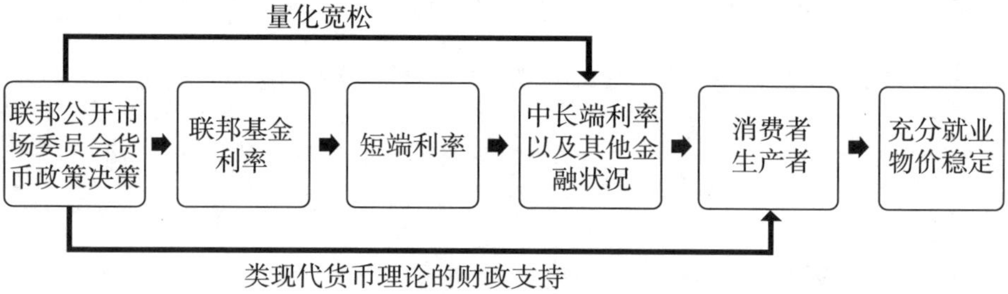


图 11–2　国际金融危机之后美联储货币政策传导渠道

美联储通过利率走廊机制调控基准利率。金融危机前，美联储采取传统利率走廊机制调控 FFR，即通过调控准备金水平使得 FFR 位于利率走廊上下限之间，即维持在目标利率。这里，贴现率为利率走廊的上限，超额存款准备金利率（IOER）为利率走廊的下限，其运行机理为：只有当 FRR 高于下限 IOER 时，存款机构才会有动力将资金拆出而不是将资金放在美联储账户赚取准备金利息；当 FRR 高于上限美联储贴现率时，有融资需求的机构才可能向美联储申请窗口贴现而非向其他机构拆借。2008 年 10 月之前，由于美联储不对 IOER 进行付息，利率走廊的下限实际并不起作用。实际操作中，由于贴现窗口存在污名效应（Stigma Effect），一般很少被机构使用。

金融危机后，美联储货币政策操作框架发生重大变化，美联储采取地板利率走廊机制调控 FFR，即通过调节上限 IOER 和下限隔夜逆回购协议（ON RRP）利率，将 FFR 控制在目标区间之内（见图 11-3）。

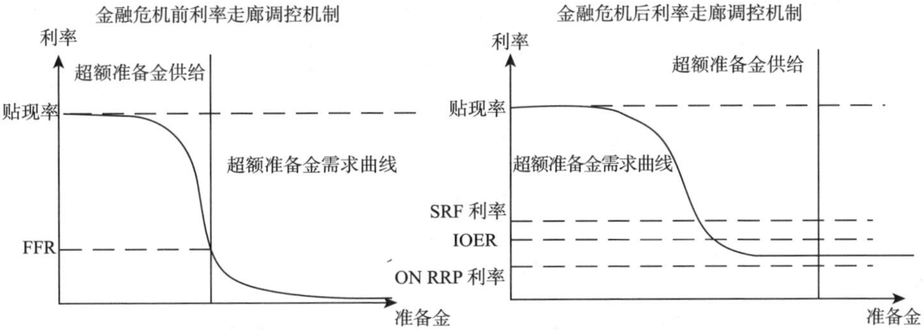


**图 11-3 金融危机前后美联储利率走廊调控框架**

金融危机后，美联储采取了大规模量化宽松政策，导致存款类机构的超额存款准备金规模急剧攀升。存款类机构手中准备金极度充裕，削弱了存款类机构拆借需求，直接表现就是将 FFR 压低至利率走廊下限附近。此时，美联储已无法通过调整准备金规模来影响 FFR，公开市场操作工具基本失效。由此，美联储开启了新的利率调控框架：地板系统（Floor System）。所谓"Floor"即指 IOER，美联储向超额存款准备金支付利息，从而使 FFR 锚定在 IOER 上，这样美联储只需调节 IOER 就可以控制 FFR。实际中，FFR 在 IOER 下方运行，主要是联邦基金市场中并非所有的金融机构都可获得准备金利息，包括房地美、房利美等政府支持机构，这些金融机构更愿意以低于 IOER 的利率向存款类机构拆出资金，然后再由存款类机构存入美联储获得准备金利息。由于存在上述无风险套利机会，直接导致 FFR 低于 IOER，原本利率走廊机制的下限 IOER 反而成为上限。为构筑利率走廊机制新下限、更好为加息做准备，美联储于 2013 年 9 月推出了 ON RRP，该工具扩大了美联储利率指导范围。其背后运行机理为：如果 FFR 低于 ON RRP 利率，非存款类金融机构更愿意通过隔夜逆回购方式向美联储获得利息，而非把资金拆借给存款类机构；如果 FFR 高于 ON RRP 利率，非存款类金融机构则更倾向于向存款类机构拆出资金助其套利，而非与美联储进行隔夜逆回购交易。在充足准备金的背景下，美联储采取地板利率走廊机制很好地将 FFR 控制在联邦基金目标利率范围之内。

地板利率走廊机制高效运行的关键在于存款机构拥有充裕的超额存款准备金。一旦超额存款准备金减少过快，超出存款机构能够承受的水平，则可能带来流动性紧张问题，FFR 可能突破 IOER 上限，从而给美联储货币政策操作带来挑战。所以我们看到，2015 年 12 月以后，即便加息 4 次，美联储也未进行缩表。随着美国内生货币创造机制的逐步修复，2017 年 10 月，美联储开始主动缩表，直接导致存款机构的超额存款准备金持续下降、银行间拆借利率持续上行，IOER 与 FFR 的利差不断缩小。随着超额存款准备金的持续减少，以及巴塞尔协议Ⅲ对商业银行流动性覆盖（LCR）监管要求的提升，美国货币市场流动性开始紧张，部分存款机构只能以高于 IOER 的市场利率拆入资金，2019 年 3 月开始 FFR 就一直在 IOER 上方运行。尽管 FFR 突破了 IOER，但仍控制在联邦基金目标利率区间内。2019 年 9 月 17 日，随着超额存款准备金降至 1.4 万亿美元低点，FFR 升至 2.3%，击破当时 2.25% 的目标利率，造成市场流动性严重恐慌，美联储不得不通过正回购和购买现券持续向市场注入流动性。随着美联储持续扩表，超额存款准备金逐渐变得充裕，美联储地板利率走廊机制开始回归正轨。事后，为给金融市场持续提供流动性支持，2021 年 7 月美联储正式推出了常备回购便利工具（SRF）。这一工具确立了利率走廊的新上限，而且比之前的上限 IOER 更具稳定性，它基本能够解决美联储货币政策正常化进程中可能产生的流动性冲击。图 11-4 为金融危机后美联储利率走廊运行情况。

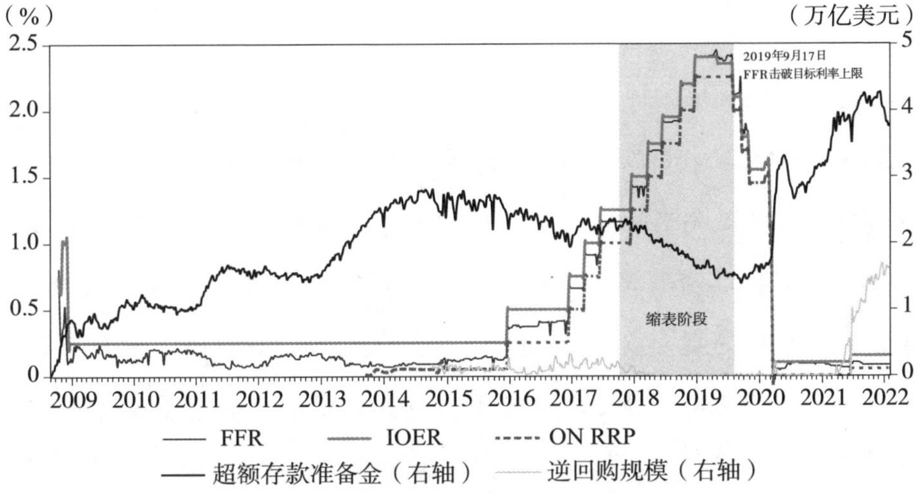


**图 11-4　金融危机后美联储利率走廊运行情况**

资料来源：Wind。

第四轮量化宽松政策实施后，观测货币市场流动性情况，不仅要看超额存款准备金规模，也要关注隔夜逆回购规模。2021 年 5 月开始，隔夜逆回购规模大幅飙升，超额存款准备金增速放缓，隔夜逆回购成为美联储回收流动性的重要工具。主要原因有二：一是商业银行补充杠杆率（SLR）豁免到期，原有计入 SLR 分母中的准备金和国债不再计入，为满足金融监管要求，商业银行不愿再承接货币市场基金手中更多的流动性，原有无风险套利渠道被阻断，从而表现为超额存款准备金放缓。二是由于商业银行对剩余流动性需求下降，货币市场基金无法通过准备金形式存放多余流动性，隔夜逆回购便成为其一项可投的安全资产，尤其是 2021 年 6 月美联储上调 ON RRP 利率 5 个基点后，逆回购规模进一步激增。截至 2022 年 2 月 9 日，美联储超额存款准备金达到 3.8 万亿美元，隔夜逆回购规模接近 1.7 万亿美元，两项合计占总负债的 62.5%。

对中长端利率的控制。美联储 FFR 能够有效控制短端收益率曲线，但对中长端收益率曲线影响十分有限。FFR 为隔夜市场利率，其影响力可以一直从超短端国债延伸至短端国债。超短端国债收益率对美联储的货币政策操作非常敏感，FFR 同 3 月期国债收益率相关系数高达 0.99，两者走势保持高度一致。1 年期和 2 年期国债收益率与 FFR 相关性要弱一些，不过也能够分别达到 0.96 和 0.90。由于中长端国债收益率走势主要受到经济增长、通货膨胀、债券供求变动及相关预期等因素影响，FFR 对其影响相对有限，近 14 年来 FFR 同 10 年期、20 年期、30 年期的美国国债收益率相关系数接近 0（见图 11–5）。若想要更好地控制中长端国债收益率曲线，美联储需要其他政策性工具。

| | FFR | 3 月期 | 1 年期 | 2 年期 | 3 年期 | 5 年期 | 7 年期 | 10 年期 | 20 年期 | 30 年期 |
|---|---|---|---|---|---|---|---|---|---|---|
| FFR | 1.00 | | | | | | | | | |
| 3 月期 | 0.99 | 1.00 | | | | | | | | |
| 1 年期 | 0.96 | 0.98 | 1.00 | | | | | | | |
| 2 年期 | 0.90 | 0.92 | 0.97 | 1.00 | | | | | | |
| 3 年期 | 0.79 | 0.81 | 0.89 | 0.97 | 1.00 | | | | | |
| 5 年期 | 0.53 | 0.55 | 0.65 | 0.79 | 0.91 | 1.00 | | | | |
| 7 年期 | 0.30 | 0.32 | 0.43 | 0.60 | 0.75 | 0.96 | 1.00 | | | |
| 10 年期 | 0.11 | 0.13 | 0.23 | 0.39 | 0.57 | 0.84 | 0.96 | 1.00 | | |
| 20 年期 | −0.10 | −0.09 | −0.01 | 0.15 | 0.33 | 0.67 | 0.85 | 0.96 | 1.00 | |
| 30 年期 | −0.14 | −0.13 | −0.06 | 0.09 | 0.27 | 0.61 | 0.80 | 0.93 | 0.98 | 1.00 |

**图 11–5　FFR 与各期限国债收益率相关系数矩阵**

资料来源：Wind，时间跨度为 2008 年 10 月 9 日至 2022 年 2 月 10 日。

美联储对中长端国债收益率曲线的控制主要是通过买卖中长期美国国债，通过供求关系影响最终的收益率。金融危机以来，为压低中长端国债收益率、刺激经济复苏，美联储在不同时段购入了大量中长期美国国债。在最高峰期，2022 年 1 月，美联储持有中长期美国国债（1 年期以上）约 4.9 万亿美元，占整个适销（Marketable）中长期美国国债的 29.6%。持有规模和比重的不断上升大大提升了美联储对中长端美国国债收益率曲线的控制，在一定程度上弥补了 FFR 对中长端利率控制的不足，基本实现对整条收益率曲线的阶段性掌控。这种现象在美联储量化宽松和缩减资产负债表阶段都会有明显表现。例如，2011 年 9 月至 2012 年 12 月，第二轮量化宽松的尾段，为推动经济复苏、促进就业，美联储通过扭曲操作，即卖出 1~5 年期美国国债、买入同等规模 6~30 年期美国国债，成功实现对中长期美国国债收益率的压制。不过美联储控制中长期债券收益率曲线也有不理想的时候。2017 年 10 月至 2019 年 8 月，美联储通过卖出中长期美国国债进行缩表，但卖出国债并未带来中长期美债收益率上升，反而由于加息过快导致美国国债短端和中长端收益率的

“倒挂”，造成市场较大恐慌。总体来看，美联储控制中长端国债收益率曲线没有控制 FFR 来得简单。因为它既希望中长端收益率能够维持较低水平，从而促进经济增长和实现充分就业，又希望中长端收益率能够保持较高水平，保持银行放贷动力和维护金融市场稳定，平衡好上述两个目标需要美联储拥有高超技术与艺术。

图 11-6 为美联储中长期美国国债持有规模及占比情况。

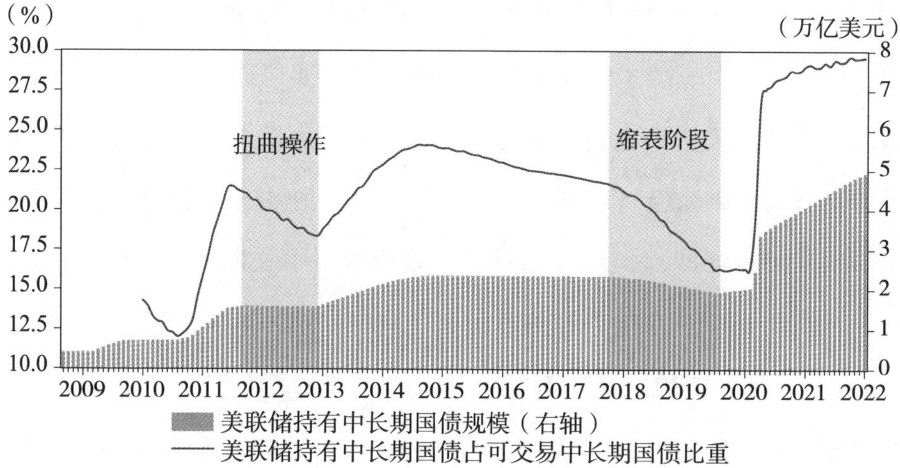


**图 11-6 美联储中长期美国国债持有规模及占比情况**

资料来源：Wind、美国证券业及金融市场协会。

根据美联储货币政策决策框架的变迁历程，长期以来美联储货币政策的主要目标是促进经济增长、实现充分就业、保持物价稳定。不同阶段，政策目标关注度会有所不同，大部分举措会在美联储资产负债表的重要科目中留下印记。

MBS 是美联储稳增长的重要抓手。2008 年国际金融危机以来，为刺激经济增长和增加就业，美联储每轮资产负债表扩张都会增加对 MBS 的购买。相比购买中长期美国国债，购买 MBS 对压低房地产市场相关融资利率更具有针对性。为更好地控制 MBS 收益率，美联储购入大量 MBS，仅次于美国国债，是美联储第二大资产项。前三轮量化宽松政策实施后，美联储 MBS 规模增加 1.7 万亿美元，其直接效果是将美国 30 年期抵押贷款固定利率压低到 4% 左右，相比国际金融危机前下降近 3 个百分点。第四轮量化宽松政策推出，美联储又大规模增持 MBS 和国债，直接将 30 年期抵押贷款固定利率压低至 3% 左右。低利率刺激了房地产市场，导致美国房价持续上涨，目前美国大城市房价早已超过 2007 年的泡沫峰值。房地产市场的繁荣不仅增加了投资和就业，也稳住了美国经济大盘，这里部分功劳离不开美联储对 MBS 的购买。图 11-7 为美国 30 年期 MBS 利率和房价走势情况。

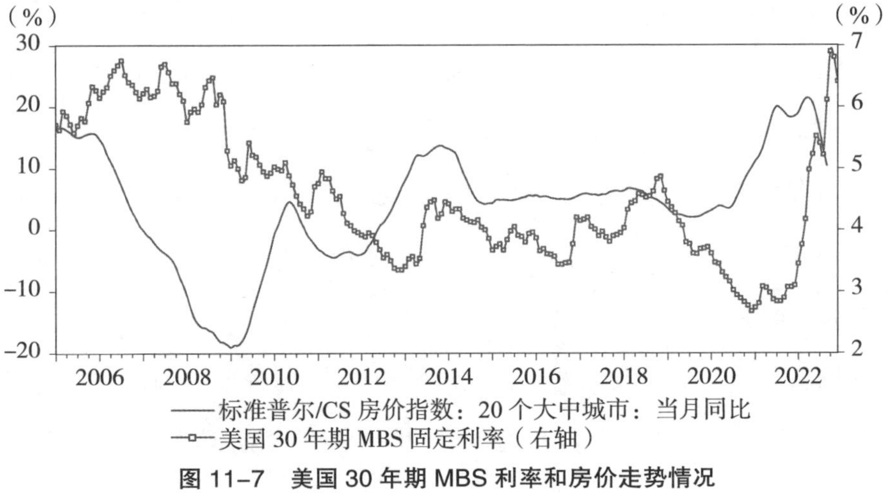


**图 11-7 美国 30 年期 MBS 利率和房价走势情况**

资料来源：Wind。

美联储找到制造通货膨胀的方法。在美联储实施前三轮量化宽松政策期间，一些笃信货币学派的人认为，货币供应量的增加将导致物价上涨，宽松的货币政策终究会引起全球通货膨胀。然而从雷曼兄弟破产到本轮美联储量化宽松政策推出之前看，美联储宽松货币政策并未显著抬升物价总水平。其间，美联储将基础货币扩张了 307.6%，然而美国的广义货币供应量 M2 仅增长 99%，信用增长仅为 60.6%，核心 CPI 仅增长 23.5%，大规模量化宽松政策并未加速通货膨胀。类似的情形在欧元区、日本和英国也都可观察到。主要经济体货币当局“印”的钱到底去哪儿了？我们认为主要有两个去向：一是以超额存款准备金的形式存在央行内部；二是流向楼市、股市、债市等虚拟经济。

可能是过往成功经验使然，货币供应量的大幅增加不会带来物价总水平的大幅上涨。在这次世纪疫情应对中，美联储变本加厉，采取了更大规模的量化宽松政策。2020 年 3 月至 2021 年 12 月，美联储资产负债表规模扩张了 1.1 倍，直接导致基础货币、M2 和商业银行信贷分别大幅增长 85.6%、41.3% 和 17.9%。这次货币供应量短期大幅增长，加上财政政策的大幅扩张，再叠加疫情期间产业链、供应链的长期不畅，共同推动核心 CPI 上涨 6%（见图 11-8）。可能是意识到自身资产负债表规模扩张过快，同时疫情也要比预想中的严重，早在 2020 年 8 月 17 日，美联储就推出了新的货币政策框架，提出了平均通货膨胀目标制，提升了对暂时性通胀的容忍度。可能是对疫情持久冲击的预期不足，2021 年 4 月至 10 月，美联储都坚持“通胀暂时论”观点，直到同年 11 月美国 CPI 同比涨幅逼近 7% 创下 40 年新高时，美联储开始放弃通胀“暂时”这个词了，着手研究加息和缩表事项。

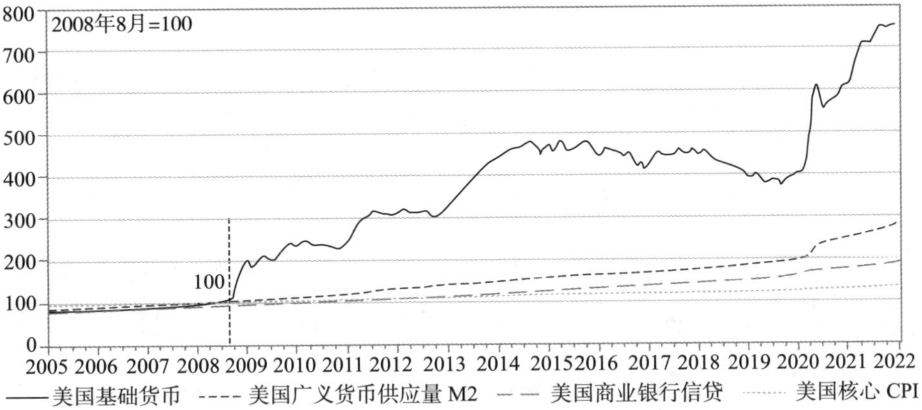


**图 11-8　美国的货币扩张、信贷增长与通货膨胀**

资料来源：美联储、Wind。

财政赤字的货币化。本轮量化宽松与前三轮量化宽松的核心区别是美国财政政策的进入。前三轮量化宽松，美联储主要直接从金融市场购买 MBS、国债等金融资产，从银行手中买入的增发国债较少，因为这一阶段美国财政刺激政策不多。本轮量化宽松，为应对疫情危机，除在金融市场购买资产外，美联储还紧密配合美国财政部，大幅增加类 MMT 的财政支持方式。比如，薪资保护计划流动性便利（PPPLF）就是直达实体经济的类 MMT 财政支持政策，通过银行贷款给中小企业，然后再由政府发债来豁免这类贷款，顺利实现财政赤字的货币化。同时，美国财政部还实施了大量失业救济金政策。这些操作是财政投放货币的核心。本轮货币、财政政策的一体化，维持和提振了美国整个社会的有效需求，但负作用就是大幅推升了美国乃至全球的通胀，以及资产价格泡沫的进一步膨胀。

美国货币政策与财政政策已深度捆绑，货币政策的独立性日渐减弱。金融危机以来，大部分时段经济增长是美国货币政策和财政政策的共同目标。疫情期间，为提振实体经济增长，美联储配合美国财政部，通过大量购买美国国债，向市场投放流动性。截至 2022 年 2 月 9 日，美联储持有美国国债 5.7 万亿美元，占美国国债总额的 19%，相比 2008 年 9 月金融危机爆发时上升了 14.2 个百分点，相较于 2020 年 2 月疫情全面暴发时上升了 10.3 个百分点（见图 11-9）。美联储大量购入国债压低了美国国债的到期收益率，再加上地板利率走廊机制的有效调控，使得美国财政部能够以较低票面利率大量发行各期限国债。2020 年 3 月至 2022 年 1 月，1 年期和 10 年期美国国债到期收益率分别平均为 0.15% 和 1.15%，相比疫情暴发前夕分别下降了 1.26 个百分点和 0.35 个百分点。较低的票面利率激发了美国财政部的发债热情，目前美国国债债务存量已经超过 30 万亿美元，较疫情前增长 1.28 倍。此外，美联储每年会向美国财政部上缴持债的利息收入，2021 年上缴了 1074 亿美元利润。

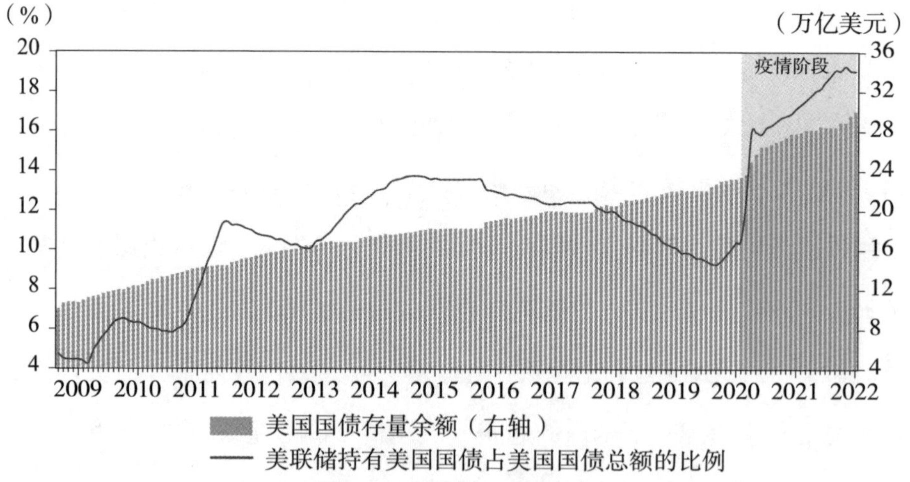


**图 11-9　美联储美国国债持有规模及占比情况**

资料来源：美联储、Wind。

## 第三节　美联储加息和缩表的影响

随着美国经济稳步复苏、就业状况持续改善，美国货币政策主要目标开始转向抑制通胀。自 2022 年初以来，社会各界对美联储加息和缩表影响的讨论持续白热化。本部分首先分析美联储加息和缩表对美国债券市场、股票市场以及外汇市场的影响，然后在此基础上探讨美联储紧缩货币政策对我国金融市场的溢出效应。

对美国金融市场的主要影响。本部分主要复盘上一轮（2015 年 12 月至 2019 年 8 月）美联储加息和缩表对美国债市、股市和汇市的影响，并在此基础上探讨本轮美联储紧缩货币政策对其金融市场的潜在影响。

对债市影响：推高不同期限美债收益率。短端美债收益率与 FFR 走势保持高度一致，美联储加息将带动短端收益率趋势上行。在美联储货币政策操作框架部分，我们知道在充裕的流动性条件下，美联储通过地板利率走廊机制可以轻易将 FFR 锚定在联邦基金目标利率区间之内，同时 FFR 对短端美债收益率曲线也具有非常强的影响力。由于当前市场流动性还十分充裕，仅超额存款准备金和隔夜逆回购两项就高达 5.5 万亿美元，美联储在加息和缩表初期难以对地板利率走廊机制形成冲击。因此，在现行的地板利率走廊机制下，美联储加息将带动短端美债收益率趋势上行。从上一轮美联储加息和缩表过程中看，美联储加息大幅推升了短端美债收益率，不过节奏上有三点需要注意（同样适用于中长端美债收益率）：一是市场预期美联储加息以及美联储讨论未来将要加息后，一般会带动美债收益率快速上行；二是美联储首次加息后，美债收益率一般会出现较大幅度的回调，可能与前期市场的加息预期过度有关；三是在加息的末段，由于对经济增长衰退的担忧，美债收益率一般会先于 FFR 见顶。

中长端美债收益率走势主要取决于美国中长期经济基本面，美联储加息和缩表会阶段性抬升其波动中枢。前文分析到，美联储利率传导机制对中长端美债收益率曲线影响有限，主要通过影响中长端美债供求关系影响收益率曲线。从最近一轮加息周期和缩表进程来看，在前四次加息过程中，10 年期美债收益率波动中枢基本保持稳定，直到美国经济向好美联储正式开启缩表时，在经济增长向好预期和流动性收缩共同作用下，10 年期美债收益率持续上行。不过随着对美国中长期经济增长预期的转弱，即便在美联储缩表阶段，也未能改变 10 年期美债收益率下行的趋势（见图 11-10）。

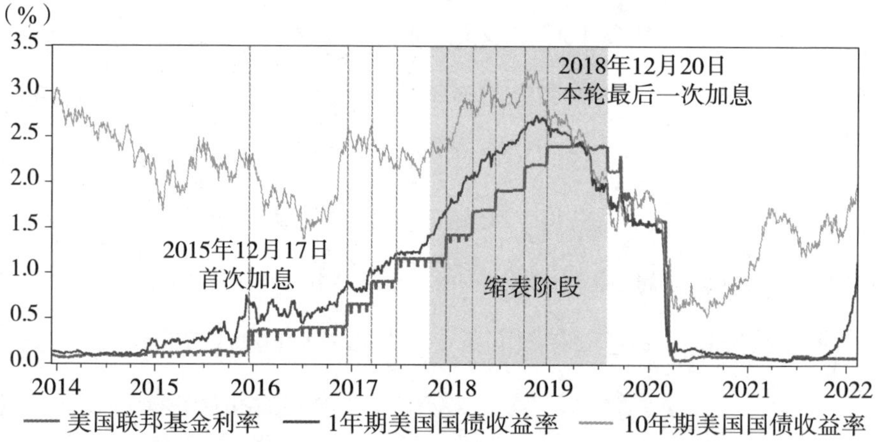


**图 11-10 美联储加息和缩表进程中的美国国债收益率走势**

资料来源：美联储、Wind，作者绘制。

注：垂直虚线表示加息日。

对股市影响：容易造成美股短期回调。加息和缩表容易加剧美股短期波动，美股中长期趋势主要由美国经济基本面决定。从最近一轮美联储加息和缩表进程看，在美联储首次加息前后，美股容易出现大幅波动，可能与市场对未来流动性收紧过分担忧有关。在持续加息过程中，由于美国经济基本面韧性较强，企业盈利增长较好，美股走出一轮温和上涨行情。一般而言，加息会在经济复苏良好甚至经济过热的背景下实施，虽然会对经济增长动能有所抑制，但从加息到经济衰退需要较长的时间窗口才会发生。进入加息和缩表的尾声阶段，由于经济基本面预期恶化，美股容易出现较大幅度回调。从美股风格来看，最近一轮加息和缩表进程中，成长股总体表现要好于价值股，而且成长股的占优局面在第四轮量化宽松政策期间被进一步放大。我们注意到，当前成长股指数估值水平严重偏高。截至 2022 年 2 月 18 日，纳斯达克指数估值百分位数达到 94.3%（2003 年 1 月以来），而道琼斯工业指数则在 71% 左右。预计在美联储首次收紧货币政策前后，美股会出现阶段性回调，市场风格大概率由成长切换至价值。

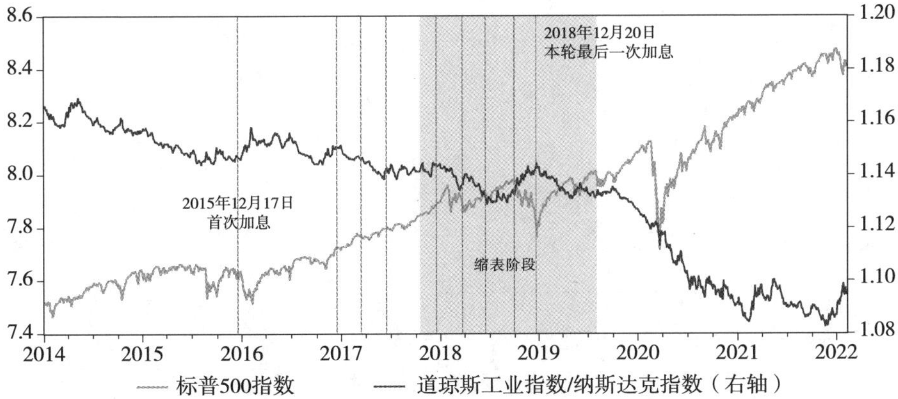


**图 11-11 美联储加息和缩表进程中的美国股市走势**

资料来源：Wind，作者绘制。

注：垂直虚线表示加息日；股票指数均进行自然对数处理；这里以"道琼斯工业指数/纳斯达克指数"表示价值股和成长股的风格切换，趋势向下表示成长好于价值，趋势向上则表示价值好于成长。

对汇市影响：短期提振美元指数，中长期关系不明确。美联储加息和缩表短期将提振美元指数，但中长期美元指数主要由美欧日之间的经济强弱和货币松紧决定。美元指数走势具体呈现出以下三个特点：一是当美联储暗示或正式讨论加息缩表时，美元指数大概率出现反弹；而当宣布加息、实施缩表后，美元指数容易出现阶段性回调。二是在美联储货币政策首次出现转向时，无论是收紧还是放松，都会对美元指数走势产生较大影响。三是美元指数与美欧日之间的经济强弱和货币紧松呈现正向关系，比如 2014 年 6 月至 2015 年 12 月，欧日经济体增长低迷，美国经济持续复苏，欧元区和日本加大宽松货币政策力度，而美国则开始收紧货币政策，在“经济差”和“货币差”的共同推动下，美元指数从 80 点左右大幅升至 100 点左右（见图 11-12）。

**图 11-12　美联储加息和缩表进程中的美元指数走势**

资料来源：Wind。
注：垂直虚线表示加息日。

对我国金融市场的溢出效应。美联储加快紧缩货币政策步伐，主要通过利率、汇率、情绪三条渠道，对我金融市场稳定运行造成一定冲击。

对债市影响：短期情绪推升国内债券收益率。从本轮美联储货币政策周期中可以看出，全球资本市场对于美联储加息和缩表的敏感度极高。无论是通胀创新高，还是就业复苏超预期，每一次强化市场货币收紧恐慌的边际信息都将加重金融市场避险情绪，推高美债收益率。美债收益率是全球债市的风向标，美债收益率的阶段性上行，都将抬升全球无风险收益率，对我国也不例外（见图 11-13）。不过在稳增长目标要求下，我国财政政策和货币政策保持相对宽松积极，利率传导渠道“美联储加息缩表→美债利率上行→中美利差收窄→中国利率上行”中的“中国利率上行”环节大概率会被隔断。因此，在“以我为主”的宏观政策环境下，预计美联储货币政策收紧对我国债市的影响主要体现在短期情绪上。

**图 11-13　中国和美国 10 年期国债收益率走势**

资料来源：Wind。
注：垂直虚线表示加息日。

对汇市影响：加大人民币汇率双向波动。在美联储暗示或讨论加息缩表时，由于美元指数短期有较强上涨动能，导致人民币汇率面临较大贬值压力，不过超调后的人民币汇率往往会出现一波反弹。在美联储加息和缩表初期，为规避海外市场风险，进行跨境套利以及资产组合再平衡，大量资本会回流美国，强势美元一般会压制人民币汇率。在美联储加息和缩表中期，由于涨幅过大的美国资产有回调需求，再加上其他主要经济体持续复苏，海外资产性价比开始凸显，资本开始流出美国，人民币汇率一般会对美元形成压制。在美联储加息和缩表的中后期，随着美联储加息和缩表的节奏加快以及力度加大，美元一般会持续升值，人民币汇率面临较大贬值压力（见图 11-14）。

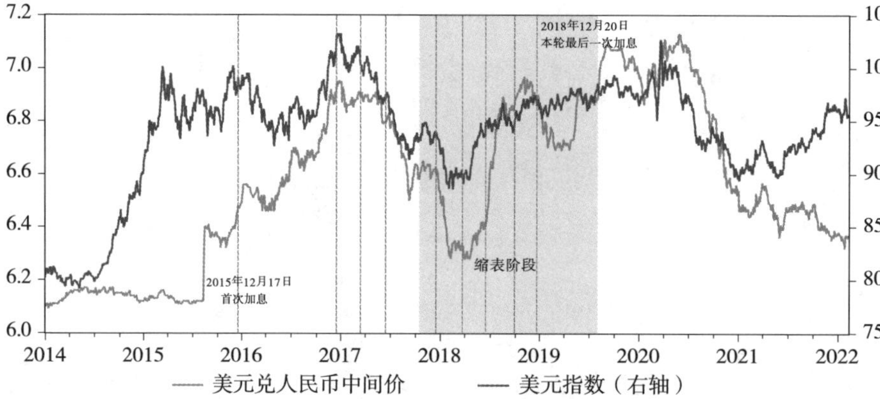


**图 11-14 人民币汇率和美元指数走势**

资料来源：Wind。
注：垂直虚线表示加息日。

对股市影响：加剧市场共振风险。美联储加息和缩表主要通过美股、美元、美债三条渠道直接或间接影响我国股市。美股渠道：美联储货币政策边际收紧，全球流动性环境预期边际转弱，股票市场投资者风险偏好短期下降，触发美股下跌。当前全球股市联动性非常强。美国股市波动可通过跨境资产配置组合调整、避险情绪等传染至国内 A 股市场，加剧 A 股市场波动。美元渠道：美联储货币政策在由松转紧初期，会吸引资金流向美国，美元较为强势，人民币汇率承压，可通过北向资金、投资者情绪两条路径对 A 股产生负面影响。美债渠道：美联储货币政策收紧将推高美债收益率，由于美债是全球资产定价的“锚”，美债收益率的阶段性上行短期将对全球股市估值产生向下压力；另外，美债收益率上行也将增加美国固收产品投资价值，国内 A 股将面临一定资金流出压力。图 11-15 为上证综合指数与美债、美元、美股走势。

**图 11-15　上证综合指数与美债、美元、美股走势**

资料来源：Wind。

注：垂直虚线表示加息日，股票指数均进行自然对数处理。

## 第四节　主要结论

本章从美联储资产负债表的关键科目入手，重点分析关键科目背后折射出的货币政策内涵，并在此基础上探讨美联储加息和缩表对金融市场的影响，主要结论如下。

第一，美联储的货币政策框架日渐清晰。目前美联储的货币政策框架理论基础是类 MMT 理论，代表文献有 Stanley Fischer 等的《应对下一次危机》，该理论强调货币政策和财政政策的协调配合，重视货币政策直达实体经济，并对通胀保持较高容忍度。当前美联储的货币政策框架是从 2008 年国际金融危机之后开始构建的。在充足准备金和对准备金支付 IOER 的新框架下，量化宽松的巨大空间被打开，此框架下美联储可以同时控制货币的量和价。金融危机之前，美联储主要依赖利率渠道进行货币政策调控（见图 11-1），之后转入充足准备金和货币总量管理体系。尽管在 2017—2019 年缩表期间美联储尝试回到传统利率传导渠道，但在 2020 年新冠疫情暴发后再次转入总量调节，并大幅增加了类 MMT 的财政支持方式（见图 11-2）。现如今美国的金融体系比 2017—2019 年美联储缩表期间更加稳定。主要是美联储对利率走廊体系进行了完善加固，上限变成 SRF 利率，下限是 ON RRP 利率，该利率地板结构体系从根本上解决了原有上限 IOER 容易在准备金紧张情况下被穿破的问题，使得 IOER 真正成为银行的底，ON RRP 利率成为市场的底，货币市场很难再现流动性不足问题。本轮美联储加息主要是提升地板利率走廊重心，缩表主要是通过减少证券资产规模缩减过多的超额存款准备金。不过由于当前美国金融体系流动性十分充裕，叠加更加稳定的利率走廊体系，预计加息和缩表短期内难以对美国金融市场形成较大规模的流动性冲击。

第二，美联储找到了制造通货膨胀的方法。在本轮量化宽松政策推出之前，美联储的前三轮量化宽松政策并未带来实质性通胀，2008 年

8 月至 2020 年 2 月，美国核心 CPI 仅上涨 23.5%，复合年均增长不到 1.8%，实体经济自发通货膨胀力量较弱。美联储增发的货币主要有两个去向：一是以准备金的形式存在央行内部，对 IOER 付息从根本上改变了联邦基金市场功能，即从信贷扩张机制转变成货币回收机制；二是流向楼市、股市、债市等虚拟经济，维护了美国金融市场的繁荣稳定。本轮量化宽松，美联储大幅推升了美国乃至全球的通胀水平。除受疫情影响导致供应链、产业链紊乱之外，最重要的是美国财政政策强势介入提升了美国居民、企业、政府实体部门的有效需求，比如薪资保护计划、失业救济金政策，供需的严重错配直接将美国居民消费价格涨幅推升至 40 年新高。尽管美国通胀创新高，但相比美国老百姓的工资增速还是偏低，美元作为储备货币的抗通胀优势巨大，美元开始为美国普通百姓服务。本轮量化宽松，美联储基本上找到了实现“高增长、低利率、可控通胀”的方法，关键核心就是货币政策和财政政策的协同配合。高增长主要是通过直达实体的货币政策为财政政策融资，也就是伯南克所说的“直升机撒钱”，通过政府力量帮助居民和企业部门重新启动加杠杆行为。低利率可以通过量化宽松政策和利率走廊机制来实现，美联储购买 MBS 可以压低房地产市场相关融资利率，购买长端美国国债可以压低长端美国国债发行利率，通过控制利率走廊底部重心压制货币市场和短端美国国债利率。可控通胀除阶段性坚持经济全球化外，还可以通过产业链、供应链的本土化来实现。未来美国在实施这些政策时，美联储一定会扩表和超发货币，理论上美元会面临较大贬值压力，但美联储可以利用高于他国的利率、陡峭形态的利率曲线以及储备货币等优势稳住美元。

第三，美联储、商业银行和美国财政部对美国金融市场的影响力日益增强。在新的货币政策框架下，美联储对货币的量和价都具有较强控制力。美联储可以通过调整利率走廊的重心影响权益资本的估值，通过购买 MBS 压低风险资产利率，通过购买长端美国国债改变国债的期限结构。总体而言，当前美联储对美国乃至全球金融市场的影响力日益增强，成为影响市场走势的关键变量之一。2008 年国际金融危机以后，由于美联储实施充足准备金政策，美国商业银行不再受准备金约束，转而主要受资本约束和流动性约束。为满足巴塞尔协议Ⅲ的监管要求，美国商业银行在美联储量化宽松和缩表阶段往往会调整无风险资产（主要为准备金和短端美国国债）、信贷资产、金融资产的配置比例。由于商业银行是美国金融市场的重要参与者，它的资产组合调整一般会对金融资产价格形成阶段性冲击。过往，美国财政部一般通过债券供给影响债券收益率。但新冠疫情暴发后，美国财政政策和货币政策深度捆绑，财政赤字货币化趋势非常明显，美国财政部把发债融来的资金直接补贴给居民和企业（可通过美联储资产负债表的财政一般存款账户 TGA 观测），其中有一部分流入金融市场，直接导致股票、债券、大宗商品价格的阶段性共同上涨。

第四，美联储加息和缩表对美债、美股、美元走势影响不一。对债市影响：推动不同期限美债收益率上行。从期限结构看，由于短端美债收益率与联邦基金利率走势保持高度相关，美联储加息将带动短端美债收益率趋势上行。美联储加息和缩表会阶段性抬升中长端美债收益率波动中枢，但其中长期走势还要受到经济增长、通货膨胀、债券供求等因素影响。对股市影响：容易造成美股阶段性回调。紧缩政策短期容易加剧美股波动，特别是货币政策首次由强转弱时。在加息中途，由于企业盈利能力较好，美股反而能走出一波持续上涨行情。在紧缩政策尾部，由于经济基本面预期恶化，美股容易出现大幅回调。从市场风格看，在整个紧缩政策中，成长股表现总体要好于价值股。对汇市影响：短期提振美元指数，尤其是在首次货币政策收紧时，但中长期影响存在较大不确定性，这是因为美元指数中长期走势主要由美欧日经济体之间的经济增长强弱和货币松紧程度决定。

第五，美联储货币政策收紧，主要通过利率、汇率、情绪三条渠道，给我国金融市场带来一定负面影响。对债市影响：避险情绪阶段性推升我国债券收益率，不过总体走势主要取决于国内宏观经济政策的边际变化。对汇市影响：加大人民币汇率双向波动。在紧缩货币初期和后期，人民币汇率面临较大贬值压力；而在紧缩货币中期，人民币汇率一般会对美元形成压制。对股市影响：主要通过美股、美元、美债三条渠道影响我国股市。美联储货币政策边际收紧，触发美股下跌，可通过跨境资产配置组合调整、避险情绪等传染至国内 A 股市场。美元指数强势，人民币汇率承压，可通过北向资金、投资者情绪两条路径对 A 股产生负面影响。美债收益率上行，对全球股市估值产生向下压力。

## 第五节　政策启示

第一，持续加强美联储货币政策框架研究。通过四轮量化宽松政策的实践，美联储货币政策框架日益成熟，金融体系稳定手段日趋完善，货币政策对实体经济的支持力度明显加大。尽管美联储货币政策长期会给全球经济社会发展埋下隐患，但其短期解决流动性和经济增长问题还是有一定成效的，有些地方值得我们深入研究和借鉴。一是加强美联储货币政策决策机制研究。当前美联储货币政策决策机制早已超越泰勒规则、伯南克规则、伊文思规则和耶伦规则，更多融合了诸如全民基本收入 UBI 等 MMT 目标，对通胀的容忍度也大幅上升，有必要在 MMT 视角下重新审视美联储货币政策决策机制。二是加强美联储货币政策操作工具研究。四轮量化宽松政策推出后，美联储的货币政策工具箱日益丰富，这些工具在特定时段对维护美国金融和经济稳定起到了关键作用，未来为实现“高增长、低利率、可控通胀”目标，美联储还会继续创设新的货币政策工具，为更好地理解这些货币政策工具的内在含义，需要加强此类研究。三是加强美联储货币政策传导渠道和溢出效应研究。新框架下，美联储对货币的量和价均具有较强的控制力，对金融市场和实体经济有着非常强的左右力，为增强我国经济金融风险防控能力建设，有必要加强美联储货币政策转向对我国经济金融安全的影响研究。四是借鉴美联储有益做法增加人民银行资产负债表信息公开内容。增加持有资产的期限结构情况，加强信息发布时效，争取每周公布一次资产负债表情况。

第二，持续做好减缓输入性通胀压力准备。长期以来，发达经济体担忧的是通缩而不是通胀，这次量化宽松财政政策的大规模介入，美联储成功制造出通胀。由于美元储备货币具备转嫁通胀的优势，为充分利用这一优势，未来美国政府可能会不间断制造通胀。为防范这一输入性通胀风险，应未雨绸缪，做好应对准备。一是做好能源增产能、增产量、增储备、增供应工作。主要包括增加国内油气勘探开发投入，尤其是页岩油等非常规油气资源开发。持续加大煤炭先进产能释放。大力推动可再生能源基地建设。加快推进天然气储气设施、政府可调度煤炭储备能力建设。二是加强粮食等重要农产品稳产保供。稳定粮食播种面积，优化粮食结构，大力实施大豆和油料产能提升工程。三是做好重要矿产品保供稳价工作。加大铁矿石、铜等国内勘探开发力度。扩大废钢、废铜等再生资源回收利用。加强国家战略储备，充分发挥商业储备作用。加大铝、铜、铅、锌等商品储备力度。强化进出口调节，研究建立进出口暂定关税税率调整机制。四是妥善解决困难群众基本生活问题。认真执行社会救助和保障标准与物价上涨挂钩的联动机制，及时足额向困难群众发放临时补贴。

第三，加强国内宏观政策的协同和经济增长的结构平衡。美联储货币政策的大开大合，以及美国财政赤字的货币化，加速了美元资本的国际流动，给我国金融市场和实体经济带来一定冲击。为防范和化解外部冲击，建议加强国内宏观政策的协同。货币政策扩大央行资产负债表规模，继续增加结构性工具的投放，加大对科技创新、绿色能源、环境保护、普惠养老、数字经济等领域的支持力度，进一步增加保障性住房再贷款支持规模；针对重大外部冲击，充分做好利率、汇率、货币总量的综合调节；深化汇率市场化改革，增强人民币汇率弹性，发挥汇率调节宏观经济和国际收支自动稳定器作用，平衡好内部均衡和外部均衡。财政政策要巩固和增加收入来源，继续加大中长期低息特别国债发行规模；

完善收入分配税收调节政策，加大对困难群体转移支付的社会兜底；持续做好企业减税降费工作，降低微观主体生产成本。经济增长方面，将名义 GDP 增速提升至 7% 以上，尽快修复资本存量价值，让资本存量与收入流量在更高水平上实现均衡。

# 第十二章　中国消费率的中长期变动趋势

消费率与投资率如同硬币的两面，紧密相连不可分割。研究消费率的变动，实际上也是对投资率内在规律的探究。与过往诸多研究的目标不同，我们研究消费率变动的目的不是提高消费率，而是更好地促进消费和投资的顺利实现。我们对消费和投资政策一直都秉持着积极鼓励的态度，不因消费率偏低就支持消费，不因投资率偏高就排斥投资。在过往的研究中，常有人试图通过传统文化、人口结构以及社会保障体系等因素来解释消费率或投资率的变动。这一做法虽看似合理，且易于被大众接受，但实则存在诸多不足。我们在第三章中对此进行过深入探讨，并指出发展环境、发展阶段、宏观周期等因素是影响消费率变动的核心变量，而文化传统、人口结构以及社会保障体系的改变，虽有一定影响，但相较于前者，其影响力则显得较为次要。“十四五”时期，影响消费率变动的核心因素将发生深刻变化。经济全球化陷入低潮可能导致我国净出口率明显收缩。我国工业化进程中存在的不平衡和不充分情况，要求工业化还需进一步深化。房地产市场供求关系发生重大变化可能会放缓城镇化进程。中等收入群体稳步扩大将为消费增长提供坚实基础。重点领域补短板对扩大有效投资提出了新要求。结合国际经验以及核心因素的变化，预计“十四五”时期末，消费率可能升至56%~57%，净出口率降至0左右，储蓄率和投资率降至43%~44%；居民消费率可能上升至39%~40%，政府公共服务支出增加，政府消费率可能上升至17%左右。

## 第一节　基本概念

消费率，又称最终消费率，反映的是一定时期内生产活动的最终成果用于生活的比例，是国民经济运行的重要指标。根据国民经济核算的定义，消费率包括两部分：一是政府消费率，二是居民消费率。由于居民消费率对一国消费率起到关键作用，所以广受关注。储蓄率反映的是一定时期内生产活动的最终成果未被用于消费的比例，所以储蓄率和消费率可认为是同一枚硬币的两面，当讨论其中一个问题时，也就讨论了另一个。投资率，又称资本形成率，反映的是一定时期内生产活动的最终成果用于建设的比例。由于净出口在国内生产总值中的比例较低且较为稳定，因此可将投资率与消费率近似视为此消彼长的关系。净出口率反映的是一定时期内生产活动的最终成果对国外需求的依赖程度，也就说人们常说的外需率。根据国民经济核算恒等式GDP= 消费 + 投资 + 净出口 = 内需（消费 + 投资）+ 外需（出口 – 进口），可将上述概念表示为

消费率 =（最终消费支出 / 支出法GDP）×100%

居民消费率 =（居民最终消费支出 / 支出法GDP）×100%

政府消费率 =（政府最终消费支出 / 支出法GDP）×100%

储蓄率 = 100% – 消费率

投资率 =（资本形成总额 / 支出法 GDP）×100%

净出口率 =（净出口 / 支出法 GDP）×100%

消费率与消费对经济增长的贡献率。消费率不同于消费对经济增长的贡献率，前者是指最终消费支出与支出法 GDP 的比率，而后者是指最终消费支出增量占支出法 GDP 增量的比重。消费率属于流量概念，贡献率属于增量概念，两者有本质区别。类似地，可以理解投资率与投资对经济增长的贡献率的区别。

住房虚拟租金与购买住房支出。根据国民经济核算资料，居民在住房方面的支出可以划分为购买住房支出、建设住房支出、住房装修支出、住房维护修理支出、住房物业管理支出、住房租金支出、住房虚拟租金支出七大类。在目前我国的支出法 GDP 核算中，前面两大类住房支出作为投资处理，后面五大类住房支出作为消费处理。住房消费中，相当大部分是居民自有住房消费，也就是自己使用自己提供的住房服务，这部分消费支出就是住房虚拟租金。住房投资核算中，由于土地不属于新创造出的价值，所以住房投资统计中要扣除土地出让金，因此 GDP 核算中的居民住房投资要远低于实际的新建商品住宅购买支出。

实物社会转移与居民消费支出。根据 2008 年的国民账户体系定义，实物社会转移是指政府以免费或低廉的价格为居民提供商品和服务，包括教育、医疗、文化、养老等。这种商品和服务的支出由政府承担，实际上由居民消费享受。目前我国尚未开展这方面的核算，若考虑这些实物转移，那么调整之后的居民消费支出和消费率将会上升，相应地政府消费支出和消费率则会下降。

经济学上的储蓄与居民储蓄存款。根据国民经济核算原理，储蓄是指收入中扣除消费的部分。按照此定义，给定收入和消费数据，我们即可算出任意一个经济主体的储蓄。对于一国而言，收入就是GDP，消费就是国民总消费，所以国民总储蓄等于GDP减去国民总消费。对于住户部门，收入就是居民可支配收入，消费就是居民消费支出，所以居民储蓄等于居民可支配收入减去居民消费支出。居民储蓄存款是住户部门在金融机构的存款，它与经济学上的储蓄既有联系又有区别。我们认为，只要居民储蓄存款创造了GDP，那它就是经济学上的储蓄；若是以超额准备金或库存现金的形式滞留在银行体系，那它就没有创造出GDP，也就没有转化成经济学上的储蓄。

## 第二节　改革开放以来我国消费率的变化

改革开放以来，我国消费率变化总体呈现出先下降再上升的趋势。改革开放之初，为弥补计划经济体制下被抑制的消费需求，我国以收入分配领域为突破口，推进经济体制改革。这一时期，城乡居民收入水平和消费水平快速提高，带动了消费率的稳步上升。“六五”中期到“八五”中期，在1982年“翻两番”目标和1992年邓小平同志南方谈话等因素影响下，我国掀起了三轮投资热潮。由于投资需求增速快于消费需求，导致这一时期我国消费率缓慢下降。“八五”末到“九五”时期，我国宏观调控目标经历了由防通胀到抗通缩的转变，伴随着投资需求的大幅回落，以及一系列促消费政策的支撑，这一时期我国消费率有所回升。“十五”到“十一五”，我国深入推进改革开放，大力发展能源、化工、钢铁、机械等重工业，进出口和投资对国内产出的贡献作用不断增强，这一时期我国消费率出现明显下滑，10 年间下降近 13 个百分点。消费率的快速下降引起了党和国家领导人的高度重视。“十二五”规划纲要明确指出，要努力实现居民收入增长和经济发展同步，提升居民消费率，战略性调整经济结构。正是在这一经济发展思路指引下，“十二五”以来，我国消费率开始回升，2019 年达到 55.8% 的阶段性高点。“十四五”前半段，受世纪疫情的影响，居民消费能力和意愿下降，消费率逐步回落。随着疫情的平稳转段，2023 年消费率快速回升至 55.7%，除了取决于消费的温和复苏，主要还受投资率特别是房地产投资过快下滑影响（见图 12-1）。

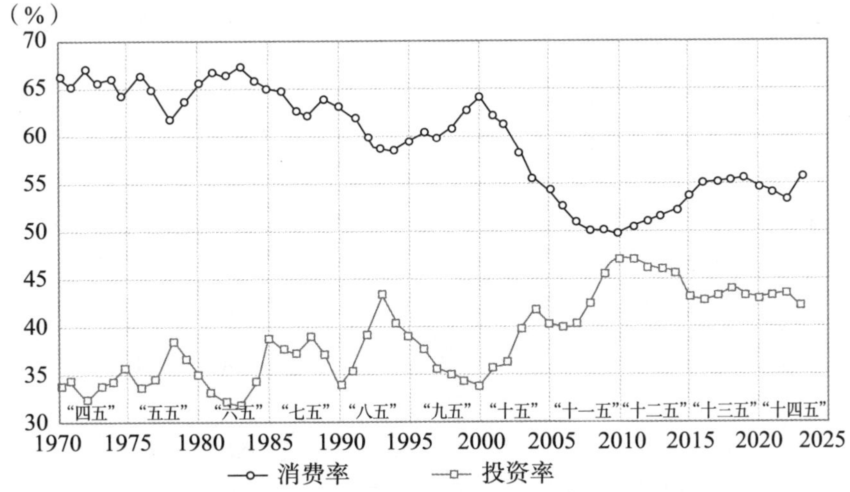


**图 12-1　我国消费率和投资率的变动情况**

资料来源：国家统计局。

“十二五”以来，消费率稳步回升的一个重要原因是劳动者报酬和居民可支配收入在国民收入中的份额稳步上升。一方面，劳动者报酬是居民可支配收入的重要组成部分，由于消费是收入的函数，劳动者报酬份额的稳步上升意味着消费支出会以一定的比例增加，即消费率表现出稳步回升的态势。另一方面，劳动者报酬也是企业最主要的生产成本，随着经济达到刘易斯拐点，企业人工成本持续上升、利润不断下滑，利润率的下行意味着投资意愿和投资增速将会下降，即投资率表现出稳步回落的态势。“十二五”以来，我国消费率和投资率的变动关系基本上是此消彼长的，连接这种关系的重要纽带则是劳动者报酬份额。2022年，我国劳动者报酬份额达到了52.7%，较2011年上升近7个百分点，同期消费率上升了2.7个百分点，而投资率则下降3.6个百分点（见图12-2）。

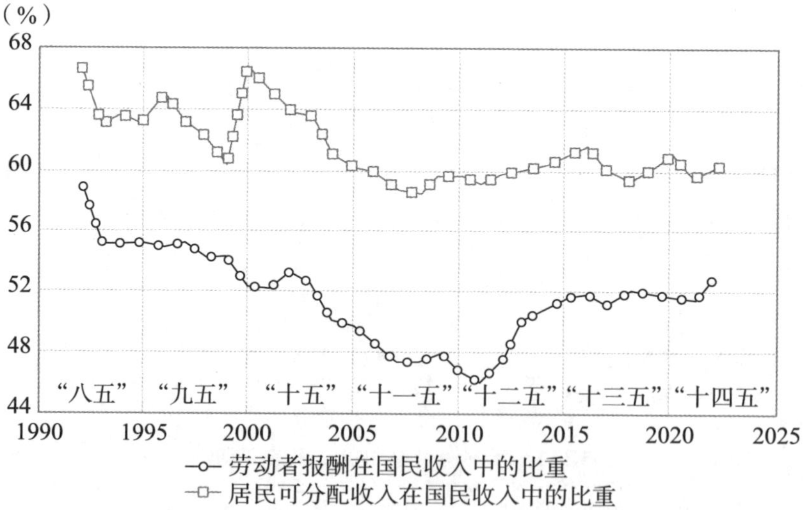


**图12-2　我国劳动者报酬和居民可支配收入占国民收入的比重**

资料来源：国家统计局。

## 第三节　我国与主要经济体消费率的比较

现阶段，我国消费率不仅明显低于欧美主要经济体水平，也低于东亚的日本和韩国。根据世界银行资料，2020—2022 年，我国消费率均值为 54.1%，不仅低于美国、英国、德国的 82.9%、82.3%、72.2%，也低于日本、韩国的 75.7%、65.1%（见图 12-3）。从经济发展阶段看，当经济体处于起飞阶段时，由于投资需求大于消费需求，消费率往往是趋势下降的。比如 1970—1990 年的韩国，20 年间消费率下降近 25 个百分点。当经济体处于快速增长时期，由于消费和投资均保持快速增长，消费率一般是稳步上升的。比如 1970—1990 年的日本，20 年间消费率由 58% 上升至 65%。当经济体处于成熟时期，由于投资机会减少，再加上居民消费较为稳健，消费率波动一般较为稳定。比如 1970—2022 年的美国，消费率一直稳定在 75%~85% 的区间波动。值得注意的是，成熟经济体消费率波动容易受到重大冲击事件影响。比如在 2008 年世界金融危机以后，欧美主要经济体住户部门为修复资产负债表，不得不增加储蓄而减少消费，导致 2008—2019 年欧美经济体消费率有不同程度下降。又如 2020 年世纪疫情暴发后，主要发达经济体采取了超大规模财政政策和货币政策，政府部门通过负债大规模向私人部门进行转移支付，推动了私人部门储蓄增加和消费能力增强，导致消费率有不同程度回升。

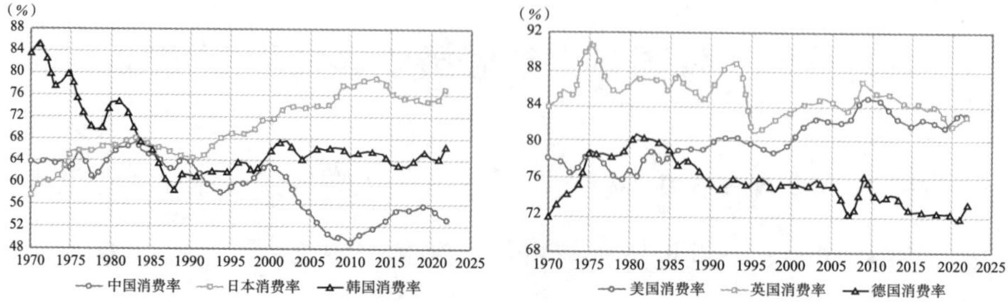


**图 12-3　我国与主要经济体消费率的变动情况**

资料来源：世界银行。

投资率可近似认为是消费率的镜像，它可以从另一面反映我国消费率的变动情况。从国际投资的发展情况看，当成熟经济体国内缺乏投资机会、海外投资项目更具吸引力时，企业倾向于在海外进行投资，并通过生产和贸易将海外商品输入国内。事实上，追赶经济体国内大部分投资是为成熟经济体而投的，通过国际贸易和金融交易，追赶经济体将一部分储蓄借给成熟经济体，成熟经济体购买商品并消费，如此循环，追赶经济体出现了高投资率、高储蓄率、低消费率的“两高一低”现象，而成熟经济体则出现低投资率、低储蓄率、高消费率的“两低一高”现象，由于两类现象方向相反，形成互补，实现了均衡。值得指出的是，这种均衡终究难以持续，因为储蓄率的长期过低以及消费率的长期过高，容易加剧成熟经济体私人部门的债务违约风险，进而可能导致金融危机和经济危机的爆发。为应对危机，成熟经济体私人部门不得不压缩消费支出，从而导致消费率下降，直到新一轮周期开启，消费率才可能止跌回升。而追赶经济体在外需不振情形下，投资率一般会下降，由于消费的刚性作用，消费率一般会上升。

从图 12-3 和图 12-4 中可以看出，20 世纪 70 年代以来，成熟经济体的美国、英国和德国的投资率总体趋势是向下的，按照上述“失衡互补”的逻辑，是日本、韩国和我国的高投资率接续，保证了美国、英国、德国的长期高消费率。当然，上述均衡终究难以持续，例如 2008 年世界金融危机就打破了原有均衡。当前成熟经济体的美国、英国、德国、日本、韩国的消费率均有不同程度下降，投资率有不同程度回升，而作为追赶经济体的我国消费率和投资率的变动正好与此相反。

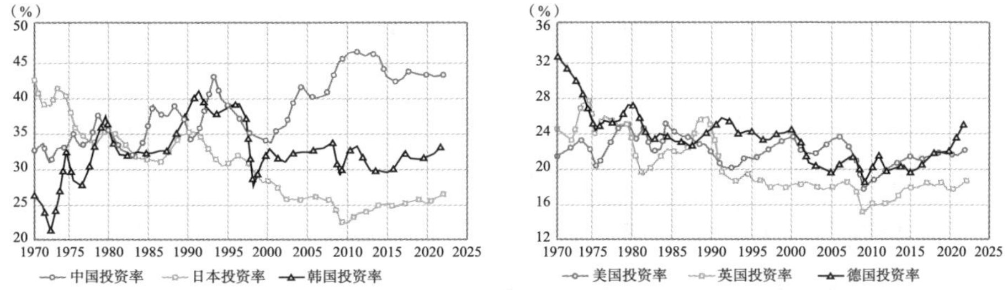


**图 12-4　我国与主要经济体投资率的变动情况**

资料来源：世界银行。

放眼世界，居民消费是最终消费的重要组成部分，居民消费率偏低意味着总的消费率水平也偏低。现阶段，我国居民消费率低于主要经济体。根据世界银行资料，2020—2022 年，我国居民消费率均值为 37.8%，不仅低于美国、英国、德国的 68.4%、60.3%、50.2%，也低于日本、韩国的 54.4%、46.8%（见图 12-5）。从经济发展阶段看，居民消费率与总的消费率表现出相似特征，即居民消费率在经济起飞时下降，在经济快速发展时稳步回升，在经济成熟时稳定在一个区间波动。从成熟经济体看，20 世纪 70 年代至新冠疫情前，美国居民消费率稳定在 60%~68%，英国稳定在64%~69%，德国保持在52%~59%。日本和韩国在经历经济快速发展后，居民消费率也十分稳定。20世纪90年代以来，日本居民消费率保持在55%上下波动，韩国保持在50%左右。

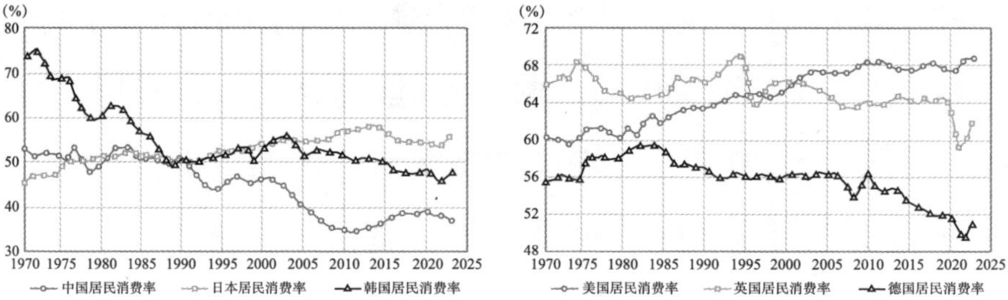


**图12-5 我国与主要经济体居民消费率的变动情况**

资料来源：世界银行。

政府消费是居民消费的重要补充。一般而言，政府消费率运行较为稳定。20世纪70年代以来，我国政府消费率保持在12%~17%区间波动，美国、英国、德国分别保持在14%~18%、16%~22%、16%~22%，日本、韩国分别保持在12%~22%、10%~19%（见图12-6）。另外应注意到，我国政府消费率与主要经济体差距不大，即便与高福利的日本和德国相比，目前也仅有5个百分点的差距。值得一提的是，高政府消费率可能是社会福利较好的表现，也可能是政府过多占用与滥用社会资源（如非洲少数国家）。对于成熟经济体而言，政府大部分消费支出用于教育、医疗、养老、文化等公共服务领域，政府消费率高在一定程度上可以减轻居民后顾之忧，增强居民消费意愿，提升居民消费率。值得指出的是，成熟经济体并非所有的公共服务都能做到十全十美，在一些民生领域居民还得承担较高费用，比如美国的医疗保健。

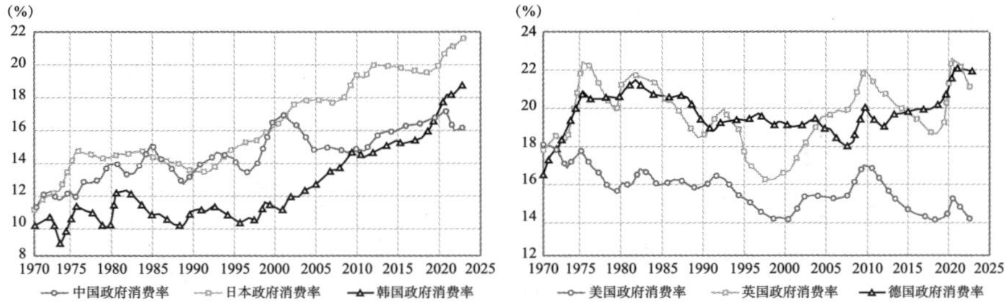


**图 12-6　我国与主要经济体政府消费率的变动情况**

资料来源：世界银行。

根据因子分解，居民消费率可分解为居民可支配收入占比与居民平均消费倾向的乘积，其中前者为居民可支配收入占国民收入的比重，反映了居民最终分配到的收入比例，通俗地讲就是“是否有钱可以花”；后者为居民消费支出占居民可支配收入的比重，衡量了居民消费意愿，通俗地讲就是“是否敢于花钱”。根据经济合作与发展组织资料，2016 年以来，我国居民可支配收入占比稳定在 62% 左右，略高于日本的 59% 和韩国的 58%。美国、英国、德国的居民可支配收入占比波动一直较为稳定，20 世纪 90 年代以来，美国保持在 71%~76%，英国保持在 66%~72%，德国保持在 64%~68%（见图 12-7）。以上数据表明，对于近邻日本和韩国，现阶段我国的居民可支配收入占比已经超过了它们，意味着我国经济发展确实惠及大部分百姓，但与欧美成熟经济体相比，我国居民可支配收入占比水平还偏低，这是当前我国居民消费率水平低于它们的一个重要原因。

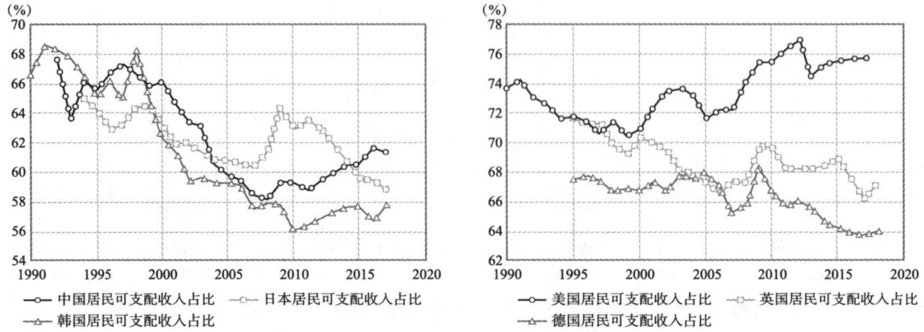


**图 12–7 我国与主要经济体居民可支配收入占比情况**

资料来源：经济合作与发展组织。

居民平均消费倾向是决定居民消费率高低的另一重要因素。通过分析经济合作与发展组织资料，我们发现三个重要事实。第一，我国居民平均消费倾向远低于近邻日本和韩国。20 世纪 90 年代以来，我国居民平均消费倾向为 0.66，远低于日本的 0.88 和韩国的 0.87。我们认为这与日韩“男主外女主内”的家庭分工模式有关，即男性在外赚钱，女性在家带娃，这种家庭结构模式一般会有较高的消费倾向。第二，成熟经济体居民平均消费倾向波动一直很稳定。近 30 年间，美国居民平均消费倾向保持在 0.84~0.91，英国保持在 0.88~0.94，德国则更稳定保持在 0.82~0.84（见图 12–8）。第三，经济体迈向成熟阶段时，居民平均消费倾向一般会稳步上升。观察日本和韩国的经济发展轨迹可以发现，在进入成熟阶段时，两国居民平均消费倾向有 0.1~0.2 不等幅度的上升。

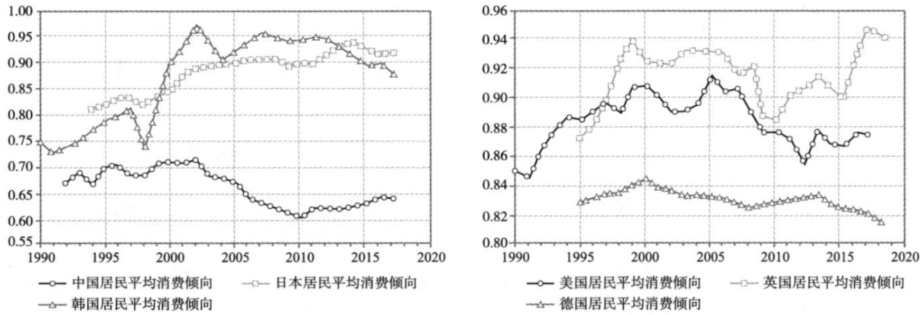


**图 12-8　我国与主要经济体居民平均消费倾向的变动情况**

资料来源：经济合作与发展组织。

居民消费是最终消费的重要构成部分。根据产品形态，消费品可划分为服务消费和商品消费。近年来，我国服务消费保持着快速发展势头，且有超过商品消费的迹象。2023 年，在全部居民最终消费支出中，服务消费占比达到了 45%。从全球居民消费结构变迁看，成熟经济体消费都经历了由商品消费主导向服务消费主导的转变。例如，美国居民服务消费超过商品消费发生在 20 世纪 70 年代初，而德国则出现在 21 世纪初。值得指出的是，当居民服务消费占据主导地位时，一般其增速会逐渐递减，直到降至 0，此时居民服务消费占比会稳定在一个水平。例如，近些年美国、日本、德国的居民服务消费占比分别维持在 65%、57% 和 50% 左右（见图 12-9）。

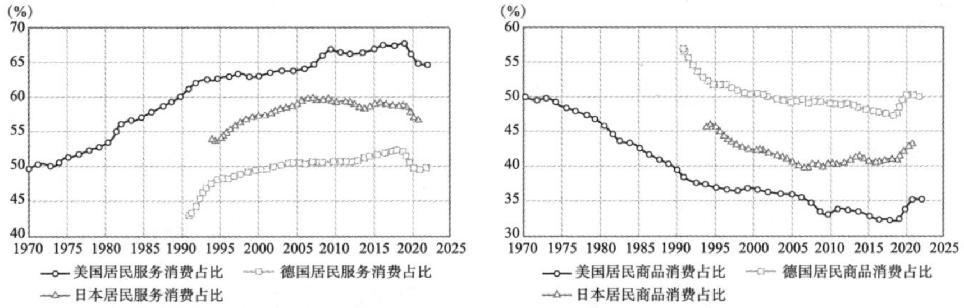


**图 12-9　主要经济体居民服务消费和商品消费占比情况**

资料来源：经济合作与发展组织。

按商品的消耗周期，商品消费可划分为耐用消费品、半耐用消费品和非耐用消费品。从图 12-10 中可以观察到，在居民消费结构变迁过程中，耐用消费品占居民消费的比重一直较为稳定，商品消费比重下降主要体现在半耐用消费品和非耐用消费品上。当商品消费占居民消费的比重趋于稳定时，耐用消费品、半耐用消费品和非耐用消费品三者之间的比重也趋于稳定。

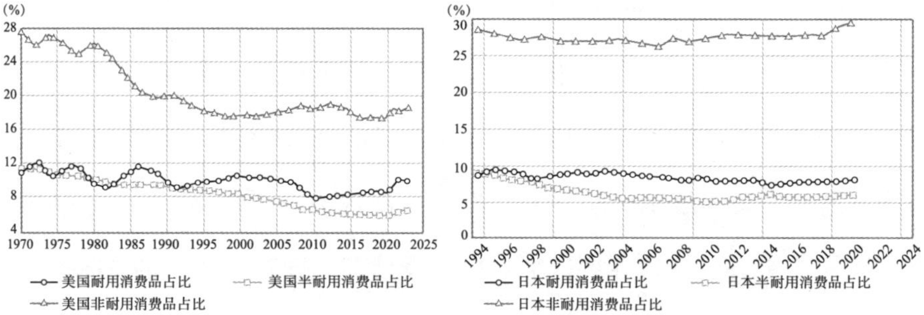


**图 12-10　美国和日本的居民商品消费结构情况**

资料来源：经济合作与发展组织。

为深刻揭示居民消费率的内涵，我们对居民消费结构重新进行划分，将衣、食、住方面的消费定义为生存型消费，剩余消费定义为发展享受型消费。从表 12-1 中可以观察到，2018—2022 年，我国居民生存型消费比例为 65.6%，高于主要经济体 15~30 个百分点，主要是我国食品和烟酒支出比例偏高。同期，我国发展享受型消费比例为 34.5%，明显低于主要经济体，尤其是美国。主要是这些经济体金融保险服务发达，居民旅游休闲消费需求高。以美国为例，它的居民金融保险和旅馆住宿消费比例能够分别达到 8.0% 和 5.9%。值得注意的是，在成熟经济体中，美国的发展享受型消费比例偏高，这与它的医疗保障体系密切相关。美国居民承担了大部分医疗费用，而英国、日本、德国和韩国的公共医疗保障体系则较为完善，居民医疗负担相对较轻。

**表 12-1　我国与主要经济体居民消费支出结构情况**

单位：%

| 消费支出结构情况 | 中国 | 美国 | 日本 | 德国 | 英国 | 韩国 |
|---|---|---|---|---|---|---|
| **生存型消费** | 65.6 | 35.0 | 51.1 | 50.2 | 49.3 | 40.4 |
| 食品和烟酒 | 28.5 | 9.0 | 18.4 | 14.7 | 12.1 | 13.9 |
| 衣着 | 6.3 | 3.0 | 3.4 | 4.1 | 4.9 | 5.6 |
| 居住 | 24.7 | 18.6 | 25.3 | 24.7 | 27.1 | 17.7 |
| 生活用品及服务 | 6.1 | 4.4 | 4.0 | 6.7 | 5.2 | 3.2 |
| **发展享受型消费** | 34.5 | 65.1 | 49.0 | 49.9 | 50.7 | 59.6 |
| 医疗保健 | 8.1 | 21.1 | 4.0 | 5.4 | 2.1 | 5.6 |
| 交通和通信 | 13.0 | 11.7 | 13.4 | 15.9 | 14.6 | 16.2 |
| 教育、文化和娱乐 | 10.8 | 11.6 | 10.1 | 11.1 | 12.1 | 12.3 |
| 其他商品和服务 | 2.6 | 20.7 | 21.5 | 17.5 | 21.9 | 25.5 |
| 金融保险 | — | 8.0 | — | 5.6 | 5.9 | — |
| 旅馆住宿 | — | 5.9 | 6.9 | 4.8 | 9.8 | 10.0 |

资料来源：中国数据来自国家统计局住户调查数据，其他经济体数据来自经济合作与

注：表中数据为 2018—2022 年的平均值。

## 第四节　“十四五”时期我国消费率的变动估计

经济全球化步伐放缓。当前，全球经济增速放缓，贸易保护主义和民粹主义抬头，经济全球化遭遇波折。从国际贸易投资增长的动能看，

经济全球化是企业和资本全球追逐利润的产物，当前成熟经济体经济增速放缓，资本回报率下降，为追求高额回报，企业不可避免地继续向资本回报率高的新兴市场转移。但是，迫于内部政治、经济和社会压力，为吸引中高端制造业回流，促进经济增长，增加就业岗位，美国及欧洲一些国家可能普遍会加强贸易保护，加大国内投资设厂优惠力度，这一趋势无疑为经济全球化的深入发展带来了新的不确定性。同时，我国也将面对少数发展中国家的竞争追赶，这些国家发展与我们相似的产业，生产与我们相似的中低端产品，争抢我们已有的市场。面对这种两端受挤压的局面，预计“十四五”剩余时间内，我国净出口增长将放缓，净出口率可以忽略不计。

工业化进入深化阶段。工业化联系着消费和投资两端。从国际经验看，工业化不仅能够提升人均收入，促进消费增长，也能拉动固定资产投资，提升资本形成水平。从工业化水平看，“十二五”时期以来，我国就已进入工业化后期。2011 年第三产业就业人数首次超过第一产业，2012 年第三产业增加值比重首次超过第二产业。同时，经济运行也逐步呈现出工业化后期特征，即经济由高速增长转向中低速增长，产业结构由重工业主导转向技术密集型主导。当前，我国工业化进程在产业、区域、资源环境方面仍存在不平衡不充分的情况。因此，在真正进入后工业化时代之前，为解决当前工业化中存在的不平衡不充分问题，我国还需要进一步深化工业化进程。“十四五”时期是深化工业化进程的关键阶段，与历史上任何一个全面实现工业化的国家一样，深化过程中难免会遇到困难与险阻，目前来看主要面临三个方面的重大挑战：一是“去工业化”趋势的挑战；二是“逆全球化”趋势的挑战；三是“新工业革命”的挑战。面对这些挑战，避免工业尤其是制造业在经济中的比重下降过快，保住制造业“基本盘”，我国会继续推动制造业高质量发展，加大人工智能、工业互联网、物联网等新型基础设施投资力度，加快促进工业化和信息化更好地融合。预计在工业化深化进程中，我国制造业投资领域仍具有较强吸引力，投资对经济增长的拉动作用不会快速减弱，投资率的下降速度可能放缓，消费率的上升速度可能低于预期。

城市化进程放缓。从城市化发展的国际经验看，在城市化快速发展阶段，消费需求增速往往低于投资需求增速，消费率一般会有明显下降；随着城市化进程的放缓，投资需求增速会有明显放缓，投资率逐渐下降，由于越来越多的农村居民进入城镇就业，社会整体收入水平明显提高，消费率一般会稳步回升。2023 年，我国常住人口城镇化率达到 66.16%，2021—2023 年平均每年上升 0.76 个百分点，上升幅度低于 2011—2015 年（1.23 个百分点）和 2016—2020 年（1.31 个百分点）的平均水平。尽管我国城镇化速度在放缓，同时城镇化水平与欧美以及日韩有一定差距，但在推进新型城镇化建设上，我国政府矢志不渝，如提出全面取消常住人口 300 万以下城市的落户限制，促进农业转移人口等非户籍人口在城市便捷落户，推动城镇基本公共服务覆盖未落户常住人口等。这些举措为我国城市化注入了新动力。预计“十四五”时期末，我国常住人口城镇化率将上升至 67.2% 左右（见图 12-11）。城市化水平的上升既意味着经济发展的潜力所在，又对市政基础设施建设、基本公共服务供给提出了更高要求。预计“十四五”时期末，在城市化的稳步推进中，重点领域补短板工作将会加大，特别是保障性住房建设、“平急两用”公共基础设施建设、城中村改造“三大工程”的实施，投资率的下降趋势会放缓，消费率的上升趋势会减弱。

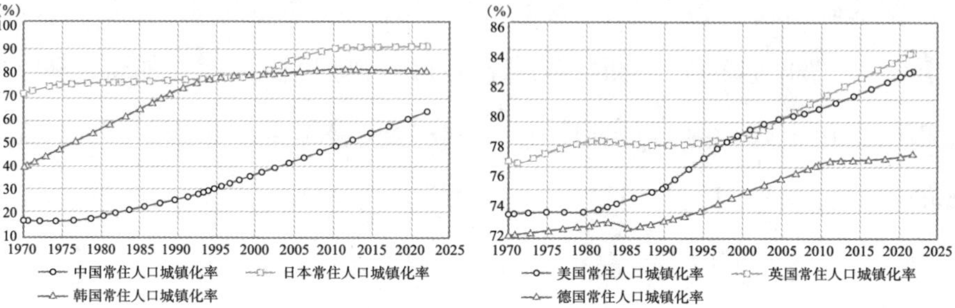


**图 12–11　主要经济体常住人口城镇化率**

资料来源：世界银行。

中等收入群体稳步扩大。中等收入群体是支撑一国消费的关键人群。一般而言，一国的中等收入群体规模越大，该国的消费能力往往越强。根据国家统计局的统计口径，目前我国中等收入群体规模约有 4 亿人。预计“十四五”时期末，我国中等收入群体规模将进一步扩大。判断依据是：第一，在工业化和城市化双轮驱动下，我国经济能够保持中高速增长，中国社会科学院宏观经济研究中心课题组认为“十四五”时期我国潜在增长率能够保持在 5.5% 左右。经济保持较快速度增长能够为居民收入增加提供保证。第二，为满足人民日益增长的美好生活需要，社会保障体系会不断健全，就业、教育、医疗、养老等安全网会织得更牢，人力资本水平会不断提升。随着中等收入群体规模的扩大，政府民生保障支出的增加，以及商品和服务的供给质量和效率的提升，预计到“十四五”时期末，我国居民消费率和政府消费率都将有所上升，居民平均消费倾向可能回归至 0.68，居民生存型消费将降至 64%，发展享受型消费升至 48%。

重点领域补短板力度加大。当前，人民日益增长的美好生活需要和不平衡不充分的发展之间的矛盾日益凸显。人民群众面临教育、医疗、住房三大难题，关键核心技术还受制于人。为了更好地提升人民生活质量，增强国家全球竞争力，预计未来一个阶段，我国将进一步加大重点领域补短板的力度，增加民生领域重点产品和服务的供给，加强关键核心技术和重要零部件的攻关，提升重大突发事件应急救援的能力。重点领域补短板短期看是拉动投资增长，长期看则是为了更好地促进居民消费。重点领域补短板力度的加大，意味着我国投资还大有可为，我国投资率不会过快下降。

消费率的变动估计。根据前述的跨国比较经验，以及我国的发展环境、发展阶段和宏观周期波动，预计“十四五”时期，我国消费率缓中有升，投资率稳中趋降。到“十四五”时期末，估计消费率可能升至56%~57%，净出口率降至0左右，储蓄率和投资率降至43%~44%。考虑到未来社会保障体系更加完善，政府公共服务支出将增加，预计政府消费率可能上升至17%左右。随着居民平均消费倾向与居民可支配收入份额的提高，居民消费率将上升至39%~40%，居民发展享受型消费继续保持上升态势，居民生存型消费下降至64%。具体预测数据见表12-2。著名发展经济学家钱纳里认为，一国消费率大致呈现出一条“U”形的变化曲线。从目前预测情况看，“十四五”时期我国消费率的变化趋势遵循钱纳里的一般性规律，处于“U”形曲线的爬坡阶段。随着工业化和城市化的逐步完成，参照成熟经济体发展轨迹，预计未来5~10年我国消费率总体将呈上升趋势。

表 12-2 “十四五”我国消费指标与当前主要经济体的比较

单位：%

| 指标 | 中国 | | 美国 | 日本 | 德国 | 英国 | 韩国 |
|---|---|---|---|---|---|---|---|
| | 2020 年 | 2025 年 | 2018—2022 年的平均值 | | | | |
| 消费率 | 54.7 | 56~57 | 82.4 | 75.4 | 72.2 | 82.8 | 65.0 |
| 投资率 | 42.9 | 43~44 | 21.8 | 25.8 | 22.8 | 18.1 | 32.1 |
| 储蓄率 | 45.3 | 43~44 | 17.6 | 24.6 | 27.8 | 17.2 | 35.0 |
| 政府消费率 | 16.9 | 17 | 14.3 | 20.7 | 21.2 | 20.7 | 17.6 |
| 居民消费率 | 37.8 | 39~40 | 68.1 | 54.7 | 51.0 | 62.1 | 47.4 |
| 居民生存型消费比例 | 67.1 | 64 | 35.0 | 51.1 | 50.2 | 49.3 | 40.4 |

资料来源：国家统计局、世界银行、作者估算。

## 第五节　相关建议

继续实行“两个积极鼓励”。以上分析表明，消费率和投资率可近似看作一枚硬币的两面，研究消费率实际上也就在研究投资率。与以往一些研究目的不同，我们研究消费率变动不是为了提高消费率，而是更好地促进消费和投资的顺利实现。近期，为应对经济增速放缓，社会上对政府的投资政策存在一些误区，认为扩大投资就等于强刺激。然而，我们对消费和投资政策一直都秉持积极鼓励的态度，不因消费率偏低就支持消费，不因投资率偏高就排斥投资。当前，我国还存在影响消费和投资的制度性和政策性缺陷，为使消费过程和投资过程更加顺畅，无疑应当采取政策和措施加以消除。当前，我国处于工业化深化和城市化稳步提升的阶段，同时面临外部较大的逆全球化和民粹主义风险。我们应保持战略定力，心无旁骛谋发展，继续深化供给侧结构性改革，在新质生产力上下功夫，并保持名义 GDP 增长率和货币供应量增长率在中高水平上的稳定。通过加大补短板力度，增强微观主体活力，提升产业链水平，畅通经济循环，促进消费和投资的双升级。

完善重点民生商品保障体系。现阶段，我国居民生存型消费占比仍较高，重点民生商品保障体系建设任务较重。建议做好以下六个方面工作：一是加大信息网络建设，完善重点民生商品上下游、产供销数据库建设，加大数据更新力度和分享范围，提高监测数据尤其是农产品数据质量。二是稳定一些重点民生商品的产能，如将生猪产能稳定在 5500 万至 6000 万吨。三是加强冷链体系建设，支持产地源头、销地终端的低温保鲜库、冷链工作站建设，探索制定仓储运输、装卸搬运、包装等冷链标准，提高重点民生商品存储质量。四是加快重点民生商品销售进小区计划，完善网络配送体系，便捷居民购物。五是加强重点民生商品市场监管，严厉打击质量安全问题和价格违法行为，尤其是商品期货市场对现货市场价格的扰动。六是加大政策支持力度，继续推进财政、金融、土地、环保、产业等一揽子政策，夯实重点民生商品保障根基。

加快形成支出法 GDP 数据生成公开机制。当前我国 GDP 核算以生产法为中心，在货物统计方面有深厚基础，而服务统计方面则显得有些不足。欧美经济体 GDP 核算以支出法为中心，在服务统计方面有一套成熟做法。当前，我国居民服务消费比重将稳步上升，为满足宏观经济需求管理，更好地对服务的生产和消费进行系统分析，建议国家统计局借鉴国际经验，加大国民经济核算研发力度，尽快形成支出法 GDP 数据的核算和公布机制。

# 第十三章　大国经济循环的规律与特征

市场是市场经济中的最宝贵资源。大国经济一般是以国内市场为主体的，而国际市场始终是国内市场的重要补充。梳理中国、美国、日本、德国四个大国国民经济循环脉络发现，大国经济的繁荣离不开国内国际市场；市场规模的有限决定国内国际循环不畅在所难免；经济循环不畅往往伴随着大国经贸摩擦加剧、资产价格泡沫膨胀、社会贫富差距扩大等问题；危机处置的关键在于迅速且足量的流动性注入，以及在此过程中建立的充分信任、授权和容错机制。

## 第一节　双循环新发展格局的核心要义

“构建以国内大循环为主体、国内国际双循环相互促进的新发展格局”中的双循环内涵十分丰富，可从以下三个方面准确把握其核心要义。

第一，循环不仅是经济层面的循环，也涉及技术、安全和空间层面。从经济层面看，大循环是指社会再生产过程，主要由生产、分配、流通、消费四个环节组成。现实中，四者同时发生、相互影响。其中，生产活动形成产出，产出根据分配方式转变成居民、企业、政府的收入，通过流通环节，经济主体又会把这些收入消费出去，而这些消费需求又会激发出新一轮生产活动。在市场经济条件下，经济大循环是实物循环和价值循环的结合，是商品和服务的生产、分配、流通、消费过程与货币资金在社会再生产过程中的合理分配流动相结合的过程（见图 13-1）。

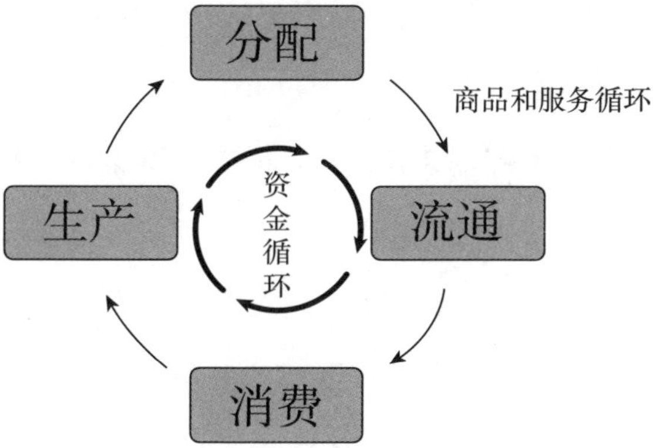


**图 13-1　市场经济循环的四个环节**

从技术层面看，大循环要求尽快提升自主创新能力、突破关键核心技术。这是关系我国发展全局的重大问题，也是构建新发展格局的关键。近年来，以美国为首的西方国家出于维护自身竞争优势、抑制我国崛起态势，对我国在高技术研发合作和产品技术服务出口方面进行限制，中兴、华为、字节跳动等高科技企业相继受到制裁。目前来看，关键核心技术是要不来、买不来、讨不来的。为改变这种受制于人的局面，提升供给体系对国内市场的适配性，必须坚持创新在我国经济全局中的核心地位，把高水平科技自立自强作为国家发展的战略支撑，加快关键核心技术攻关。

从安全层面看，大循环要求产业链供应链稳定可靠。在经济全球化的大潮下，国际生产力协作是有必要的，但缺点也很明显，容易受到地缘政治、战争、极端事件等因素影响。如新冠疫情的全球蔓延给我国产业链供应链的稳定带来较大冲击，尤其是对风险敞口大、对外依存度高的资源和服务。为增强产业链供应链的稳定性，维护产业安全，更好畅通国民经济大循环，需要把提升产业链供应链现代化水平摆在突出位置，加快推动强链补链固链工作。

从空间层面看，大循环要求建设高标准市场体系，形成国内统一大市场。对内而言，根据比较优势理论，各地应依据资源禀赋，发展自身优势产业，而非低水平的重复建设、过度竞争。为平衡地区利益，破除区域分割和地方保护行为，国家在财税、金融等政策方面需进行宏观调节。也就是说，对于处于垂直分工体系底部的地区，政策应照顾和倾斜。面对外部，建立国内统一大市场，不仅可以与国际市场扳手腕，又能在国际市场不景气时为自己筑起一道防火墙。

从以上四个层面可以推出，以国内大循环为主体的核心要义是经济增长主要依靠内需带动，并且对生产、分配、流通、消费各环节具有较强控制力。

第二，以国内大循环为主体绝不是关起门来搞封闭运行。改革开放40多年来，我国与全球经济的关系更加紧密。1978年，我国对外贸易依存度不到10%，至2006年达到64.5%的峰值，之后逐步回落并稳定在当前的37%左右。出口在全球市场的份额，由改革开放之初的不到0.5%，上涨到2021年12.6%的峰值，当前稳定在10%~12%的区间（见图13-2）。2022年我国出口规模达到3.7万亿美元，超过英国一整年的总产值。正是由于加入了国际大循环，使得我国国内大循环更加通畅。

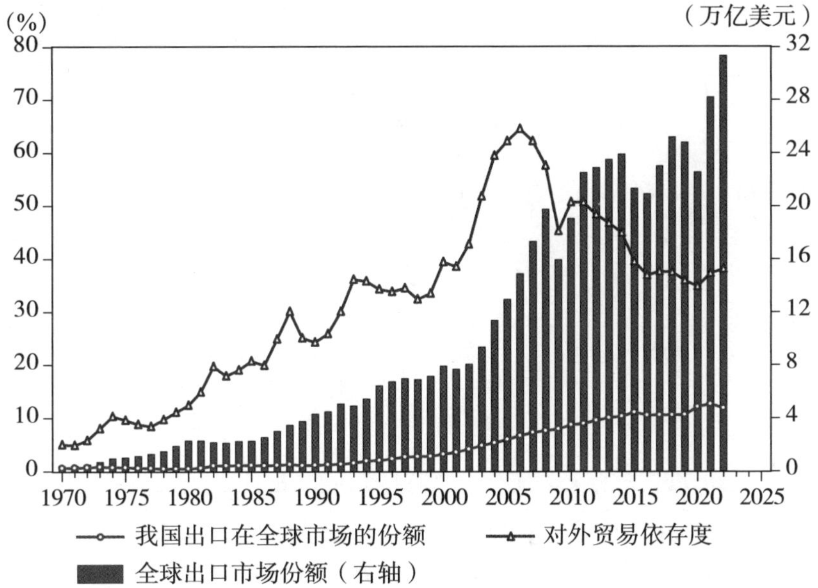


**图 13-2　我国参与国际大循环情况**

资料来源：世界银行。

国际循环能够有效弥补我国生产要素的结构性弱项。技术产品方面，我国是全球最大的集成电路进口国，2022 年进口量达到 5384 亿块，进口金额约 4155.8 亿美元，占我国进口总额的 15.3%，位列我国进口商品首位。能源方面，我国原油供给主要依靠进口，2022 年进口量为 5.1 亿吨，对外依存度超过 70%，是我国进口第二多的商品。近些年，在绿色发展理念指引下，我国天然气进口量持续增加，2022 年进口规模接近 1.1 亿吨，对外依存度略高于 40%。矿石方面，我国铁矿石供给也主要依靠进口，2022 年进口 11.1 亿吨，对外依存度超过 70%。农产品方面，大豆是我国进口量最大的农产品，我国每年需要进口 9000 万吨左右，为全球最大的大豆消费国和进口国（见表 13-1）。

表 13-1　2022 年我国部分重要商品的进口量、进口额及对外依存度

| 商品 | 进口量 | 进口额 / 亿美元 | 对外依存度 /% | 占进口总额比重 /% |
|---|---|---|---|---|
| 集成电路 | 5384 亿块 | 4155.8 | 62.4 | 15.3 |
| 原油 | 5.1 亿吨 | 3657.3 | 71.5 | 13.5 |
| 铁矿石 | 11.1 亿吨 | 1277.3 | 71.5 | 4.9 |
| 天然气 | 10917 万吨 | 700.3 | 40.1 | 2.6 |
| 大豆 | 9053 万吨 | 609.0 | 81.7 | 2.3 |
| 合计 | — | 10399.7 | — | 38.6 |

资料来源：国家统计局、海关总署、英国石油、Wind。

注：对外依存度 =（进口量 － 出口量）/ 表观消费量，其中表观消费量 = 产量 + 进口量 － 出口量。铁矿石对外依存度考虑到了品位差异。

国际循环是国内产业顺畅运转的重要支撑。我国许多产业依赖于国际市场。如彩色电视机，2022 年我国出货量接近 2 亿台，出口 9290 万台，国际市场消化我国近一半的彩色电视机产能。同时，国际循环增加了国内居民收入和购买力。根据 GDP 收入法的构成估算，净出口收入中大约 52.1% 是劳动者报酬，24.3% 是企业营业盈余。2001—2022 年，我国净出口累计创收 33.9 万亿元，按照上述比例估算，有 17.1 万亿元是劳动者报酬，8.5 万亿元是企业营业盈余（见图 13-3）。这部分报酬主要以工资、奖金、津贴、补贴、利润的形式存在，是国内购买力不可或缺的部分。

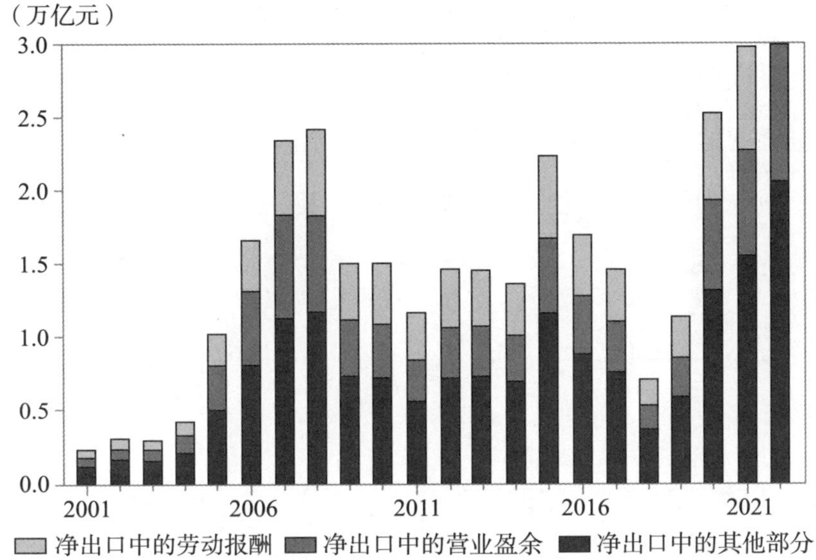


**图 13-3　我国净出口中劳动者报酬和企业营业盈余情况**

资料来源：国际统计局、作者估算。

第三，以国内大循环为主体有助于更好地促进国际循环。2008 年国际金融危机至 2020 年世纪疫情暴发，美欧日经济体增长缓慢，而我国经济持续保持中高速增长，成为推动世界经济增长的第一引擎。据世界银行数据测算，2009—2019 年，我国对全球 GDP 增量的贡献率高达 33.9%，稳居世界第一，比排名第二的美国高出 8.5 个百分点（见图 13-4）。我国经济社会发展为世界各国创造了巨大需求。在此期间，商品和服务进口额持续扩大，尤其是服务进口额，2019 年达到 5014 亿美元，占全球服务贸易进口总额的 8.7%，仅次于美国位居全球第二。在服务进口额中，旅游服务占据一半以上，知识产权使用费接近 7%。我国是美国重要的服务贸易出口市场。2019 年美国对我国服务贸易出口达到 565.4 亿美元，占其全球服务贸易出口总额的 6.7%。此外，我国经济社会发展也为跨国公司提供了巨大的市场机遇。2010—2019 年，我国规模以上外商投资工业企业利润总额达到 10.2 万亿元，年均超过 1 万亿元。然而，2020 年以来，随着房地产深度调整与名义 GDP 增长率的放缓，我国对世界经济的增长贡献、为全球各国创造出的需求以及对跨国公司的吸引力出现了不同程度的下降。

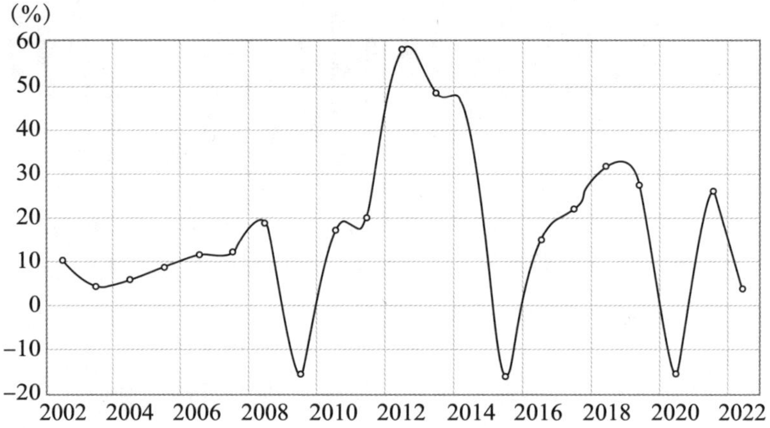


**图 13-4　我国对全球 GDP 增量的贡献率**

资料来源：世界银行。

我国对外直接投资扩张为东道国经济循环注入动能。2023 年，我国对外直接投资 1478.5 亿美元，流量占全球比重的 9.5%，位列全球第二（见图 13-5）。2023 年末，我国对外直接投资累计达 2.9 万亿美元，存量占全球比重的 6.6%，保持全球第三。我国对东道国税收贡献显著，2022 年，境外企业向投资所在地纳税 750 亿美元，境外企业员工总数超过 410 万人，其中雇用外方员工近 250 万人。

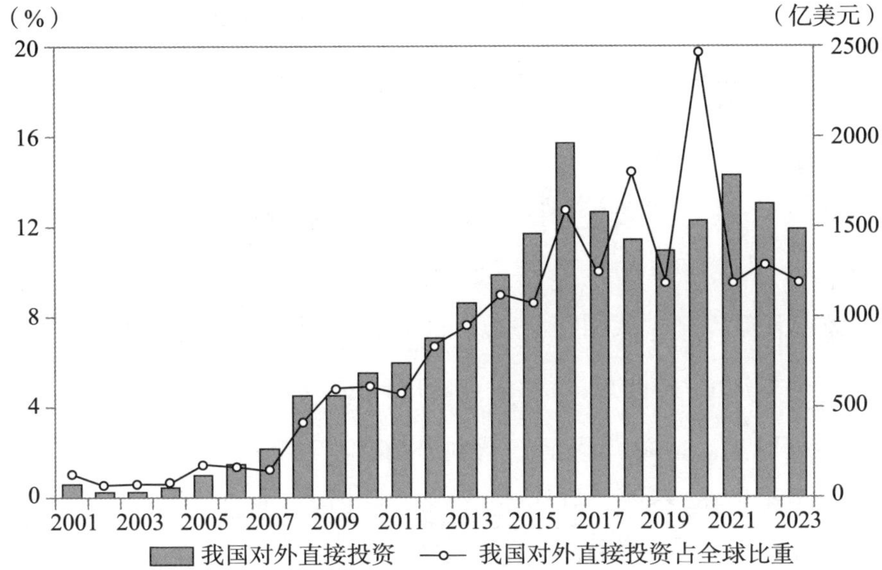


**图 13–5　我国对外直接投资情况**

资料来源：联合国贸发会议数据库。

由此可见，国内国际循环是相互促进、相互影响的统一整体。但循环并不都是通畅的，因此有必要观察不同时期主要国家乃至全球的经济周期波动，进行分析总结。总体来看，在经济处于复苏和繁荣阶段，企业产销两旺，设备利用充分，产成品库存处于低位，价格上涨，利润增加，利润和成本能适时回流；居民就业率高，收入水平上升，消费增速保持高位；政府财政收入增加。而当经济处于衰退和萧条阶段时，企业生产设备闲置，产成品库存积压，产品价格下降，资金回笼困难，面临亏损甚至破产局面，实体领域出现资金荒；居民失业率增加，收入水平停滞不前，消费增速回落，对贫富差距扩大表示不满；政府财政收入减少，赤字开始增加。根据马克思的扩大再生产理论，导致经济循环不通畅的根源在于生产过剩，这实际上也是凯恩斯的有效需求不足。随着市场经济受到商业信用的影响逐渐加深，需要以经济周期的视角来分析循环，从历史和国际两个角度汲取经验。

## 第二节　中国经济循环

改革开放以来，我国经济经历了从封闭到开放的转变。根据净出口余额及在 GDP 中的比重，1978—1989 年我国净出口规模较小，内向型经济特征明显。1990 年以后，特别是 2021 年加入世界贸易组织之后，我国加快融入国际循环，对外开放程度不断提高 ( 见图 13-6)。

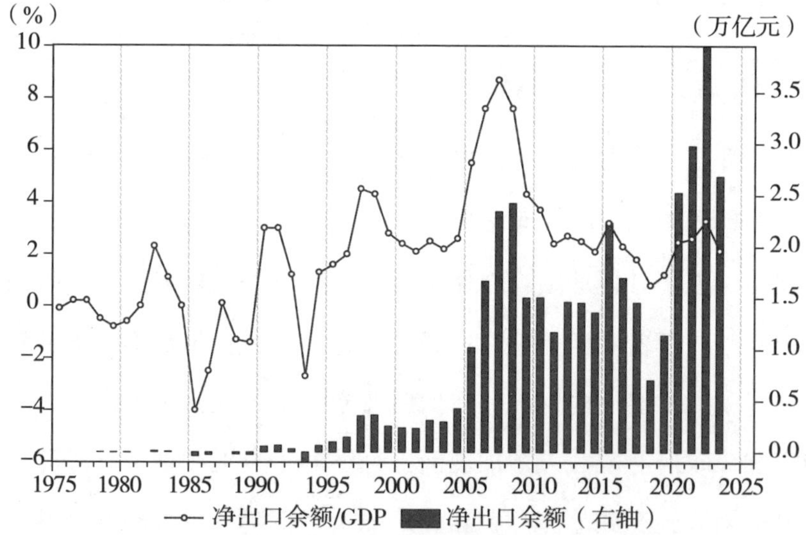


**图 13-6　我国净出口余额及其在 GDP 中的比重**

资料来源：世界银行。

1978—1984 年，我国经济改革重心在农村。此时，农村经济取得快速发展，农产品供给充分，物价总水平较为稳定。1984 年后，经济改革重心转向城市，社会兴起经商、高消费、基建三次浪潮，各地争上投资项目，带动财政货币政策扩张，推动经济快速增长，到 1989 年，由于贫富差距扩大，有效需求不足，导致生产过剩，经济出现衰退（见图 13-7）。此次衰退主要表现为：企业产品销售不畅，库存积压严重，生产资金难以回笼，银行信贷无法归还，由此企业间相互拖欠债务形成"三角债"，银行呆账坏账等不良贷款规模上升。从这次衰退的演变可以看出，衰退问题的根源出在分配和消费环节，由于有效需求不足导致消费低迷，从而引发生产和流通环节危机，并传导至金融系统。为化解生产过剩问题，时任中国社会科学院何新研究员建议通过限产压库，换回流动性资金；鼓励消费，扩大有效需求；刺激出口，为过剩产品开辟海外市场。正是由于采取了这些经济政策，我国经济在 20 世纪 90 年代初迅速摆脱了危机。此后，为畅通国民经济循环，我国开始拓展海外市场，融入国际循环。

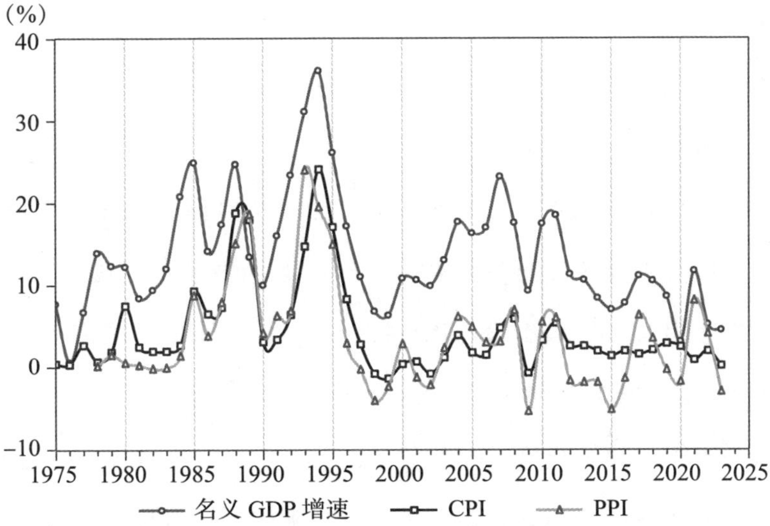


**图 13-7　我国名义 GDP 增速、CPI 和 PPI 运行情况**

资料来源：国家统计局。

关于此次衰退，主流观点认为根源是货币供应量的过快增长，造成总需求大于总供给，所以应采取紧缩性宏观政策。主要逻辑是，货币供应量快速增长导致物质资源供需失衡，带来通货膨胀压力和社会紧张，为缓解这种压力，须采取紧缩性货币政策和财政政策。事实上，1989 年我国施行了从紧的货币政策和财政政策，希望通过控制货币和压缩需求，引导经济健康运行，然而效果并不佳，企业库存积压更加严重，企业亏损数目增加，银行不良贷款规模不减反增，财政赤字恶化，经济增速大幅下滑，所以 1990 年后，我国经济政策思路开始转向，逐步实施抑制生产过剩的经济政策。

20 世纪 90 年代，我国加快了融入国际市场步伐。但当时，国际市场环境并不景气。一是发达经济体放缓了信贷大幅扩张的步伐，比如美国宏观杠杆率长期维持在 185% 上下，导致全球市场需求增长缓慢（见图 13-8）。二是亚洲金融危机的爆发和蔓延，使国际经济运行的大循环受阻，也对我国出口和使用外资造成不同程度冲击，并对国内经济循环造成较大负面影响。

2001 年我国加入世界贸易组织后，由于贸易环境改善，再加上大部分经济体信贷扩张步伐加快，我国出口持续快速增长，贸易顺差占 GDP 比重大幅上升，2007 年达到创纪录的 8.7%。在外循环的带动下，内循环高速运行。2002—2008 年，我国名义 GDP、全社会固定资产投资、社会消费品零售总额和城镇居民人均可支配收入年均增速分别达到 16.4%、24.5%、13.7% 和 12.7%，这是改革开放以来相当高的增速。

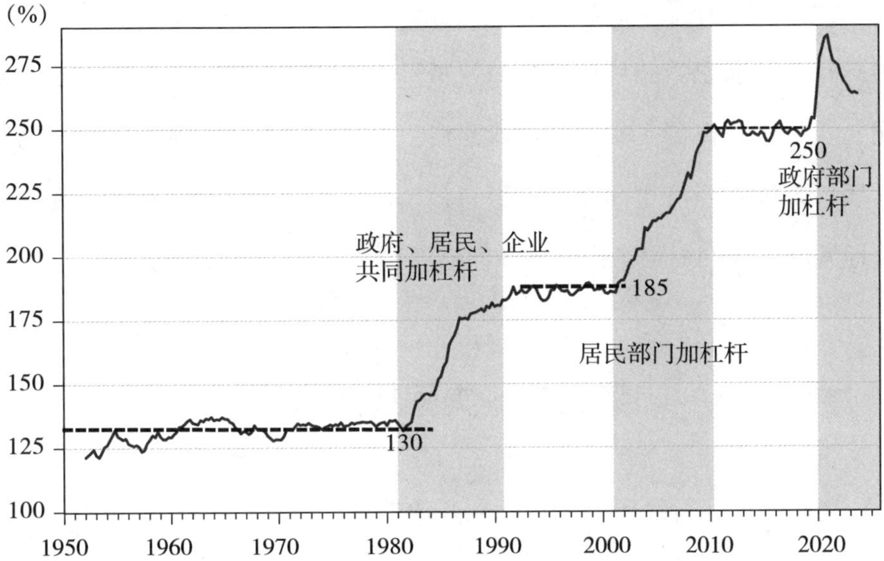


**图 13-8　美国宏观杠杆情况**

资料来源：国际清算银行。

在参与国际大循环过程中，市场和资源两头在外、出口和投资驱动的经济增长模式弊端逐步显现。产能出现过剩苗头，经常账户顺差扩大引发局部贸易摩擦。2008 年下半年国际金融危机爆发，为弥补外需不足，以及更好让全球经济再平衡，我国经济向以国内大循环为主体转变。贸易顺差占 GDP 的比重降至 2019 年的 1.2%。在向内循环为主体的转变过程中，为畅通国民经济循环，使供给更好与需求匹配，“十三五”以来，我国进行了供给侧结构性改革。

以国内大循环为主体绝不意味着国际大循环不重要了，相反我国融入国际大循环的范围更广了、深度更深了。当前，我国是全球最大的制造业大国和出口大国，而且在数字经济、高端装备制造等高科技领域可与主要大国展开竞争。现阶段，全球经济增长放缓，部分国家意识到我国高科技发展已威胁到切身利益，特别是以美国为首的国家开始逆全球化，实行贸易保护主义和制造业回流，对我国科技进步和产业发展进行打压。为推动经济更高质量、更有效率、更加公平、更可持续、更为安全地发展，我们提出了构建新发展格局。

## 第三节 美国经济循环

美国经济运行经历了从封闭到开放的过程。在 19 世纪，英国是世界头号工业强国。作为落后国的美国，为保护本国弱小工业，扶持本国工业发展，坚持奉行贸易保护主义政策。比如，制定《关税法案》并大幅提高进口工业制成品关税。这一时期，美国经济发展相对封闭，经济运行以内循环为主。19 世纪末到 20 世纪初，在第二次工业革命的带动下，美国电气、化工、机械等新兴工业部门快速发展，工业产品出口量不断增加，并取代英国，成为全球头号工业强国。这一阶段，美国经济完成了由封闭到开放的转变，尽管经济运行仍以内循环为主，但国际循环的重要性在不断提升。

第一次世界大战后，全球经济进入恢复期，美国经济迎来高速发展期。经济飞速发展的背后是过度的负债。在此期间，美国、英国和欧洲大陆迅速出现一批借贷机构，这些机构发放规模空前的个人贷款，以致股市投资、房地产、汽车、收音机、钢琴等都可以通过贷款购买。经济史学家艾欣格林解释道，20 世纪 20 年代美国经济扩张的一个特征就是大量贷款。如此易得的借贷，加上金融杠杆的创新以及贫富的严重不均，最终导致了经济危机。1929 年美国爆发经济危机并在随后波及整个资本主义世界，这就是著名的 1929—1933 年世界经济大萧条。这场危机的根源在于，前期无节制地过度负债，快速透支了未来消费能力，导致有效需求不足和生产过剩，又由于当时资本主义国家过度迷信市场经济，坚信市场能够自身出清而无须政府干预，这又加深了危机的广度、深度和长度，导致企业倒闭、百姓失业、金融市场动荡、贸易保护升级、极右翼党派上台。毫无疑问，这次大萧条深刻阐释了生产、分配、流通、消费各环节不畅对居民、企业和政府的冲击。美国的名义 GDP 增长如图 13-9 所示。

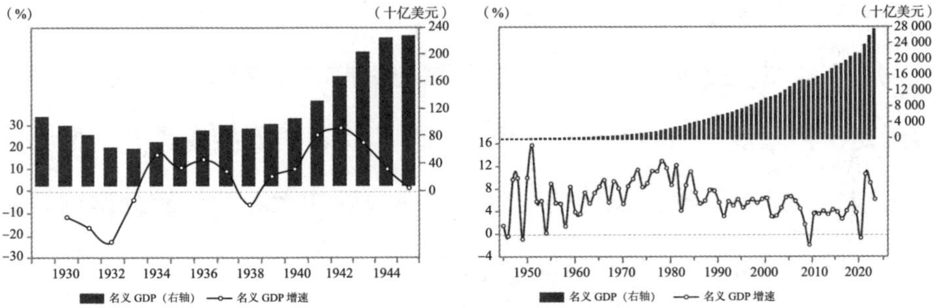


**图 13-9　美国的名义 GDP 增长**

资料来源：美国经济分析局。

第二次世界大战之后，为巩固自身在国际市场的经济利益，美国主导建立了新的国际经济治理体系。在布雷顿森林货币体系制度下，凭借国际货币基金组织、世界银行及关贸总协定三大支柱，同时借助马歇尔计划等，美国极大拓展了自身海外市场。20 世纪 50—70 年代，美国和其他多数西方国家经历了黄金增长时代。经济中高速增长，企业有利可得，政府收入增加，社会充分就业，百姓工资快速增长，收入不平等程度降低。黄金时代，美国是世界工厂，其参与国际循环的逻辑为：以美元贷款和美元援助的形式向其他国家输出美元，境外美元除少量用作储备资产外，多以购买美国制造业的产品和技术的形式流回美国。这样就促进了美国内循环的运行。

20 世纪 70 年代，美国经济循环面临内外不畅的局面。国内循环方面，面临高失业率和高通胀的“滞胀”困局，大部分人工资收入增长缓慢，贫富差距扩大。国际循环方面，有两点需要强调。一是日本的持续追赶，动摇了美国的世界工厂地位，美国制造业工人失业增加，与日本贸易摩擦开始加剧，经常项目开始出现逆差。二是 1971 年布雷顿森林体系的解体，改变了美国对外经济的交流方式，即美元成为信用货币，对外发行不再受黄金储备的约束。这个时期，原油等国际大宗商品明确以美元定价和结算，为便利全球贸易，各国不得不再次接受美元的世界货币地位，自此美元流向境外的速度和规模开始加大。美元的经常项目和金融项目情况如图 13-10 所示。

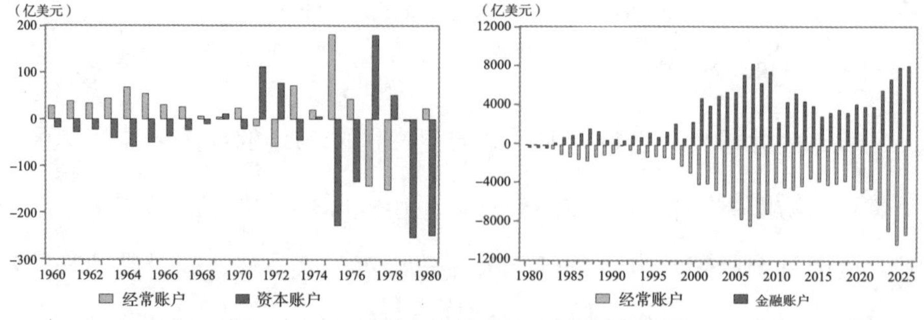


**图 13-10 美国的经常项目和金融项目情况**

资料来源：美国经济分析局。

从20世纪80年代开始，美国经济外循环发生重大转变，从世界工厂变为世界商品净消费者，从世界债权国变为世界净债务国。依靠美元的国际本位货币地位，一方面，美国从世界大量进口各种商品和服务，经常项目逆差持续扩大；另一方面，随着资本跨境流动的兴起，美国向世界各地输出各种金融资产，金融项目顺差持续扩大。美国经济内循环与债务周期波动密切相关，特别是2000年以后，在低利率等因素刺激下，住房抵押贷款规模不断扩大，房价持续上涨，净资产的增加又鼓励居民继续举债，导致居民部门杠杆率迅速上升，由2000年的70.6%上升至2008年金融危机爆发前的98.6%。由于美国虚拟经济与实体经济紧密相连，为应对此次金融危机，美联储吸取了1929—1939年大萧条的经验教训，迅速采取低利率和量化宽松政策，向金融市场注入大量流动性，避免金融市场信用崩塌。然后，在此基础上推动实体经济的恢复。面对世纪疫情，美联储亦采取了低利率和量化宽松的政策，而且更加强调货币政策与财政政策的协调配合，目的就是保持流动性充裕和维护市场信心，让金融市场与实体经济能够高效运转。

## 第四节　日本经济循环

第二次世界大战后，日本经济运行经历了以内循环为主到内外循环并重的过程。战后重建拉动日本经济快速恢复。1963年前，日本经济增长基本由内需推动，外向型经济特征还不明显。1963年，日本加入关贸总协定。加入之初，日本主要给美欧做加工贸易，同时利用出口创汇购进先进技术设备，提升自身生产能力和技术水平，贸易多为逆差。通过融入国际循环，日本加快了工业化和城市化步伐，经济增长动能十分强劲，并开启了经济增长黄金时代。

20 世纪 70 年代，日本崛起动摇了美欧的产业地位，深入参与国际循环开启了日本黄金时代。通过产业升级和技术创新，日本开始从美欧手中接管国际市场，经济开始由内需主导型转变为出口主导型，国际循环对经济运行的重要性不断提升（见图 13-11）。经济的强劲增长，带动工资水平的快速提高，在黄金增长的时代日本有超过 90% 的人口视自己为中产阶级。然而，繁荣的背后隐藏着日益加剧的矛盾。随着日本出口规模的快速扩大，日本与其主要贸易对象——美国的贸易争端不断发生。在当时的情况下，西方国家经济陷入“滞胀”，美国面临内外循环不畅的局面，为保护本国市场，解决本国工人失业问题，美国开始对日本采取贸易保护等逆全球化措施。

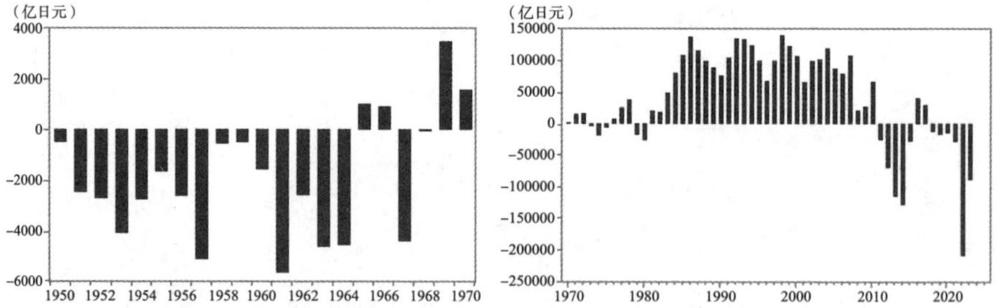


**图 13-11　日本的净出口情况**

资料来源：日本内阁府。

20 世纪 80 年代，日本外部面临美欧的持续压力，内部面临资金的脱实向虚，泡沫经济终究在 20 世纪 90 年代初破裂。为解决日趋激化的贸易摩擦问题，1985 年，美、日、德、法、英五国签订“广场协议”，要求日元对美元大幅升值。此后，为应对货币升值所导致的出口成本上升，日本企业开始大规模向海外迁移。20 世纪 80 年代，跨境资本流动才被允许。在资本账户开放及日元不断升值的情况下，国际资本开始加速涌入日本进行投机活动。由此，大量资金流入股票市场和房地产市场，股价和地价开始大幅上扬。由于此时日本实体经济回报率低于虚拟经济，大批企业以抵押贷款的形式进行融资并投资于股票市场和房地产市场，随着股价和地价的进一步上涨，企业的抵押能力增强，从而可以融入更多的资金用于购买股票和房地产，由此循环往复推升股价与地价。面对股市和楼市的疯狂，日本政府采取紧缩性货币政策，并在 1990—1991 年刺破泡沫，导致股市和房市的资产价格暴跌（见图 13-12）。

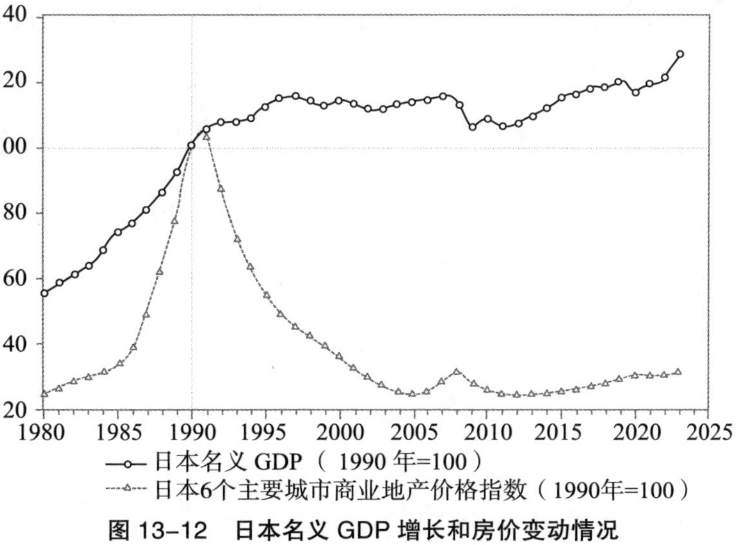


**图 13-12　日本名义 GDP 增长和房价变动情况**

资料来源：日本内阁府、日本统计局。

从20世纪90年代初期开始，日本经济参与全球化的方式由出口转为进口，经济增长十分缓慢。1990年泡沫破裂后，为修复资产负债表，私人部门停止借款开始清偿债务。宏观经济学认为，由于一个人的支出就是另一个人的收入，支出的减少导致日本企业投资和居民消费的持续低迷。在此期间，为弥补私人部门支出不足，日本政府采取了扩张性财政政策和货币政策，尽管日本名义GDP几乎零增长，但如果没有政府的加杠杆行为，恐怕日本经济会出现欧美大萧条时期的衰退。日本的黄金时代在20世纪90年代中期中止，这时韩国、中国开始崛起，成为其重要的出口竞争对手。在被追赶阶段，日本工资水平增长停滞，甚至出现下降，同时贫富差距也在扩大。2010—2019年，进口总额有7年高于出口，这意味着日本已进入进口拉动的全球化阶段。为解决日本经济的长期循环不畅，安倍政府相继射出了超宽松货币政策、扩大财政支出、推进结构性改革"三支箭"，但上述政策难以使日本回到经济增长的黄金时代。为应对世纪疫情的冲击，2020年开始日本采取了大规模财政政策和货币政策。在宏观政策的刺激下，日本经济短暂走出了低增长、低利率、低通胀的弱势。日本政府、居民、非金融企业杠杆情况如图13-13所示。

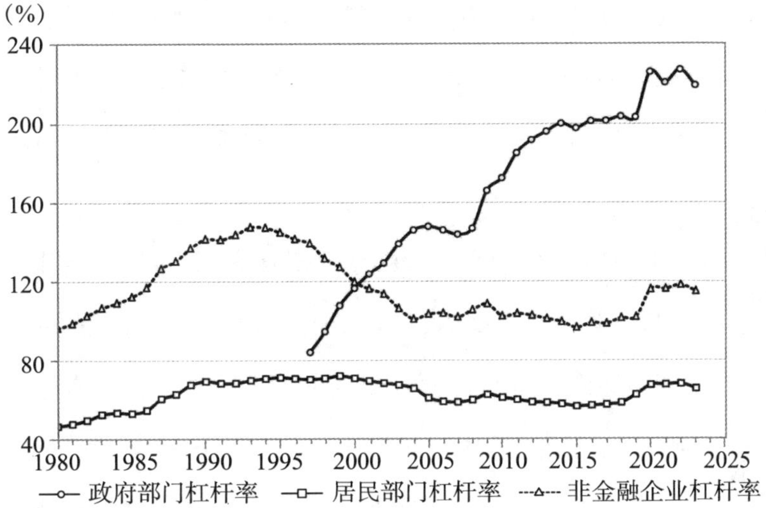


**图 13–13　日本政府、居民、非金融企业杠杆情况**

资料来源：国际清算银行。

## 第五节　德国经济循环

第二次世界大战后，德国经济呈现出“以内为主，以外促内”的循环特点。凭借其较好的工业基础、较高的劳动者素质及美国马歇尔计划的援助，德国经济快速恢复增长。到 1966 年，德国经济主要由居民消费、企业投资等内部需求拉动。这一时期，德国于 1951 加入关贸总协定，并抓住了国际市场快速扩张的机遇。德国主要从世界市场进口原材料、零部件等产品，向国际市场出口机动车、通信系统等产品，对外贸易保持盈余积累大量外汇。数额巨大的外汇存量有相当部分会转化成国内消费和投资，从而进一步拉动了国内需求。1951—1966 年，德国经济年均实际增速约为 8%，创造了“德国经济奇迹”。1966—1967 年，德国经济出现了战后首次生产过剩危机，德国政府开始推行凯恩斯主义政策，加强宏观调控，增加政府开支，扩大社会福利，构建社会福利国家。但是，随着时间的推移，高福利国家的后遗症日渐显现，为其日后拖累经济增长埋下了伏笔。

20 世纪 70—80 年代，德国经济循环不够通畅，经济发展陷入困境。20 世纪 70 年代，随着布雷顿森林体系解体、马克升值及接踵而来的两次石油危机，德国经济面临与美国类似的情形，国内经济陷入“滞胀”困境，在国际市场上则遭遇日本的强劲竞争。20 世纪 80 年代，德国政府开始采取新自由主义经济政策，控制政府支出，降低税率，控制货币供应量，但德国经济并未走出困境。究其原因，在内循环方面，收入分配环节出现较大问题，再加上维持高福利社会，企业成本大幅增加，成本提高使得企业投资减少，投资减少使得产出下降，失业率上升；在外循环方面，这一时期国际市场不景气，而德国企业又面临日本企业的强劲竞争，出口未能有效拉动经济增长。德国名义 GDP 及其增长率如图 13-14 所示。

从 20 世纪 90 年代开始，通过不断疏通内外循环，德国经济逐步摆脱困境并恢复增长。1990 年两德统一后，为重建民主德国，联邦德国各级政府对其进行了巨额的转移支付，同时为抑制通胀德国央行连续 10 余次加息，1996 年德国经济陷入全面衰退。1998 年，新上台的施罗德政府开始推行减税、限制工资和推动结构改革等政策。1998—2004 年，尽管施罗德政府在国内进行了积极改革，但德国经济依然时好时坏。不过施罗德政府的相关政策为以后德国经济的恢复奠定了基础。对外经济方面，

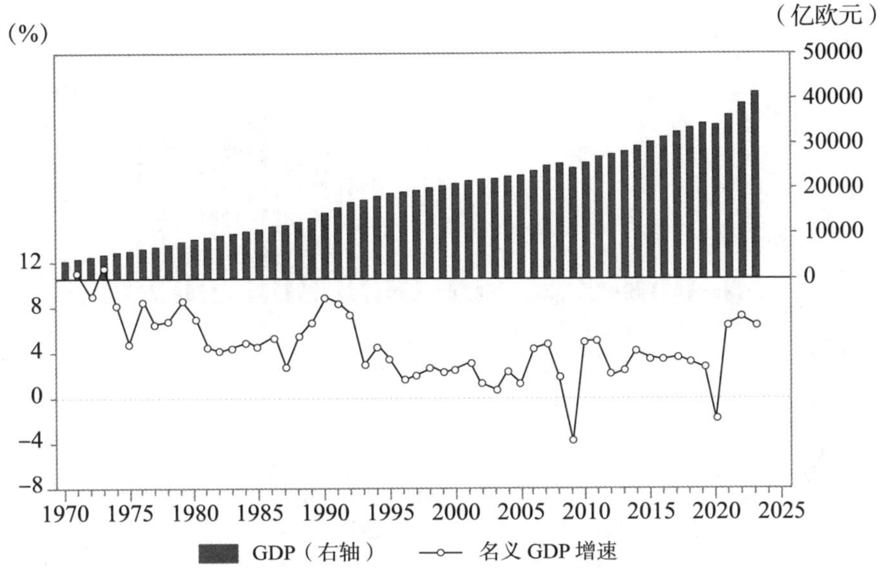


**图 13–14　德国名义 GDP 及其增长率**

资料来源：欧盟统计局。

自 20 世纪 90 年代以来，欧盟及欧元区的成立为德国对欧洲的出口创造了稳定的外部环境，德国对相关国家的出口大幅增长。2005 年默克尔政府上台，推行所谓“整固、改革与投资”的三和弦政策，由此德国经济呈现复苏势头。2009 年，在国际金融危机的影响下，德国产出水平下降 5.1%，经济再度出现衰退。2010—2021 年，德国经济保持平稳增长。2022 年，受乌克兰危机、欧洲能源危机等因素影响，净出口大幅下滑，对经济增长有明显拖累效应。2023 年，随着地缘政治冲突缓解以及能源危机解除，德国经济重回正常轨道。德国净出口及其占 GDP 的比重如图 13–15 所示。

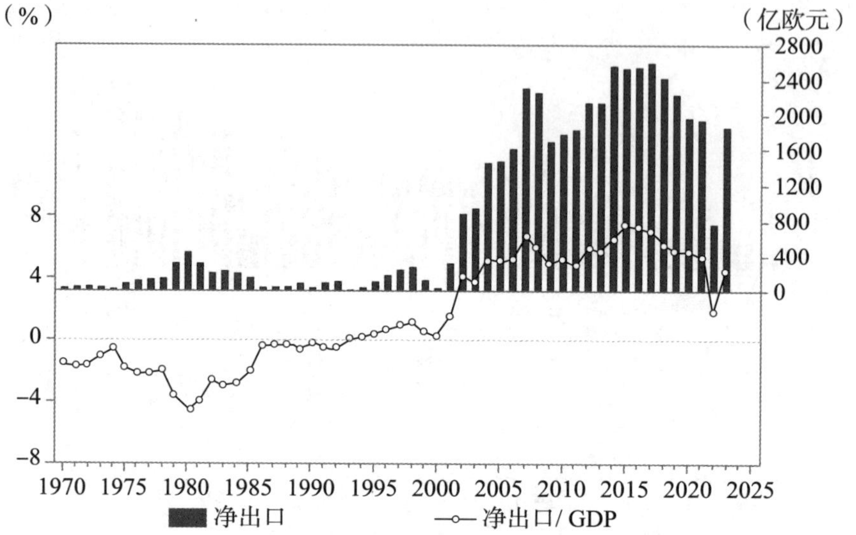


**图 13–15　德国净出口及其占 GDP 的比重**

资料来源：欧盟统计局。

德国经济之所以能够恢复活力，与其经济内外循环状况的改善密不可分。内循环方面，通过工资改革、经济结构改革及一系列发展高新技术产业的措施，经济逐渐恢复活力，投资和消费需求不断增长，从而有力拉动了经济增长。外循环方面，积极扩大出口，在欧盟内部市场饱和情况下，又努力扩大对中国等新兴市场经济国家的出口，出口的快速增长降低了国内的失业率，增强了居民消费信心。同时，出口的快速增长还促进国内企业扩大投资，消费和投资的增加又进一步拉动了内需，从而形成了内外循环互相促进的局面。

## 第六节　大国经济循环的特征总结

第一，市场是市场经济中的最宝贵资源。自从有近代市场经济以来，主要国家斗争的实质都是围绕争夺国际市场而展开的。第一次工业革命，英国成为世界头号工业强国，为化解本国生产过剩危机，英国大肆进行海外殖民，并向殖民地兜售本国过剩工业品，实现帝国主义经济繁荣。在 20 世纪两次世界大战之前，人们相信不进行领土扩张，国民经济就无法增长，所以通过战争和杀戮的方式，开拓本国疆土，扩大本国市场，实现经济繁荣。在第二次世界大战结束后，美国主导了国际经济治理体系，保障其产品能够销往海外市场，实现本国经济持续增长。

在马歇尔计划等援助下，日本和德国经济很快从战争中恢复过来，并分别成为世界第二大和第三大经济体。它们的成功事实表明，经济增长可以不通过战争，通过投资和市场扩张就能够实现。20 世纪 70 年代之后，美国、德国和日本等国家表现出了明显的外向型经济特征，尤其是德国，近些年对外贸易依存度接近 90%。现阶段，三国货物和服务出口占全球市场的份额较高，2022 年美国占 9.6%，德国占 6.6% 上下，日本占 2.9%，三者出口合计占全球市场的 19.1%。

以上事实充分表明，即便对于大家公认的内需推动型经济体，它们也难以舍弃国际市场这块大蛋糕。而且为了争夺这块蛋糕，它们内部也会起冲突，如 20 世纪 70—80 年代美日之间就发生过激烈的贸易摩擦。

第二，国内和国际市场的规模都是有限的。从世界经济的发展历程看，主要国家都是以内循环为主体的经济，外循环在特定发展阶段可能会扮演十分重要的角色。在相对封闭发展阶段，由于海外市场开拓较少，经济基本以内需为主，可认为是典型的内循环为主体的经济。在市场经济条件下，由于一国市场规模是有限的，随着社会扩大再生产的进行，往往会导致生产过剩危机，堵塞国内大循环。为化解经济危机，畅通国民经济循环，一国政府除采取宽松货币政策和积极财政政策之外，也会尝试利用比较优势，开拓海外市场。一旦加入国际大循环，一国经济便进入了开放发展阶段。需要说明的是，加入国际循环并不意味着一定能够畅通国内循环，这里一般要看国际市场环境。如果国际市场欣欣向荣，在其带动下，国内循环的堵点一般会被化解掉。如果国际市场不景气，在其他经济体都无暇自顾时，指望通过加入国际循环来化解本国危机往往是不切实际的。

在参与国际循环过程中，主要国家有其生存之道。加入之初，由于缺乏资金和技术，只能利用其成本优势，尤其是劳动力成本优势，参与国际分工。此时的分工多为垂直分工，且都处于分工的底端，一般难以对参与国际循环的其他国家经济利益构成实质威胁，这个时候国际经济关系是比较顺畅的。当后进国家解决了资金贫乏问题，技术水平也有了较大提高，而且人力资源仍具有一定优势时，后进国家国际产业链位势逐步上升，能够在水平分工领域与主要国家尤其是超级大国开展竞争。需要强调，国际市场的规模也是有限的，当世界经济处于长期低迷时，绝大部分国家经济将面临国内国际双循环的不畅，为保护本国市场，缓解本国不平等、社会分裂等问题，主要大国尤其是超级大国一般会采取逆全球化措施，比如，贸易保护、技术出口管制、单边主义上升等，以寻求对后进大国进行遏制打压。

第三，危机处置的关键在于迅速且足量的流动性注入，以及在此过程中建立的充分信任、授权和容错机制。1929—1939 年的世界经济大萧条，以及 20 世纪 90 年代日本房地产市场的持久下行，这两大历史事件均因过度依赖市场自我修复能力，而未能及时采取政府干预措施，导致危机在广度、深度、长度上不断恶化，最终陷入长期的经济衰退，堪称危机处置历史上的两次极其深刻的失败教训。然而，在应对 2008 年国际金融危机与 2020 年世纪疫情的过程中，美国吸取了历史教训，通过政府及时、足量地注入流动性，有效地稳定住了经济金融局势，使其快速走出危机旋涡，重返经济增长的正常轨道。诚然，危机的处置不可避免会涉及利益输送、道德风险、国有资产流失、浪费纳税人钱等敏感话题。但在社会整体利益面前，这些话题应当被置于次要位置。我们应当秉持“成大事者不拘小节”的原则，在危机处置中充分信任、授权乃至容错，而非过分计较与挑剔。这样，我们才能更加果断、高效地应对危机，保障经济社会稳定发展。

# 参考文献


[1] 滨野洁，井奥成彦，中村宗悦，等 . 日本经济史：1600—2015[M]. 彭曦，等译 . 南京：南京大学出版社，2018.

[2] 查尔斯·金德尔伯格 .1929—1939 年世界经济萧条 [M]. 上海：上海译文出版社，1986.

[3] 程选，岳国强等 ."十二五"投资规模和重点研究 [M]. 北京：中国计划出版社，2012.

[4] 董志勇，李成明 . 国内国际双循环新发展格局：历史溯源、逻辑阐释与政策导向 [J]. 中共中央党校（国家行政学院）学报，2020（5）：47-55.

[5] 高鸿业 . 西方经济学 [M]. 北京：中国人民大学出版社，2018.

[6] 高敏雪，李静萍，许健 . 国民经济核算原理与中国实践 [M].4 版 . 北京：中国人民大学出版社，2018.

[7] 辜朝明 . 大衰退：宏观经济学的圣杯 [M]. 北京：东方出版社，2016.

[8] 辜朝明 . 大衰退年代——宏观经济学的另一半与全球化的宿命 [M]. 上海：上海财经大学出版社，2019.

[9] 郭胜北 . 国际流动性的短期超预期宽松 [R]. 华尔街见闻 2021 年 3 月 Alpha 春季峰会 .

[10] 国家统计局环比统计课题组 . 季节调整软件 NBS-SA 使用指南 [M]. 天

津：南开大学出版社，2014.

[11] 何新 . 中华复兴与世界未来 [M]. 成都：四川人民出版社，1996.

[12] 黄达，张杰 . 金融学 [M]. 北京：中国人民大学出版社，2020.

[13] 黄群慧 . “十四五”时期深化中国工业化进程的重大挑战与战略选择 [J]. 中共中央党校（国家行政学院）学报，2020（2）：5-16.

[14] 黄群慧 . 改革开放 40 年中国的产业发展与工业化进程 [J]. 中国工业经济，2018（9）：5-23.

[15] 纪敏，王月 . 结构性价格上涨的结构和总量分析视角 [J]. 经济学动态，2010（7）：13-19.

[16] 加里・沃尔顿，休・罗考夫 . 美国经济史 [M].12 版 . 北京：中国人民大学出版社，2018.

[17] 凯恩斯 . 就业、利息和货币通论 [M]. 北京：商务印书馆，1999.

[18] 兰德尔・雷 . 现代货币理论 [M]. 北京：中信出版社，2017.

[19] 李斌 . 从流动性过剩（不足）到结构性通胀（通缩）[J]. 金融研究，2010（4）：50-63.

[20] 李奇霖 . 宏观经济数据分析手册 [M]. 上海：上海财经大学出版社，2021.

[21] 李治国，张晓蓉. 转型期货币供给内生决定机制：基于货币当局资产负债表的解析 [J]. 统计研究，2009（6）：13-22.

[22] 李治国 . 基础货币、货币乘数与货币当局资产负债结构的关系研究——基于中国 1994—2006 年季度数据的实证分析 [J]. 数量经济技术经济研究，2007（11）：15-26.

[23] 刘骏民．从虚拟资本到虚拟经济 [M]. 北京：知识产权出版社，2020.

[24] 刘骏民，季益烽．中国经济转型特征与中国经济运行的独特方式——中国经济改革实践中的重大理论问题 [J]. 政治经济学评论，2013（1）：75-95.

[25] 刘骏民．双本位国际货币体系的形成及其历史趋势——三大趋势如何冲破固化的世界经济格局 [J]. 开放导报，2011（2）：41-56.

[26] 刘骏民，段彦飞．全球流动性膨胀的历史和逻辑 [J]. 经济学家，2008（6）：99-105.

[27] 刘骏民，伍超明．虚拟经济与实体经济关系模型——对我国当前股市与实体经济关系的一种解释 [J]. 经济研究，2004（4）：60-69.

[28] 刘立峰．消费与投资关系的国际经验比较 [J]. 经济研究参考，2004（72）：28-48.

[29] 刘树成．中国经济的周期波动 [M]. 北京：社会科学文献出版社，2007.

[30] 柳欣，赵雷，吕元祥．我国经济增长中的需求结构失衡探源——基于存量—流量均衡的分析视角 [J]. 经济学动态，2012（7）：57-63.

[31] 柳欣，冯伟．通货膨胀还是滞胀——对当前我国通货膨胀的分析 [J]. 经济学动态，2008（5）：22-28.

[32] 柳欣．经济学与中国经济 [M]. 北京：人民出版社，2006.

[33] 柳欣．中国宏观经济运行与经济波动（1990—2002）[M]. 北京：人民出版社，2003.

[34] 柳欣．资本理论——有效需求与货币理论 [M]. 北京：人民出版社，2003.

[35] 栾惠德，张晓峒 . 季节调整中的春节模型 [J]. 经济学季刊，2007（2）：707–722.

[36] 罗云毅等 . 消费与投资关系的若干问题研究 [M]. 北京：中国计划出版社，2007.

[37] 罗云毅 . 投资消费比例关系理论研究回顾 [J]. 宏观经济研究，1999（12）：42–46.

[38] 马晓河 . 转型中国：跨越“中等收入陷阱”[M]. 北京：中国社会科学出版社，2020.

[39] 马晓河 . 我国消费率偏低并持续下降的成因解析 [J]. 前线，2010（1）：31–33.

[40] 迈克尔・J. 豪厄尔 . 资本战争 [M]. 北京：中信出版集团，2024.

[41] 彭文生 . 经济转型的消费轨道 [J]. 银行家，2012（6）：36–38.

[42] 彭信威 . 中国货币史 [M]. 北京：中国人民大学出版社，2020.

[43] 任荣荣等 . 加快房地产业结构性改革问题研究 [M]. 北京：中国计划出版社，2023.

[44] 瑞・达利欧 . 债务危机 [M]. 北京：中信出版集团，2019.

[45] 塞尔温・帕克 . 大萧条启示录：1929 年股灾如何使世界经济陷入衰退 [M]. 北京：电子工业出版社，2009.

[46] 盛松成，翟春 . 中央银行与货币供给 [M].2 版 . 北京：中国金融出版社，2016.

[47] 托马斯・萨金特 . 宏观经济学中的有限理性 [M]. 上海：上海财经大学出版社，2015.

[48] 王晨 . 中国宏观经济运行：增长与波动——基于古典一般均衡货币视角的分析 [D]. 天津：南开大学，2009.

[49] 王国刚 . 货币政策与价格波动 [M]. 北京：中国社会科学出版社，2013.

[50] 王国刚 . 中国货币政策目标的实现机理分析 2000—2010[J]. 经济研究，2012（12）：4-14，42.

[51] 王国刚 . 物价变动并非总是货币政策的函数 [J]. 经济学动态，2009（10）：29-35.

[52] 王剑，田维韦，陈俊良 . 静待信心重构：从资金运转理解宏观经济 [R]. 国信证券研究报告 2022 年 4 月 27 日 .

[53] 吴军，田娟 . 结构性通货膨胀解析——基于当前中国通货膨胀问题的思考 [J]. 金融研究，2008（9）：91-100.

[54] 吴培新 . 美联储非常规货币政策框架 [M]. 北京：经济管理出版社，2015.

[55] 吴培新 . 美联储资产负债表的演变及货币政策涵义 [J]. 经济学动态，2010（7）：114-118.

[56] 伍戈，曹红钢 . 中国的结构性通货膨胀研究——基于 CPI 与 PPI 的相对变化 [J]. 金融研究，2014（6）：1-16.

[57] 伍戈，李斌 . 货币创造渠道的变化与货币政策的应对 [J]. 国际金融研究，2012（10）：4-10.

[58] 伍戈 . 中国货币供给的结构分析：1999—2009[J]. 财贸经济，2010（11）：40-45.

[59] 伍志文 . 货币供应量与物价反常规关系：理论及基于中国的经验分

析——传统货币数量论面临的挑战及其修正 [J]. 管理世界，2002（12）：15-25，61.

[60] 夏磊，任泽平 . 全球房地产 [M]. 北京：中信出版社，2020.

[61] 谢亚轩，刘亚欣 . 美联储货币政策框架调整的溢出效应 [J]. 中国外汇，2020（19）：24-25.

[62] 徐高 . 宏观经济学二十五讲：中国视角 [M]. 北京：中国人民大学出版社，2019.

[63] 徐鹏 . 货币政策与物价变动的关系研究——对当前中国物价、货币、增长问题的思考 [J]. 宏观经济研究，2024（9）：20-41，124.

[64] 徐鹏 . 中国宏观经济数据手册 [R]. 中国宏观经济研究院研究材料，2024.

[65] 徐鹏 . 存量财富缩水流量收入减少需加大政策力度呵护经营主体信心 [R]. 中国宏观经济研究院春节返乡调研报告，2024.

[66] 徐鹏，于祝焱 . 美联储资产负债表演变及政策内涵研究 [J]. 宏观经济研究，2023（2）：4-22，36.

[67] 徐鹏 . 货币财政政策对物价水平影响的中长期分析 [R]. 中国宏观经济研究院研究报告，2022 年 12 月 .

[68] 徐鹏 . 从结构视角看货币供应量与物价的变动关系 [J]. 宏观经济研究，2021（12）：5-22.

[69] 徐鹏，李自磊 . 主要国家经济循环的脉络梳理与特征研究 [J]. 价格理论与实践，2021（1）：76-81.

[70] 徐鹏 . 关于货币供应量与物价背离的思考 [J]. 中国物价，2020（9）：

7–9.

[71] 徐鹏，李博硕 . 中国消费率中长期变动趋势研究 [J]. 宏观经济研究，2020（7）：47–59.

[72] 徐鹏 . 价格形势分析的理论与实践 [M]. 北京：中国经济出版社，2019.

[73] 徐鹏 .CPI 和 PPI 的驱动因素分解研究——价格形势分析中翘尾因素和新涨价因素 [J]. 价格理论与实践，2019（5）：63–67.

[74] 徐奇渊 . 双循环新发展格局：如何理解和构建 [J]. 金融论坛，2020（9）：3–9.

[75] 许宪春 . 准确理解中国的收入、消费和投资 [J]. 中国社会科学，2013（2）：4–24，204.

[76] 许宪春 . 关于与核算有关的若干统计问题 [J]. 财贸经济，2009（4）：5–10.

[77] 薛暮桥 . 薛暮桥回忆录 [M]. 天津：天津人民出版社，1996.

[78] 燕翔，金晗 . 全球股市启示录：行情脉络与板块轮动 [M]. 北京：经济科学出版社，2022.

[79] 燕翔，战迪 . 追寻价值之路：1990—2020 年中国股市行情复盘 [M]. 北京：经济科学出版社，2021.

[80] 臧旭恒 . 如何看消费对我国经济增长的作用 [J]. 消费经济，2017，33（2）：3–8.

[81] 张成思，田涵晖 . 通货膨胀结构性分化与货币政策反应机制 [J]. 世界经济，2020（9）：3–26.

[82] 张健华等 . 我国物价波动风险和对策 [J]. 经济研究参考，2010（8）：

2-30.

[83] 张江涛 . 中美央行资产负债表的演进及比较分析 [J]. 国际金融，2019（3）：50-57.

[84] 张明，陈胤默 . 美联储货币互换机制：特征事实、影响评估与中国对策 [J]. 应用经济学季刊（季刊），2023（6）.

[85] 张启迪，陈颖 . 美联储缩表：原因、进程、溢出效应及中国对策 [J]. 上海经济研究，2018（3）：95-107.

[86] 张晓峒，徐鹏 . 季节调整方法在中国的发展与应用 [J]. 统计研究，2013，30（9）：10-16.

[87] 张晓峒 . 计量经济分析 [M]. 北京：经济科学出版社，2000.

[88] 张晓慧，纪志宏，李斌 . 通货膨胀机理变化及政策应对 [J]. 世界经济，2010（3）：56-70.

[89] 张云，刘骏民 . 全球流动性膨胀与国际货币体系危机 [J]. 上海金融，2008（9）：5-13.

[90] 赵雷 . 回归凯恩斯：基于思想史视角的凯恩斯经济学再解读 [D]. 天津：南开大学，2013.

[91] 赵燕菁 . 大崛起：中国经济的增长与转型 [M]. 北京：中国人民大学出版社，2023.

[92] 郑新立 . 提高居民消费率是当前宏观调控的重大任务 [J]. 数量经济技术经济研究，2007，24（6）：23-26.

[93] 中国人民银行调查统计司 . 时间序列 X-12-AEIMA 季节调整、原理与方法 [M]. 北京：中国金融出版社，2006.

[94] 中国社会科学院宏观经济研究中心课题组 . 未来 15 年中国经济增长潜力与“十四五”时期经济社会发展主要目标及指标研究 [J]. 中国工业经济，2020（4）：5–22.

[95] Adam K. Monetary policy and aggregate volatility[J]. Journal of Monetary Economics，2009, 56(1): 1–18.

[96] Amisano G, Giannini C. Topics in structural VAR econometrics, 2nd ed [M]. Berlin: Springer–Verlag, 1997.

[97] Baumol W J. Macroeconomics of unbalanced growth: the anatomy of urban crisis[J]. American Economic Review, 1997, 57(3).

[98] Bernanke B S. Should the fed keep its balance sheet large? [J]. Jackson Hole Conference, 2016.

[99] Bernanke, B S. Federal reserve policies to ease credit and their implications for the Fed’s balance sheet[M]. The National Press Club Luncheon, 2009.

[100] Bernanke B S. Nonmonetary effects of the financial crisis in the propagation of the great depression [J]. The American Economic Review, 1983(3):257–276.

[101] Elga Bartsch, Jean Boivin, Stanley Fischer,et al. Dealing with the next downturn: from unconventional monetary policy to unprecedented policy coordination[R]. SUERF Policy Note, 2019(105).

[102] IMF. Global financial stability report [R]. International Monetary Fund, September 2016.

[103] Kaldor N. Capital accumulation and economic growth[J]. International

Economic Association Series, 1961.

[104] Raddatz C, Saravia D, Ventura J. Global liquidity, spillovers to emerging markets and policy responses: an overview [J]. Central Banking, Analysis, and Economic Policies Book Series, 2015(20).

[105] Rule G. Understanding the central bank balance sheet[J]. Handbooks, Centre for Central Banking Studies, Bank of England, number 32, 2015.

[106] Scott A. Wolla. A new frontier: monetary policy with ample reserves[R]. Page One Economics, May 2019.

[107] Streeten P. Wages, Prices and Productivity[J]. Kyklos, 1962, 15(4): 723-733.

# 后 记

宏观经济学是一门涉及面广、系统性强、思想深邃的学科。其精髓不仅在于理论框架的思考与推敲，更在于将这些抽象思想置于现实世界的洗礼与检验，从而实现理论的升华与再造。笔者在本科和硕士学习阶段，虽已涉猎宏观经济学领域诸多经典著作，然每及深究，总感觉书中理论在解释现实时模棱两可，仿佛隔靴搔痒，未尽其意。直至步入南开大学博士求学之旅，笔者才正式迈进宏观经济学的核心殿堂。已故经济学家柳欣教授的宏观经济学思想，如同璀璨星辰，照亮了笔者探索宏观经济学奥秘的征程。柳欣教授是一位真正的经济学家，不仅在于其货币经济理论体系的严谨与前瞻，更在于其能够融通中西、捕捉时代脉搏，紧密地将宏观经济学原理与中国现实经济问题结合起来，弘扬“知中国服务中国”优良传统，展现出一种超越书本、贴近实际的独特人格魅力。此番求学经历，让笔者深刻体会到，宏观经济学的研习，绝非浅尝辄止的知识堆砌，而是一场旷日持久的心智锤炼。它不仅要求我们具备扎实的理论基础，更要有敏锐的洞察力和丰富的经验积累。唯有如此，方能在这纷繁复杂、瞬息万变的世界中，拨云见日，洞察经济运行的内在逻辑和客观规律。

笔者真正的宏观经济研究生涯是在国家发展改革委宏观经济研究院

（以下简称宏观院）开启的。宏观院是第一批国家高端智库，学科门类齐全，紧邻政策决策前沿，大家名家辈出，是一个充满活力、影响力强的研究平台。在这里，笔者潜心研究价格波动、货币经济、经济增长及资本市场理论。2019年，有幸出版了个人学术生涯的首部专著《价格形势分析的理论与实践》。正如书名一样，该书是一本聚焦于价格形势分析的理论与应用专著，主要基于传统供求理论与经典计量经济学方法，分析物价总水平及重要民生商品和工业品的价格波动。该书的一个鲜明特点是，从微观商品视角切入，运用“自下而上”的结构分析方法，研判物价总水平走势。因为物价是宏观经济运行的综合反映。自2020年起，笔者逐步拓宽研究视野，将物价分析置于经济周期的宏观框架之下，运用“自上而下”的分析方法，力求从宏观层面把握物价的整体走势。笔者的宏观经济分析范式深受柳欣教授货币经济学思想的影响。本书中，笔者构建了一个货币经济宏观理论模型，该模型把微观企业的逐利行为、货币供给机制、资本存量与收入流量的均衡联系到一起。也就是说，名义经济增长率、利息率、货币增长率、利润率、通胀率、就业率、汇率、债券到期收益率、股价、房价等重要经济变量存在天然的内在联系，一个或少数几个变量的大幅调整可能会带来整个经济系统的震动。回望5年前的夏季，笔者在首部专著的尾声许下了“价格形势分析工作能更好地做到理论联系实际，更好地为国家宏观经济决策提供参考”的愿望。今日观之，已渐成现实，而且对价格、货币、增长和资本市场还有了更加深刻的理解和认知。本书的撰写过程，无疑是一段充满挑战与艰辛的旅程。在繁重的科研任务与借调工作的双重压力下，再加上每日近百公里的通勤里程，笔者时常在夜深人静时伏案疾书，阅读经典文献、整理研究材料、梳理逻辑框架、推导数理模型、撰写专题文章。此中甘苦，唯有自知。如今书稿付梓之际，所有的疲惫与付出都化作了满满的成就感与喜悦。正所谓“宝剑锋从磨砺出，梅花香自苦寒来”，这段经历无疑是笔者学术生涯中的一笔宝贵财富。

本书的顺利撰写和最终出版，首先要归功于宏观院对笔者的悉心培养和鼎力支持。宏观院不仅为本书创作提供了充足的经费保障，而且营造了一个优越的科研环境，让笔者能够理论联系实际，深入探索宏观经济运行的奥秘。在此，笔者满怀敬意与感激之情，特别向宏观院原院长（现任中国社会科学院副院长）王昌林研究员致以最深的谢意。同时，也要向黄汉权院长、宋葛龙副院长、申兵所长、姜长云副所长、刘建兴副所长、欧阳慧副所长、郭丽岩副所长等诸位领导表达诚挚的感谢。是你们的耐心指导、温暖关怀与热心帮助，让笔者能够在宏观经济研究的广阔天地中精耕细作，不断取得新突破和实现新跨越。

本书的撰写还得到了众多领导、专家、学者及同人的支持。衷心感谢林龙斌局长、刘强副主任、凌忠果副司长、赵俊强副司长等诸位领导对笔者的关心、关怀与支持。感谢王永治研究员、马晓河研究员、吴晓华研究员、臧跃茹研究员、刘翔峰研究员、刘雪燕研究员、徐敬东主编等诸位专家，他们不仅对笔者的研究选题给予了宝贵建议，而且在科研工作的各个阶段提供了无私帮助与指导。同时，笔者深感荣幸能够得到张晓峒教授、赵燕菁教授、黄永兴教授在数量经济、房地产经济、商业银行经营等方面的指导。此外，还要特别感谢胡文锦、刘方、刘志成、吕云龙、赵昶等众多同事在日常工作中的大力支持。感谢国家发展改革委价格司调控处和能源处、体改司宏观处、政研室国际处、规划司战略处的全体同人及好友对本人宏观经济研究工作的长期支持。感谢靳晨鑫、王晨、廉永辉、陆凤芝、杨清源、武文杰、张慧敏等小伙伴在资料收集、数据整理、文稿校验等方面的帮助。

中国经济出版社责任编辑耿园女士为本书的顺利出版给予了大力支持。这是我们第二次合作，每一次并肩作战，她的专业、敬业、细致、高效、耐心都让人印象深刻。耿园女士的优质编辑工作，让本书得以及时呈现在读者面前，在此对她的辛勤付出表示感谢。

最后，将最深的谢意献与我的家人，是你们无微不至的关怀与坚定不移的支持，构筑了我勇往直前的坚实后盾。特别要感谢我的爱人金红梅女士。除日常生活中细致入微的照料外，本书的标题设计和案例讨论，以及有关人工智能、平台经济、互联网科技的探讨，金红梅女士也贡献了诸多宝贵智慧。同时，也要向我的父母和岳父岳母致以最深的敬意与感激。平日工作繁忙，让我难常伴其左右。愿你们常在姑溪河畔的清风、凌云塔下的绿茵、龙舟广场上的花草、海龙湖边的美景、知北村里的风情陪伴下，身体健康，一切顺心。

理论研究也好，政策实践也罢，皆需秉持“千里之行，始于足下”的坚韧理念。谨以此书作为过往研究的一次系统回顾与总结，更是对未来研究工作的一个崭新展望。愿笔者的宏观经济研究工作更好理论联系实际，力求在纷繁复杂的宏观经济现象中抽丝剥茧、洞察本质，进而为国家战略决策贡献绵薄之力。这不仅是个人学术生涯的不懈追求，更是强国建设、民族复兴伟业的责任担当。愿此书能激发更多共鸣，携手共促中国宏观经济学繁荣发展。

由于本书撰写时间紧、任务重，加之笔者学识和能力有限，疏漏与不足之处在所难免，望广大读者不吝赐教。

徐鹏

2024 年 7 月 16 日于北京灵境胡同